EXIT INTERVIEW

THE LIFE AND DEATH OF MY AMBITIOUS CAREER

我在Amazon上班，需要紅酒與心理師

贏了面子
卻輸了靈魂的 12 年

KRISTI COULTER
克莉絲蒂・寇特爾 著
吳書榆 譯

本書中提及的某些人物姓名與身分特徵細節已做更動。

你可以長時間工作、努力工作或聰明地工作，
但在亞馬遜（Amazon.com），你不能從三中擇二。

——傑夫・貝佐斯（Jeff Bezos），一九九七年致股東函

別這樣，女孩，會沒事的。
別這樣，女孩，從來不會沒事。

——「只要女孩」樂團（Everything But The Girl），〈鏡面球〉（Mirrorball）

目次

Part 1 縱身一躍／二〇〇六年至二〇〇七年

Part 4
乾涸／二〇一四年至二〇一五年

Part 5

走吧，走吧／二〇一五年至二〇一八年

Part 1

縱身一躍

2006年至2007年

01——難以置信

我看得出來，當我說我的同事會在辦公桌下放幾瓶酒，或者他們和傑夫·貝佐斯開會之前會吞幾顆β拮抗劑[1]，或者我跟其他人一樣，都是從網路上看到與Kindle電子書閱讀器、無人機和全食超市（Whole Foods）有關的消息，別人都不相信。另外還有一些讓人難以置信的事：我們在亞馬遜，有時候會用防水膠帶修理筆記型電腦；我的精神科醫生，將他能在夏威夷買第二棟房子歸功於亞馬遜員工；多年來，有時候我會不小心忘了有亞馬遜倉儲這種東西存在，完全不在乎裡面有些什麼，或者在這些地方工作是怎麼一回事。我在我們家那條街看到一輛故障的亞馬遜貨車，才知道有這種東西。我讀到彭博社消息，才知道亞馬遜利用演算法解雇員工。「可是妳在那裡工作啊。」這種話我聽過很多次，但我每次總要解釋在亞馬遜不是這麼一回事，**在那裡**比較像是身處一片汪洋中或在靜電場裡。我的「**在那裡**」，通常僅限於知悉接下來三十分鐘會發生的事，可能是爆發一場大災難、也可能是驚險避開，或是將我丟進我愛得要死、又怕得要命的未來。我可以從別人的臉上看出，他們覺得怎麼可能有這種事，或者，也許會發生這種事，但他們不喜歡。「妳是個好德國人。」[2]有個醉醺醺的男人曾經這樣對我說，他很得意，以為他是第一個講出珠璣妙語的人。最讓人不可置信的，是當我說這裡還是有些部分令人感到驚奇又有趣。那是十二年來亞馬遜在我身上養出的一種高級愚昧瘋狂，過去我從不知道自己需要，但一碰觸到，就讓我的雄心壯志如同水中的霓虹顏料般綻放開來。從人們的臉上看得出，他們覺得**這聽起來一點都不有趣**，或者說，**這本來就不應該有趣**。對此，我只能說，我不會告訴你什麼是對的或好的，我要講的是發生了什麼事，以及那讓人有什麼感覺。

02 —— 拉力

職稱：書籍與媒體銷售資深經理
工作地點：華盛頓州西雅圖
公告日期：二〇〇六年一月六日

你想不想改變世界？你是否懷著一股熱情，想要幫忙顧客在線上購物？你有沒有如肌肉發達的山羊一般的精力與毅力，以及堪稱「可突破」的界限？亞馬遜正在尋找書籍及媒體銷售的北美區主管，此職務需負責亞馬遜五間店面的銷售、編務與電子郵件內容，領導多個編輯團隊，全年無休地滿足一套創造需求的流程。你要不眠不休，推動亞馬遜銷售內容改變，並直接影響自由現金流，還有，我們說**不眠不休**可是他媽的認眞的。你也要在矩陣型氛圍非常強烈的環境（也就是說，在這個環境裡你絕對沒有權威或槓桿可用）之中與人手不足的技術部主管合作，用手邊找得到的ＯＫ繃或膠帶等應急物品來打造新的內部內容管理工具。

亞馬遜的文化讓人亢奮、步調快速且充滿活力，或者說，動盪到不行。如果你到頭來痛恨這份工作，沒事的！反正六個月內你就會變得不知不覺了。我們會給出具競爭力的薪資，以及不算最糟的福利配套。員工福利包括辦公桌和筆記型電腦，你可以選擇向設備部門申請一張砂紙，用來處理你的辦公桌（你到時就知道了），以及一個衣帽掛鉤（請預留十天配送時間）。

職位要求：

- 具有五年以上領導內容或編輯團隊的經驗
- 具備豐富經驗，曾在幾近精神錯亂的高壓環境下，創造出大型、跨職能、複雜、面向顧客的產品
- 非常害怕失敗
- 有能力帶著吹箭筒、止血帶和Excel 97進入任何龍潭虎穴，並且能快速釐清局面
- 厚臉皮

大大加分項：

- 體能卓越
- 有配偶可顧家
- 冒牌者症候群重症患者

平等就業機會聲明：
亞馬遜基本上可算是一家維持平等就業機會的雇主。

03——妙麗在柏林

我痛恨我的衣服。亞馬遜的面談指南寫說穿著打扮「合宜但舒適；穿西裝打領帶不會讓這裡的人驚豔。」但是，要從中推演出女性該怎麼穿就很傷腦筋了，因此我求助於我的超能力：想太多。即使沒有服裝指南，我最終還是選擇了同樣的裙子、V領上衣和低跟鞋，但我現在覺得很糟——裙子的開衩看來輕佻，上衣前襟太開，低跟鞋太老氣。我多希望我套上的是灰色的套裝鎧甲，而不是這身既不像聖女又不像蕩婦的裝束。

但太遲了。我從旅館出來已經走了五條街，現在正往西雅圖市中心的亞馬遜辦公室走去。我在一堆電梯的區域當中繞來繞去，找到正確的那部電梯，按下十八樓，呆呆地等著電梯關門但徒勞無功，只好走出電梯，重新繞來繞去，經過一座我剛剛沒注意到的、無頭人爬梯的大型雕像，最後我去找警衛幫忙，警衛讓我戴上識別證，因爲今天是總統日[3]，這棟大樓基本上不開放。我終於來到十八樓，經過大廳門口，而我之所以知道是這裡，是因爲上面貼著一張八·五乘以十一英寸的紙，寫著「亞馬遜」。我去櫃檯報到，在一張像學校宿舍裡會出現的凹陷沙發上坐下等待，周圍有十幾個穿西裝打領帶的男士。

我的包包裡有我準備的八十三張提示卡，我很想抽一張出來做最後的惡補，但男士們大部分都在翻著過期的《新聞週刊》或在小小的裝置上打字，我想那一定是黑莓機。我應該效法他們，所以我拿起一本去年的《時人》雜誌盯著看，提醒自己這只是一個實驗，是一場替未來求職做準備的彩排，是一場嬉鬧。當然，我是自欺欺人。如果我是一個嬉鬧隨興*的女子，我就無法通過兩次電話訪談篩選，飛到這裡來親自推銷我自己。我是一個耐磨的人，永遠都勇於舉手的人，會做額外加分功課的人。假如這裡只留一個位置給女人，我就是可以和男人在這個地方平起平坐的那個女人。我爲了這一場「嬉鬧」辛辛苦苦惡補準備，但如果最後被拒絕，我會是那個大喊「不可以」的人。我就喜歡事情是這樣，我就要事情是這樣。

我不知道我周圍的男士有多少眞的想要在這裡工作，從科技論壇上的「絞人機」和「毀了我婚姻」等貼文標題來看，我不確定我想要在此工作，但我知道我想要離開全媒體指引公司（All Media Guide），那是一個很舒適、但永遠沒什麼成就的科技公司，工作七年以後，我已經碰到了天花板（可能是玻璃天花板，可能是合成板天花板，但此時此刻，我不在乎是哪種）。我和我先生約翰在密西根大學城已經住了十二年，我們都已經準備好要搬到天氣溫和一點、政治氛圍比較傾向藍黨（民主黨）的地方。還有沒有別的？我不知道。我應徵這份職務時，覺得自己的資歷不足，但亞馬遜在兩小時之後就打電話來了。我們通了幾次電話，愈來愈正式，不到一週，我就跟全媒體指引公司說我感冒了，需要請假，然後來到西雅圖。

早上八點整，一個穿著牛仔褲、襯衫沒紮進褲子裡的三十多歲男子進入大廳，直接走向我。「嘿，妳一定是克莉絲蒂。」他說。要認出誰是克莉絲蒂很簡單，因爲全場只有一個女生。有那麼一秒鐘，我有點想說我不是。如果我不是克莉絲蒂，就不用在接下來的七個小時裡飽受折磨。我不必冒著可能失敗的風險，或者，更糟的是，可能成功的風險，因爲一旦順利被錄取，我就不能再晃來晃去，得爲我的人生做個實在的決定。

但我已經三十五歲了，根本不記得上一次做出重大改變或學到重要體悟是何時的事。我已經厭倦了我的工作和居住的城市，也厭倦了我自己（或特別是對我自己）。

而且，我還不像後來那麼會說謊，一半都不到。「對，我是克莉絲蒂。」我一邊說，一邊從凹陷的沙發上起身，和他握手。

此人名叫查克，他帶我走進一間無窗的會議室，地毯有髒汙、椅子不成套，牆上還有一個如腳一般大小的洞。「我知道這裡不算光鮮亮麗，」他說的可是一個醜到不行的地方，「我們比較喜

＊或者胡鬧、瞎搞等等。

歡把錢花在讓客戶有感的地方。」我們已經在電話訪談期間談過這份工作的基本重點，此時，在一陣短暫的重點概述之後，他直接切入我要負責的部門：銷售。「我們的銷售專員做的工作非常仰賴手動，他們能用的工具都是老古董了。」他說話時雙眼微瞇，臉頰發亮，略顯出橡膠般的彈性質感。「本來只需要點選一次的按鍵，得點選十次才能成功。」還有，要評估銷售專員製作的內容能否導引顧客下手買東西，顯然很困難。「所以，他們大致上都是瞎忙。」他說，「很難知道他們的努力對業務是不是眞的有正面影響。」

「這樣一來，主管要怎麼知道員工有沒有把工作做好？」我問。

「坦白說，看的是數量。」查克說，「看他們亂槍打鳥的策略能中多少。」

「這麼說，他們的工作很辛苦、很乏味、很累人，然後，他們沒有任何有效的方法可以得知自己是不是成功了。」

「正是如此。」查克說道，他的眼睛也跟著亮了起來，彷彿我挑明說出身爲銷售專員有多慘，讓他覺得很開心。好笑的是，一想到有眞正的問題待我解決，我想我的眼睛也亮了起來。全媒體指引公司的賺錢之道，是將媒體元數據（比如CD的評論和演藝人員的生平經歷）授權給線上零售商，其中包括亞馬遜。我負責的是電影部門，這份工作的有趣之處，是我會一直忙著看奧斯卡獎的審查用拷貝片，但我的核心工作多年不變。一直以來，我都在懇求我的主管（他可能會說是騷擾），要他給我一些有挑戰性或至少**新鮮的**工作，我任職多久就幾乎求了多久，但他總是說：「我正在找，妳要有點耐心。」我相信他，但我也知道他永遠都找不到，這表示我永遠都無法坐上全媒體指引公司全數由男性高階主管坐鎮的會議桌，做出重要決策。我影響全媒體指引公司或我自己在公司內發展路線的能力，極其有限。我試著對自己說沒關係，能賺到不錯的薪水、和我最喜歡的人一起做有趣的工作，這就夠了。但並不然。無論是在全媒體指引公司，或是以我的文科背景來看，企圖心都不會被視爲很酷的東西，甚至有點令人尷尬。我應該將工作當成必要之惡就好，但我做不到。我喜歡工作，也希望我做的事留下印記。

而在這個離家兩千里的地方，就是我的機會所在。

「妳的工作是負責銷售部門的日常營運，同時也要大刀闊斧改革這項職務。要大張旗鼓要求更好的工具，要找出哪些作法能帶動業務成長、哪些則否，並淘汰無法帶動成長的項目。也要決定我們是不是用對人才。」查克說，「妳要做的事會多到滿出來，但會獲得高階主管的支持，也會被看見。」

「那很棒，」我說，「能被看見對我來說很重要。」然而，當他問有沒有什麼問題要問他時，我不由自主地被他愉快的直率態度所鼓舞，決定提出房間裡（或者說網路上）那個引人注目的大象問題。「我在網路上讀到很多和亞馬遜有關的事，我的印象是這裡是一個很緊繃的職場。」我說，「你能否跟我說說你的看法？你懂的，如果我要在這裡工作，我可不想離婚、變成酒鬼或是諸如此類的。」

查克很值得表揚，他只有一點點退縮。「嗯，這裡的步調確實很快，」他說，「但我的兩個兒子還小，我每晚都會回家陪他們。」見到他從容地應對這個問題，我鬆了一口氣，卻沒注意到他其實並沒有完整回答我的問題。

✦

早上九點，一個和藹可親、瘦瘦高高、名叫安迪的人進了會議室，跟查克換了手，安迪說他是負責DVD商店的總經理。「但我今天想要談的，是想知道妳要如何思考怎麼在網路上賣室內植栽。」他說。

我花了很多時間準備，翻遍亞馬遜媒體的商店蒐集例子，記下我喜歡什麼、我覺得哪些應該改變，但我沒想到他們居然問我要怎麼賣一個全新品項。「你是說要如何在網路上賣，還是說決定到底要不要賣？」我發問，想要釐清問題，也想爭取一點時間。

「後者。」他說。

「我對於包裝或運送植物一無所知，」我說，「但我的第一個想法是植物很脆弱，運送過程中可能難以防護，尤其是考慮到不同的氣候帶，以及萬一有所延遲，植物可能會乾掉、曝晒過度或其他類似問題等等。」

「絕對是，但先假設這些都可以處理。」他說，「從**購物**的觀點來說，妳會想到哪些疑慮或機會？」

「顧客聞不到，也摸不到，」我說，「我們當然可以利用文字敘述來幫助顧客，比如『葉片柔軟且薄如紙；這些植物強健又閃耀。』我是指，雖然多數人可能只是回購自己原本就在用的香水，但絲芙蘭（Sephora）多年來就是這樣在網路上賣香水。植物比香水便宜，個人性也沒這麼高，顧客也許更願意冒險。或者，哇，這可能很困難也很昂貴，但如果可以讓顧客訂購**樣品**呢？」

安迪笑了。「就像地毯的樣品，只是換成葉子？」

「對，正是。」我說，「誰知道這樣行不行得通呢？但這可能會讓顧客更滿意他們最終買下的東西。」

結果那天我一直都在講要怎麼賣植物。我或許不該感到訝異；我的整個職涯發展軌跡，向來都是誤打誤撞地進入我連基礎都不懂的領域，但對方還是錄取我，而我邊做邊學。我讀碩士學程時，他們讓我去教大學部的創意寫作課，當時只做了兩個小時的培訓，而且重點大部分都放在如何填寫答案卡。從那之後，我一路講課，進入各社區大學和營利性大學，開了一系列教導說明文寫作和公開演說的兼課課程，這些都是我擁有的技能，但我毫無頭緒該如何教別人。之後，因為我需要賺到足以維生的薪資，也需要醫療健保，但一週六十小時的兼職工作負擔不起，因此我在實驗室當了幾年研究協調員，致力於終結純種犬基因疾病；我之所以能合格拿到這份工作，是因爲我認爲所有狗兒都應該長命百歲。至於我在全媒體指引公司的工作，我確實有爲公司帶來一個高於平均水準的流行文化粉絲圈，但跟我的部屬們相比，我還差得遠了，而且我一開始根本完全沒有資料庫的相關經驗。我拿到每一份工作的辦法是這樣的：我在桌前坐下，對面是一個年紀足以當我父親的男人，然後我將雙方裹進一個以**認真能幹**建構而成的力場，展現我從幼稚園以來、在班上永遠認眞舉手答題的模樣，拿出**我會鞠躬盡瘁，死而後已**的態度。當面談進行到某個時候，那位男士會說我「令人眼睛一亮」，並給我一份工作，實現預言。我從不會讓此人失望，我會將身體內建的希拉蕊．柯林頓叫出來做事，透過完全的努力和練習，學會解釋分號的用法，找到ＤＮＡ有助於解決遺傳之謎的特殊黃金獵犬，以及編寫ＳＱＬ查詢。因此，我必然能讓安迪印象深刻，跟他高談闊論植物的氣味、紋理、互動式園藝規畫師，以及退貨政策。我才剛開始講，下一位面試官——一個名叫喬治的老爹就走了進來，到安迪的位置接替他。

「嘿，妳需要去洗手間嗎？」喬治人還沒坐下就先問道。我要，然後我等著他告訴我怎麼走，但他親自帶我過去。牆上掛著金唱片和電影海報，到處都有用原木和小木條製成的「門板桌」，有幾張還放在走廊上。「那些都是實習生。」喬治一邊說，一邊指著走廊上的一個位置，「我們空間不夠。」

「你能告訴我怎麼走回去嗎？」當我們來到女洗手間時，我問道。這一層樓鋪著三角形與螺旋混合的圖樣，我完全沒了方向感。

「喔，我會在這裡等妳。」他說，「我們不能將妳單獨留下來。」上一次有人在洗手間外面等我，大約是我六歲的時候，但沒關係。在洗手臺的黃光照射下，我的臉看起來有點泛油光，頭髮有點毛躁，但還要再熬五個小時。

在我們走回面試室的途中，喬治對我說他管DVD銷售團隊，如果我進了亞馬遜，就變成他的主管，因此，我不太訝異他的重點看來都放在我的管理風格上。跟許多人一樣，我晉升到管理階層是因爲我個人在工作上表現出色，跟帶領團隊一點關係也沒有。我接掌全媒體指引公司電影部的前幾年，「和藹可親但混亂」最能描述我的管理**風格**，我運氣好，這個部門很好管理，團隊成員都是精通流行文化的怪咖，多數是年輕男性，就算不領薪水也願意做這份工作。下班之後，他們會玩樂團、創作定格動畫或舞臺表演。他們沒有任何一個人想要做我的工作，這表示我們並非處於競爭關係。他們樂見我當那個乏味的人，負責提報週報與對他們說：「史都，邦諾書店的業務代表過來時，你**真的得**收好那張有著惡魔眼神的主教海報。你先藏起來，等他們走了再拿出來。」我的主管傑克說我們是「溫蒂和小飛俠」。如果他們不是這麼有趣的一群人，「將女性和一群適應不良的傢伙關在一起」這件事可能會讓我覺得很痛苦。

有好幾年的時間，傑克都讓我胡亂摸索，靠本能管理他們，後來才叫我去當地的假期飯店宴會廳舉辦的一日培訓課程。我的同學們來自密西根東南部各地：有坐辦公室的、有管零售商店的、有油漆工班和汽車修理廠人員。兩個男人霸占了整堂課，他們提問，想要知道如何處理醉醺醺來上班或開始打架的員工。所以，對，關於如何管理員工，某種程度上，我是……憑著本能做事。有沒有什麼流行的管理風格詞彙是喬治覺得我應該要知道的？我應該要說「喬治，我會自稱是企鵝型經理人」或者「我通常扮演貓熊」嗎？但我選擇不要隨口講出一些動物名稱，反而說我相信要**賦權**給團隊成員、要讓他們發揮**所長**，以及其他我這些年來吸收學習到的明顯易見的基本要點，看來這些對他而言已經夠好了。「我們眞的需要大幅改革，至於怎麼落實，那倒是其次。」他說。

「有人補上這個職位之後，對你來說最重要的改變會是什麼？」我問道。

「嗯，此人應該要保護團隊，拒絕瑪妮的團隊丟給我們的某些要求，這樣我們就能稍微喘口氣。」他一直講其他同事的名字，彷彿我應該知道那些人是誰，而他對主管的第一個要求是要能拒絕工作，這也讓我有點擔心。喬治自己就在管理一個團隊，難道他到現在還不知道要如何溝通協商與設定優先順序嗎？但我沒有和他爭辯，也不要求他釐清，我本能上知道要讓他繼續講下去。

「聽起來，銷售是非常艱難的工作。」我向他拋出這個話題。

「並非總是如此，」他說，「在合作方案（co-op）主宰之前，這個網站曾有自己的聲量，我們可以直接和顧客談我們認爲他們應該知道的DVD。在那之後，除了個人化服務之外，合作方案還用鈔票遮住了每個人的眼睛，而這些都是從伊南克洛（Enumclaw）轉移到烏魯布（Urubu）

之前發生的事。他們一直說烏魯布可以解決所有問題，但是坦白說，我看不出來對銷售有什麼直接好處，我們似乎是被誆騙著接受毫無價值的東西。」喬治的語速漸漸加快。他停了一下，喘口氣，接著說：「我們現在分成小組工作，這應該有助於效率，但是現在要下定論還太早，然而，這同樣也是爲了滿足合作方案的需要，而不是銷售專員。所以說，嗯，我們需要的是一個會保護我們的人，可以強硬地拒絕並堅守立場。」

「呼，」我一邊說，一邊點頭，「很有意思。」我的筆記上面寫了：

合作方案主宰

轉移

伊南克洛

小組

憤怒

過勞

能否挽救？

最後，我見到一位女士：瑪妮，那是我的午餐時間面談；她有一雙湖水綠的眼睛，聲音裡透露出德州口音。以正在摧毀喬治人生的合作方案來說，身爲主管的她看起來夠可親了。今天是總統日，大樓裡只有一家餐廳有開，我們走進雅座坐下後，我隨即抓住機會想知道合作方案到底是什麼。「妳看過邦諾書店前排的桌子標示著『新書與推薦書』嗎？」她問，「那就是合作方案。出版社付錢，使他們的書在書店裡占據特殊的位置，讓更多顧客看到。亞馬遜也是這麼做，差別在於我們的前排展示桌是數位的。」她不疾不徐，但我整個人都因爲喬治緊繃的能量和我自己的困惑而抖動。**別表現出來**，我提醒自己。我試著在不引起旁人注意之下慢慢地深呼吸。

「合作方案會影響亞馬遜怎麼**描述**商品嗎？」我問，「銷售專員是否要寫一些他們可能不以爲然的恭維讚美？」

「絕對不用。」她說，「我們在合作方案與編輯文案之間劃出一條明確的界線。」

「很高興能確知這一點，」我說，「我是會拘泥於這種事的人。」

「我很高興。」瑪妮一邊說，一邊將檸檬汁擠進她的冰茶裡。「我的團隊負責的是賣位置，我們很希望能仰賴銷售專員提出有創意的執行方法。」

我沒有忽略她說合作方案團隊**希望**能仰賴銷售專員，而不是說他們**確實**仰賴銷售專員。但我將這一點放在心裡，接著進入正式面談。「亞馬遜領導準則（Leadership Principles）*裡有提到敢於自我批評（Vocally Self-Critical），」她說，「我們重視坦承錯誤與缺點並從中學習，因此，妳能不能告訴我，妳何時犯過重大的錯誤，導致危及重要的交付項目？」

我知道可能會被問到這一題，因此早已煞費苦心選好一個我真正搞砸的例子，而不是說「我太在乎」或是其他隱約對自己有利的「缺點」。「去年我負責推出一項全新產品，那是一套有聲書資料庫，」我說，「邦諾書店想要擴充CD部門的試聽站，讓顧客也可以試聽有聲書，他們需要我們的資料和聲音檔協助。我寫了一些基本的軟體規格要求，和我的首席開發人員一同看過一遍。他看起來興趣缺缺，但他就是**永遠**一副什麼事都興趣缺缺的人，妳懂嗎？」

「喔，我懂。」瑪妮說。

「但他沒說他不做這份工作，因此，我開完會離開時認定我們都談好了，事後來看，這是我犯的第一個錯誤。我查了電子郵件好幾次，他完全沒回應，但這也很常見，因此我不太擔心。」我停下來，喝了一口水。「之後，在截止期限的幾天前，我理所當然去他的辦公室找他問問看，他跟我說他沒有做，因爲他『看不到價值何在。』」

「漂亮。」瑪妮說，「那妳怎麼做？」

＊ 這套領導準則基本上是亞馬遜的戒律：從招聘流程、績效評核到團隊例行會議，四處都會看到這套價值觀與行爲準則，還有，連員工的私生活也免不了受影響。我曾因爲一直擔心無法「交付成果」（Deliver Results）而做惡夢。有一次，我在大半夜裡對閒晃的小狗說教，要牠「崇尚行動」（Bias for Action），趕快尿尿，這樣我們才能回去睡覺。

「我先去找我的主管，讓他知道由於程式開發人員片面決定這個案子沒有價值，我們很有可能趕不上期限。」我說，「我的主管很冷靜，但他也跟我說基本上我應該知道會發生這種事，因爲這位開發人員本來就惡名昭彰，他會忽略自己不想做的工作。我的主管認爲，我應該更努力讓開發人員認同這個案子，或是**哄**他接下案子，但我覺得這樣不公平。」

「怎麼說？」

「我們和邦諾書店簽了白紙黑字的合約，約定了期限，講定了規格要求，」我說，「我認爲開發人員的任務是接受『好的，這看起來很好』，或者事先告訴我爲什麼某件事需要改變。」我得用盡全力才能不多做評論，**表現該死的成人該有的樣子，而不是當個被寵壞的孩子氣男人**。「我不明白爲何我必須（**像他媽的交際花**，這句我沒講）哄他，要他去做他職務的核心工作。我覺得主管的意思好像在說：『我們容許此人妄自尊大，妳的工作是想辦法控制他，叫他做事就對了。』這令人火大。」我沒說那天我還眞的一邊在車子裡大吼大叫，一邊開回家。「但我想，他有些話說對了。」

「等一下，」瑪妮說，「怎麼說？」

「嗯，我應該要預想到現實狀況，」我說，「我認定了事情**應該**怎麼做，我認爲手邊既然有了書面合約，他就必須認眞看待我交辦的工作，但如果我願意坦白承認我是和哪種人交手，並且多給一點他需要的安撫，可能會讓我趕上時限。」瑪妮問後來怎麼了。「我去找客戶負起我該負的責任，我的主管和我一起跟開發人員和他的主管會談，想辦法解決問題，一兩天內就完成了。他花不到一個下午的時間就做完了。」開完會之後，我的主管責罵我，他覺得我該多努力一點掩飾我的怒氣。

「那麼，下一次妳會有哪些不同的作法？」瑪妮一邊問，一邊拿著筆要記錄我的答案。

「我會根據現實世界做事，而不是我設想的世界。」我說。我現在還是很生氣，我只希望她沒看出來。

✦

在等待最後的面談開始時，我已經覺得刺激過了頭，但也很振奮，和孩子氣的男性開發人員有關的事，我通通忘得一乾二淨。我不太確定能不能得到這份工作（而且我還是不確定**想不想要**這份工作），但我知道我沒有讓自己丟臉。再堅持一小時，我就可以獎勵自己，去派克市場的次流行唱片行逛一逛，再搭紅眼班機回家。

接著，艾爾登進來了；他大約五十多歲，有著一雙美國鋼琴歌手比利．喬的眼睛。艾爾登是音樂商店的總經理，他告訴我，進亞馬遜之前，他在紐約開了十年計程車。我很難想像，在我今天碰到的人當中，有人除了電子商務從業人員之外還做過別的，但我完全看得出他是計程車司機。我問他有沒有載過鍾愛的歌手，艾爾登說有，他載過盧．里德——他很易怒，很愛在後座指指點點別人開車，而且給小費時很小氣（符合他的名聲）。「喔，不，」我說，「我替你感到難過。」

「妳知道的，不管給我什麼，我都不換，」艾爾登說，「這可是一次經典的盧・里德體驗。」艾爾登身上有一種溫和、略帶憂鬱的氣質，讓我感到安心，感覺好像不用怕今天辦公室裡會有多少麻煩，反正更糟的他都見識過了。我們從閒聊慢慢進展到眞正的面試，我保持警覺，但也很放鬆。

「克莉絲蒂，」艾爾登一邊說，一邊將雙手交握放在桌上，「我希望妳能給我一個範例，詳細說明妳如何解決問題。」

「沒問題。」我說，輕鬆地笑了。我在全媒體指引公司這座怪奇玩具島[4]裡可是一天到晚都在解決問題，就在上個月，我得請一位編輯不要跟女朋友講那麼久的電話，而他們正在爲了性生活大吵特吵。

「很好。」艾爾登對我報以微笑。「那麼，如果妳願意的話，請跟我說妳如何算出美國有多少座加油站。」

喔，該死。我沒聽出來他問的是一個**數學**問題。用數學思考讓我的腦子裡都是靜電，不斷嗡嗡響。我的三角函數剛剛好及格，這是我唯一低空飛過的科目（至少到目前爲止是如此）。根據我自己的計算，我應該是不及格，但老師可能因爲我完全學不會但又奮發向上而感動不已，決定大發慈悲。

現在，爲了在艾爾登面前替自己爭取一點時間，我借用拼字比賽時用的策略。「我如何算出美國有多少座加油站。」我用四平八穩、如同主播一樣的抑揚頓挫覆述。

「是的。」艾爾登說，「妳慢慢來。」

拼字比賽時的另一種拖延戰術（「能否請你將這一題的詞彙用在句子裡？」）在這裡行不通，我猜答案不會是漂亮的整數，如一百萬之類的。我把頭歪向一邊，暗示我正在思考，我的腦子裡有一大堆無益的想法在撞來撞去：美國人平均的通勤距離、轎車與休旅車的油箱有多大、我開車二十年來有多少次是自己加油。一個月大約是兩次，一年就二十四次，十年就兩百四十次，到目前爲止我自己加了四百八十次。想到我加了快五百次油，讓我有點震驚。我的腦子專注地思考總計是多少時間，以及我站在加油島時在想什麼、有什麼感覺。但我將思緒重新集中於手邊的問題，或者至少是我認定的當前問題，那就是我加了多少次油。我將之前的答案扣掉百分之十，那是我去度假、想家或是無論因爲什麼理由而沒有開車的時間，四捨五入變成四百五十次。我很高興，也鬆了一口氣，因爲我解決了一個**問題**，差點就脫口而出這個答案：**艾爾登，美國有四百五十座加油站！**

還好，他比我先開口。「記住，克莉絲蒂，」他說，「我比較在意的是妳怎麼想，而不是妳知不知道正確答案。」

嗯，很好，因爲我不知道正確答案。但是，說實話，在我還不知道的事情當中，這是**最不重要**的。等到今晚，我就會從網路上知道這是科技業的經典面試問題。我在亞馬遜工作幾年之後，也會知道我的大腦能夠完美進行複雜的分析，只是我需要一點空間，而且要安靜一點。

但我現在什麼都不知道。我至少可以想辦法阻止自己，不要對艾爾登說出美國只有少少幾百個加油站，而我也要證明我至少可以問出聰明的問題。

「阿拉斯加與夏威夷也要算嗎？」對，這就是我所謂的聰明問題。

艾爾登輕輕地笑了，可能還有一點難過。「且讓我將和服掀開一點[5]。」他說，「亞馬遜是一家非常數據導向的公司，我們根據分析做決定，而不是直覺。像這樣的問題看起來可能很無厘頭，但用意是要觀察妳在徹底思考複雜問題時有沒有邏輯、是否有條有理。」

他不停地講，但我還在「和服」這個詞上。他是說「和服」嗎？這是什麼**意思**？聽起來不只詭異，還隱約有種族歧視和性別歧視的意味，但當然，這些純粹只是我的直覺，而不是**複雜的分析**。而且我有點生氣，因爲我目前陷入與世隔絕的情境。就算是亞馬遜員工，也不必背負期待，在不動用網路、計算機或老式的世界百科全書之下，就得解決複雜的問題吧？

「這是很有用的背景資料，」我說，「且讓我思考一下。」但我心裡想的大部分是：**好吧，至少我也來過西雅圖了**，因爲我很確定我完蛋了。這一天在此時此刻之前都很順利，但這都不重要了，我很肯定地想著，他們之所以會有這套流程，就是爲了要在我犯某個錯時逮住我，現在，這套系統要淘汰我了，這份工作會錄取某個可以快速想出有多少座加油站的傢伙，這人會擁有**正確的**智慧，而不是像我的文科教育素養所培養的、視情況而定的軟性思維。「西雅圖的特色是一年四季都綠意盎然。」從西塔科機場載我過來的計程車司機在路上這麼說。我很快就會回到密西根，在那裡，我幾天內很有可能就得從積雪的階梯上走下來，踩進高達腳踝、浸滿垃圾的髒水裡。這沒什麼大不了的，對吧？我所處的環境瀰漫著一股扒手偵訊室的氛圍，雖然這裡的人都很友好，但是他們眼睛下方都有黑眼圈。

我最終仍提了一個答案給艾爾登，根據我大膽的亂猜，大約一．五億的美國人擁有汽車，他們一週需要加一次油，多數加油站有八個加油島，諸如此類的。我最後得出的數字，可能比較接近比利時的海獺數目，而不是美國的加油站數量，但他還是和氣友善地對待我。他的臉色透露出他是一個習慣失望的人。

✦

我在派克市場買了咖啡，沿著郵政巷漫步。此時氣溫約爲華氏五十度（攝氏十度），下著雨，但雨很小，比較像**飄在**空中，沒有落下來。一家童裝精品店展示著泥漿蜂蜜樂團和超脫樂團圖樣的孩童連身衣，店外棚架上的山茶花開得正好。我走進去各買了一件，如果我認識的人當中有誰決定要生小孩就能派上用場。我回到街上，一束如水一般的光線穿透了薄霧，讓所有色彩都亮了半個色階，我彷彿是走在很時髦的斜角巷。我**一直**都想體驗這種感覺，就像是妙麗・格蘭傑出逃到柏林一樣。我想要這種昏黃的光線、高大的冷杉、溫柔的城市風格。三十五年來，我一步一腳印走過購物商場與商業園區，才能來到這裡，如果我今天沒有搞砸的話，這份工作本來是我的。也好啦，至少晚上、週末和其他時候，我不必留在醜陋的辦公室裡在腦子裡做計算，也不用替困在吃力不討好工作上的同仁解決問題。

一九七五年，有一天幼稚園老師在放學後陪著我等人來接，準備向我媽解釋爲何我哭了超過一個小時之久，完全無視老師、助教和一隻老虎布偶的好言相勸，看都不看老師要給我的兩條私藏巧克力棒。「我得了一個『N』。」我一邊啜泣一邊說。我媽媽頂著一頭新剪的微亂精靈系髮型，她向我走來時，我很不習慣。

「她很興奮，多塗了一些顏色。」老師說著，順便將我的發音練習作業遞了出去。我們應該要把發長音「a」的圖片著色，比如「baby」和「cake」，但我的彩色筆最近升級爲四十八色，多了矢車菊藍和康乃馨紅等選項，讓我興奮到瘋了。我把**所有**圖片著色，然後就得到了我的第一個「N」，這代表「Not Satisfactory」，未達讓人滿意的水準。

「嗯，這種事不值得哭成這樣。」我媽說道，語氣彷彿由她說了算。

「她塗的顏色很美！」我的老師說。她是一個甜美的年輕女子，她之前很努力要解釋給我聽，說我並沒有好好展現出我有能力找出發長音「a」的圖片。但當時我才五歲，我那麼丟臉，除了一直哭，我還能做什麼？

回家路上，媽媽買了一杯藍色的思樂冰給我，我開始冷靜下來。「我再也不想拿『N』了。」我對她說。

她從後視鏡中看著我。「寶寶，不會了。下次更努力一點就好。」她只是想安撫我，而不是要教我成功和失敗都跟努力有關。但我是一個比她設想中更古怪的孩子：我話太多，我已經會讀報紙，我很執著於證明我的能力。我爸爸的教授同事曾經評論說：「從小看大，三歲看老。」我們都將這句話當成一種恭維。

「我會。」我說；我的舌頭已經變成藍色的。「我會更努力。」我確實也做到了。我沒有再拿過任何一個「N」，除了那該死的三角函數還過不了關之外，我都能讓人滿意。現在我不哭了，但當我走回W旅館招計程車時，我心裡那個小女孩又出聲了，她想要重新回答加油站這一題。

我會將你的夢想變成我的，她這樣對傑夫．貝佐斯說，**而且，我永遠也不會讓你失望**。

04——女性就業史大事紀

一九七二年：我兩歲生日前一個月，也是美國國會創始後的第四十八年，國會通過《平權修正案》，各州有七年的時間正式批准本法案。當時我和父母住在喬治亞州哥倫布市，我爸正在攻讀數學博士學位，由我媽媽當髮型設計師養家。

一九七三年：最高法院裁定《羅訴韋德案》，全美各地墮胎合法化。我爸決定攻讀第二個博士學位，主修電腦科學。我媽媽要工作，將我交給對街一對老夫婦照顧。

一九七四年：法院判定威士卡公司和萬事達卡公司要求女性應徵者要有男性背書是違法的。我媽媽每天晚上都讀書給我聽。很快地，我就能自己讀，也開始嘗試寫作，我跟大家說我長大之後要當作家。我爸在佛羅里達州找到教授職，爸媽跟我說我們要搬家，我第一個、也是唯一一個問題是：「那邊有書店嗎？」

一九七五年：我爸得到終身職，我媽說，這代表他們不能開除他。現在她留在家裡照顧我和妹妹，而我已經理所當然認為長大後我會去找一份工作，或者也可能是兩份，因為我當下的計畫是白天要當馬戲團的小丑，晚上則變身為外科醫師。此時我讀一年級，被認定為「資優生」，人們對我說，只要我肯用心做，就什麼都做得到。我喜歡玩一種名叫「我要當什麼？精彩的職業女性遊戲」的桌遊，你在遊戲中要抽卡片，看看你有沒有資格從事六種可能的工作之一：模特兒、演員、護理師、教師、空服員和芭蕾舞者。（「你體重過重」是裡面最爛的牌，因為抽到這張牌就刪掉了其中三分之二的選項。）

一九七六年：法院第一次認同有所謂的性騷擾這種事。這年我六歲。電視上有人故意惡搞「harassment」（騷擾）一詞，喊著「HAIR-as-ment」（強調「HAIR」，頭髮）或是「Har-ASS-ment」（強調「ASS」，屁股），我覺得後者好好笑。

一九七八年：只因為女性懷孕而開除她，屬違法行為。《平權修正案》若要正式通過，必須獲得三十八個州議會同意，直到此時還少三個州，平權人士要求國會延長期限，最後也獲得許可。身為資優生，我盡可能將時間花在撰寫故事、詩歌和劇本上，我爸媽全部都拜讀。「我只希望，當妳無法靠寫作維生時，不要期待我會養妳。」這是我爸的玩笑話，讓我很生氣。

一九七九年：政府推出印有民權運動人士蘇珊．安東尼肖像的一美元硬幣，大家罵個不停。錢幣太小、形狀太奇怪、跟二十五美分的硬幣太相像。有些商店不接受這是一種法定貨幣，這讓我感到無比憤怒，難以言喻。「他們必須**收下**，」我說，「**法律**規定的。」我想到，鑄幣的人可能不高興必須鑄造印有女性肖像的硬幣，因此故意做得跟二十五美分硬幣很像，但我不喜歡這樣想，所以我打住了。

一九八一年：珊卓拉．戴．歐康納成爲美國第一位獲得最高法院大法官提名的女性。她的提名確認聽證會史無前例由電視轉播，大部分的問題都和墮胎有關。大人們問我是不是爲她感到高興，我說：「大概吧。」因爲我從來沒想過全部都是男性的法院很奇怪。共和黨撤銷對《平權修正案》的支持。

一九八一年：我六年級。有一個我不認識的男生在隱蔽的樓梯間裡將我壓在牆邊，手伸進我的燈芯絨長褲裡。我推開他，跑進校長室報告剛剛發生的事，他們處理時問我的第一個問題，是老師有沒有准許我離開教室。我媽媽在一家運動中心（那時候叫「健康水療」）找到櫃檯的工作，她看起來變得比較開心。

一九八二年：《平權修正案》的批准延長期間已經截止，沒有多任何一州加入同意的行列，此外，有五個州**該死地改變心意**，投票撤銷之前的同意票。我在公共圖書館偶然間讀到美國女詩人希薇亞．普拉絲的日記，我注意到她十幾歲時就開始參加寫作比賽，我決定我也要這樣做。我第一次參賽是扶輪社舉辦的中學生徵文比賽，題目是兄弟情誼。我開頭幾句是這樣寫的：「什麼是兄弟情誼？《韋氏辭典》說……」我贏得首獎，獎金二十五美元。我爸抱怨我媽在健康水療賺到的薪資還不足以彌補要多繳的稅，因此她不再工作。

一九八四年：潔洛汀．費拉羅是第一位由大黨提名的女性副總統候選人。大人們問我是不是很興奮？我聳聳肩說：「大概吧。」因爲她看起來又老又乏味，也因爲我覺得大家之後都會對她很刻薄，對此我很難感到開心。我贏得更多作文比賽、拿到更多筆二十五美元獎金，把錢都拿去買了頭腦簡單樂團的錄音帶。我爸仍不斷提醒我，等我將來成爲作家之後他不會養我，我翻白眼，因爲靠寫作賺錢顯然很容易。

一九八五年：我爸向大學申請了休假年，要去桑迪亞國家實驗室當研究人員，因此，這一年我們家搬到新墨西哥州洛斯阿拉莫斯。身爲一個彆扭內向的青少女，像這樣被迫離開原本的生活會遭遇很多問題，最麻煩的是，從洛斯阿拉莫斯要開四十英里（約六十四公里）的山路，才能到達最近的書店，這表示我要靠糟糕的公共圖書館取得閱讀素材。在洛斯阿拉莫斯高中，留著香菇頭、教西方文明史的老師說，如果不是他們需要錢，他才不會讓太太出去工作。那天晚餐時我轉述這句話，我媽的評論是：「叫**他**去死。」

我爸在我們坐定之後第一次開了口。「沒錯。」他說；他面無表情，但用犀利的平視眼神盯著我，「男人都是混蛋。」我說我不是講**你**，也不是一般性的講其他男人，我講的是這個頂著香菇頭、實際存在的男人。「不，妳是對的，」他說，他現在開始發聲了，「男人都是混蛋。」我不再開口。

一九八六年：我們回到佛羅里達，歷史老師要我們舉出社會或政治組織的例子。有個人說紅十字會，另一個說天生缺陷基金會（March of Dimes），我說全國婦女組織，全班大笑。

一九八七年：我高二，每個高二生都要上一學期的電腦程式課，但老師幾乎每天都說他覺得不應該開放女生修他的課。我吃晚餐時講他的壞話。「對，男人都是混蛋。」我爸說；到現在，我早知道他會這樣說。天啊，老爸，我說的是電腦程式課的老師，我不是說你。「妳厭男。」他說。我很想說對，我討厭**這一個男人**，但我的心思不在這裡。現在，我已經理解我爸對我很有信心，對我的未來滿懷期待。我也明白我必須假裝生活在他的世界裡，在那裡，我不會因爲我的身體、我的聲音或《聖經》而受到不同的待遇。我們應該假裝我是男人來過日子。

一九八八年：在我讀的大學裡，英語系五位教授之中有四位是男性，四人當中有兩人會和女學生上床，第三個人努力嘗試過，但就是沒辦法。我在女性教授的課堂上讀了瑪麗．戴莉、安德里雅．德沃金和卡蘿爾．吉利根的作品。我重讀《簡愛》，讀懂了閣樓裡的前妻是瘋女人，也是一種比喻。我發現《聖經》是人**寫出來**的，而歷史是人們針對何事值得記住所做出的一連串決定，這些都讓我很訝異。我贏得一筆年輕作家的獎助金，總計三千美元，是我有生以來所拿過最大的一筆錢，我不顧父母微微的抗議，把錢花在前往佛蒙特參加爲期一個月的寫作工作坊，在那裡，我第一次注意到有很多和我同齡的優秀作家，這讓我很緊張。我不喜歡我有可能不是最出色的那一個。

一九九〇年：我暑假時在一家保險公司的櫃檯打工，有一個業務人員兩週內就邀了我五次。當我用盡一切友善的方法婉轉拒絕都無效，便告知我的女性上司，由上司再轉告此人，之後他就不再對我說「早安」或「謝謝」這些話。我媽在梅西百貨的倩碧專櫃找到工作，她看起來變得比較開心。

一九九一年：論文會議結束後，我和一位新來的教職員一同離開，他對著我的背影發出「嗯……」的聲音，彷彿是在品嚐什麼美味的東西。我在法律事務所打工，一位客戶宣告我是

「此地最美麗的女人」。另一位說他願意爲了贏得我而輸掉損害賠償官司。第三位看我和夾紙搏鬥，說我一定弄壞了影印機，該被打屁股。我練出一種中性、平視的眼神，一而再、再而三地默默拿出來用。我交過許多讓人失望的男朋友，最後終於找到一個守護者；他是即將畢業的大四生約翰，彷彿天生就明白女人也是有血有肉的人，他的理解讓我感到既驚喜又陌生。我和約翰什麼都聊，但我很少跟他提到男人對我說的話。我假設他已經知道這個世界是怎麼一回事。我媽媽成爲棕櫚灘郡的倩碧頂尖業務員，她被派去業績不好的專櫃激勵其他員工。

一九九一年：安妮塔．希爾花了八個小時，向國會調查小組敍述她的主管、也就是最高法院大法官提名人克拉倫斯．湯瑪斯如何一再約她出去、談論她的胸部並描述他看的色情片（包括強暴色情片、人獸交色情片），還開了一個和可樂跟陰毛有關的爛玩笑，我到現在都聽不懂。調查小組強烈暗示她是無賴，湯瑪斯則得到終身職。

一九九二年：我將票投給比爾．柯林頓，強暴和性騷擾指控緊緊糾纏著他的總統競選活動。他給我一種很不舒服的感覺，但看到最高法院裡有四位法官認爲《羅訴韋德案》裁決錯誤，那我還能投給誰？我申請了六所學校的藝術創作碩士創意寫作學程，除了愛荷華大學之外，其他五家都錄取我了。嗯，我對自己說，反正沒人進得了愛荷華；但顯然還是有人進了，不然就不會有這個學程。也許三十年後，我偶爾還是會去想我到底哪裡表現不好。

一九九三年：據我所知，我的藝術創作碩士學程裡的幾位男性教授並沒有和任何學生上床，但我還是保持客氣的距離，這樣就不用知道真相究竟如何。我看到男同學和男教授一起喝啤酒，週末時甚至還會去教授家。他們做起來輕輕鬆鬆，但據我所知，沒有任何女學生效法。即便我畫地自限、保持距離，還是拿到兩筆研究獎金和一項大學的獎項，也在文學季刊上發表了兩則短篇故事。顯然，我很快就會出名了。我媽在南佛羅里達不停奔走、銷售黑蜜漿果唇膏，最後離開了倩碧。這是她最後一份有薪職。

一九九六年：我和約翰結婚，他在經營一人新創軟體公司，我則在社區大學教夜間部英文。學校裡有四個男學生很喜歡盯著我的腿，交頭接耳問我跟誰約會，以及爲何我不跟他們去派對。我想過要舉報他們，但我只是兼職，連主管叫什麼名字都不知道，而且我眞的很需要這份工作，我兼四份教職，每一份都要保住，不然我可能得向爸媽伸手要錢，這是我絕對不願意做的事，我也不想變成一個應付不了課堂麻煩的人。所以我做了實驗：我先用冷硬嚴格的態度對待學生，這感覺起來很不自然，而且將全班都逼得很緊；之後，我翻白眼譏諷他們，這有點嚇到那些傢伙，甚至還有一點贏得他們的尊敬。我用這種辦法經營班級，但是，我人在教室裡的時候，總是時時想到我的身體，一刻也不敢放鬆。

我讀到一家名叫亞馬遜的網路書店的消息，等到我再一次用約翰的數據機連上網時，便親自查了一下。最後我在這裡花了兩個小時的時間：讀新書的書評、翻找我之前的愛書，並且註冊登記，同意網站在我喜歡的作家有新作品時發電子郵件通知我。這幾乎是一種衝動，我需要知道亞馬遜可以爲我帶來哪些好處。在這段時間裡，我一直回想起待在洛斯阿拉莫斯那一年有多可怕，當地沒有半家書店，我也沒有駕照；如果一九八五年時，電腦就可以做到這個地步，如果這個身在華盛頓州、名叫傑夫·貝佐斯的人可以**郵寄**給我全世界我想讀的書，那一切可能會大不同。

一九九九年：我厭倦了教書，一週花六十個小時只爲賺取每年一萬七千美元的薪資，而且我的年紀還大到不能依附父母的醫療保險，因此我去全媒體指引公司應徵。「妳最少需要多少錢才能過生活？」執行長問我。我深吸了一口氣，告訴他三千美元。「那我付妳三千一百美元。」他說道，讓我覺得自己是談判大師。理論上，晚上和週末時我還是作家，差別在於我實際上根本沒在寫作。我在一本著名的文集裡發表了一篇故事。我心想，**就是這次了**，會有人過來邀我簽約寫書，等到那時我就要寫自己的小說。但當這一切沒有發生時，我發現自己很容易就放棄了。

二〇〇一年：我晉升爲高階管理層，受邀加入掌權男性的行列，擔任電影部的主管。在我的升遷人事令發布一個小時之後，我的主管和另一位副總裁叫我去儲藏室，裡面放滿了色情錄影帶和DVD。這些不是Cinemax的軟性色情片，而是貨眞價實的色情片，有射精畫面的那種。影片經銷商將每一部影片都拷貝一份給我們，我的主管說，因爲我們不做色情片，所有東西都堆在這裡，找不到長遠的解決方法。「現在是妳的問題了。」另一位副總裁開口，他笑到合不攏嘴。謠傳他和我的一位部屬談戀愛，謠傳她是他吻過的第一個女孩。*

我明白了，這是一次突襲測驗。「我們何不將這些和其他東西一起歸檔就好了？」我問我的主管。

「這算敏感性素材，」他說，「歸檔人員可以提出惡意職場環境申訴。」

「妳全權處理。」另一位副總裁幸災樂禍，我盯著他看很久，直到他感受到我的目光才停止。

「但資料條目中本來就有色情片的類別，對吧？」我問我的主管，隨手抓了幾部片，指出我們的條碼貼紙。

「對，」他說，「我們讓他們有權選擇要不要處理成人素材。這裡有表格。」

「好，除非我忽略了什麼，但看起來我們可以讓歸檔人員使用這張表格。」儲藏室裡現在有四個人：他們兩個、我和我的身體。他們的胸部很平坦，但我多出來的部分突出在我們之間的空白地帶，某種程度上他們覺得這裡還是他們的空間，彷彿是我的胸部僭越了他們的地方。我理解

---

*我只是如實說出我聽到的。

實驗正在進行中，我不能不加入。我必須假裝這很稀鬆平常。

我的主管突然明白了什麼。「等一下，**妳**覺得不自在嗎？」他問。

「色情片對我來說不是問題。」我冷靜地說，這倒也是眞的。有問題的**是**，我從基層做到高階主管，這種事每天都在發生。我覺得他們彷彿在提醒我，最首要的是，我是一副女體。這並不是因爲他們是壞心的男人，他們只是沒多想，因爲他們也不必多想。

「妳的升遷大喜之日如何？」我回家時，約翰問我。上星期我得知這件事的那天，他就準備好鮮花和香檳王等我。「這將會是妳精彩事業的起點。」他如是說。

「喔，很好。」我對他說。在那個當下，我只能這麼說。他對我身爲人的潛力極具信心，我又何苦提醒他，我實際上只是用女人的潛力在做事？

05——恐懼的五個同義詞

我去亞馬遜面試過了三十六小時後，我和約翰來到牙買加南岸的一處小漁村。這座度假村原本的業主是作家伊恩．佛萊明[6]，我們住的這棟面海的小屋叫做「八爪女」。我們剛抵達時，他們招待我們紅紋啤酒，我們帶著酒到戶外水療區，洗去一身僕僕風塵。「嘿，這啤酒很好喝。」我說。

「妳說紅紋好喝？這再度證實妳不是真正的啤酒愛好者。」約翰說著，喝完他手上那一瓶。

「我知道我說過不想在度假時談亞馬遜，」我對約翰說，「但我也要讓你知道，我已經決定，就算他們錄取我，我也不要去。他們不會錄取我的啦。」後半段是謊話。從西雅圖搭紅眼班機返家時的某個時刻，究竟有幾家加油站這個問題，在我身上引發的恐慌感漸漸消退，我意識到，我在整個面試過程中的表現還滿不錯的。奇怪的是，我搭機時通常很容易看透現實，之後，我把現實以及我自己與現實之間的落差好好收著，當成彷彿是鑲了珠寶的小金蛋一般，準備等到降落後再來處理。

「哪種方式我都可以。」約翰說。約翰跟我一樣，從藝術領域展開成年後的人生（他是畫家），之後發現如果能賺錢過上好生活也是好事。過去八年來，他是自由工作者，協助一位攝影師分類資料庫裡的幻燈片，這份工作後來茁壯爲一家成功的軟體新創公司。他在家工作，客戶遍布全世界，只要有衛星能連線上網，他在哪裡都能工作。

「我們在密西根的日子過得很棒，對吧？我的工作不錯，你也有你的工作，我們有棟房子，還有艾比。」艾比是我們養的黃金獵犬，是一隻被救援的流浪狗。雖然我們對牠所知不多，例如我們不知道爲何牠每天晚上準時九點要對著我們吠十分鐘，但我們還是愛牠。

「嗯，我想，艾比可以跟著我們搬到西雅圖。」他說，「我們不會光留下飼料錢，然後把牠丟在安娜堡。還有，妳的工作不太妙，妳恨這份工作。」

「我對這份工作是有點**意見**。」

「妳說要離職已經講三年了，妳覺得無趣、被困住，這裡沒有職涯發展的路徑。此地的就業市場也很糟糕。」

「是不太理想。」我一邊說，一邊檢查環境，確認不會有人看到我之後，我才拿下浴巾，裸身躺在溫暖的露天陽臺上，這裡離海邊不過短短幾公尺。

「冬天也是一大問題。」約翰說。啊，沒錯。確實，近年來，在下第一場雪時，我就已經開始覺得很消沉，我知道這代表我即將要經歷六個月的冰天凍地、泥濘潮溼和黝黑天色。十一月時，某個乾冷的日子，我從超市開車回家，聽見收音機裡傳來一首平凡但興高采烈的喬許．瑞特的歌曲〈雪走了〉：「哈囉烏鶇／哈囉椋鳥／冬天結束了／做我的心肝寶貝。」他如此歡快地唱著，以致我的身體非常渴望感受陽光灑在我的前額，並聞聞春天青草的濃郁氣息。幾秒鐘之後，我哭了起來，一股突如其來的力道震撼了我，強烈到我必須把車停在路邊。等我終於到家，我對約翰說我們**必須**在冬天裡安排一段假期，否則我不知道該如何撐過去，這就是這趟牙買加之旅的由來。我沒對他說的是（因爲我覺得這聽起來太瘋狂），我覺得或許我們是時候該永遠離開中西部了。

「我知道。」現在我說了，「這些我都知道。但我對亞馬遜有一種奇怪的感覺。每個人都很和善，但他們壓力都**很大**。就算我在全媒體指引公司很無聊，也不表示我需要轉換到一個經常會令人心臟病發的地方。還有，如果我們痛恨西雅圖的話，該怎麼辦？」我沒有提到我心裡更陰沉的問題，比方說，我能不能勝任這份工作？眞的有**任何人**能做這樣的工作嗎？爲什麼任由亞馬遜的銷售專員面對這麼糟糕的處境，眞的有人想過可以靠一個人的力量解決問題嗎？如果我失敗了怎麼辦？我從未失敗過，因爲除非**真正**確定我能處理，否則我從來不做應付不來的事；就算有時看似是壓榨自己，我也還隱約保留了一成實力。因此，若我接下這份工作，然後搞砸了，這是否代表我出於傲慢而毀了自己，那麼，不管會有哪些悲慘局面隨之而來，我都活該承受？

「我們一直都很愛西雅圖，爲什麼突然之間會討厭那裡？」約翰一邊說，一邊在我身旁躺下。我擔心熱帶陽光會將他的愛爾蘭裔美籍陰莖晒壞，但他擁有這東西已經三十七年了，我想他很清楚自己在幹麼。約翰的哥哥嫂嫂在一九九〇年代中期搬到西雅圖，他父母等到孫子逐一出世後，也搬了過去。我們會在夏季前往拜訪，這些片刻向來是美好的奇幻島時光，充滿長時間日照、香醇咖啡和愜意熱誠的西岸文青文化。

「我們從未試過住在那裡，」我說，「如果我們找不到房子怎麼辦？如果我們搞不懂如何安裝有線電視怎麼辦？如果我們永遠沒辦法重建生活的立基點，該怎麼辦？凡此種種。」**如果我毀了你的人生怎麼辦**？但我沒說。婚前，約翰跟著我從佛羅里達來到密西根，這個決定看起來很不錯。但我真的要再將他拖過半個美國嗎？

「我們必定能想到辦法安裝有線電視，」約翰說，「但現在還不用做任何決定，對吧？所以我們不用管。」

「說得也是。」我說，「但反正我已經決定了，我不去。」

「好。」他說著，然後握著我的手。

✦

隔天早上，我們在飯店露臺吃玉米粉粥，接著參加了一堂令人困惑的瑜伽課，一系列動作的姿勢就像在玩五十K[7]一樣讓人喘不過氣，瑜伽老師不停對我們**大吼**，叫我們鎖住膝蓋，並看向特定的方向。在家鄉時，我的瑜伽老師一直都叫我**不要**鎖住膝蓋，因此，要不是這位老師像帶兵一樣操練我們，我可能會很開心現在終於可以盡情鎖住膝蓋。「**鎖住膝蓋**，」她說，「**看向美麗的天空**。」我一轉這個方向，脖子就很不舒服，因此，在禮貌上瞄一眼天空之後，我轉回到自然的姿勢。「**藍色瑜伽墊那位**，」她說，「**看向美麗的天空**。」在隔壁瑜伽墊上的約翰很努力忍住不要笑出來，差點憋死。我希望老師能注意到，用她出於神祕理由而隨身攜帶的掃帚柄打他，但她已經轉身去責備一個可憐的傢伙，此人之前顯然沒做過瑜伽，他的弓箭步彎得太深，絕對沒辦法靠自己的力量起來。

我在家鄉的瑜伽老師是一位不會發脾氣的正常人，她說明過痛苦和不舒服的差別。她說，膝蓋劇痛叫做痛苦，那是出問題的象徵。但肌肉在運動或伸展時的微妙灼燒感呢？那只是不舒服，而且不是什麼緊急事件。「妳能不能微調妳的身體，在不退出原本的姿勢之下，緩和妳感受到的不舒服？」有一次，當我們在做「英雄二」的姿勢維持了有他媽的一輩子時，她這樣問。我將一部分的重量移到我伸直的那條腿上，以緩解我彎曲的腿需要承受的重量，但右大腿還是在灼燒。「如果不行，」老師繼續說，「妳能不能只是注意到不舒服，然後維持這種狀態就好？」喔，好的。到最後，雖然我痛到快瘋了，但我還是可以做到這一點。

我三十六歲了，對一個三十六歲的人來說，這顯然是讓人震驚的高齡。我真的能在往後的人生避免改變、失敗與風險嗎？就算我試著這麼做，這些東西看起來還是會追著我跑。小時候玩捉迷藏時，我痛恨躲起來，比較喜歡當鬼去找人；蜷曲在狹小空間裡等著別人找到我，會讓我覺得很焦慮。我長大後也擺脫不了這種心態，到現在，我還是寧願在開放空間之中遠遠地看到我的對手在哪裡，然後用決鬥者的高貴姿態逼近他，刻意擊敗對方。瑜伽課結束後，我回房拿出筆記本，躲進涼爽的度假村圖書館裡。一小時後，我列出了一張表：

好處

挑戰性

終結無聊

聰明的人們

新城市

賺比較多錢（？）

天氣比較好（？）

公司比較有可能成長

壞處

連根拔起整個人生

恐懼

焦慮

隱約讓人覺得可怕

太常下雨？

壓力可能很大？

等我寫完所有「恐懼」的同義詞之後，我心知肚明，恐懼是我會拒絕的唯一真正原因。如果我真的拒絕了，日後的一成不變與停滯不前，我只能怪自己。

✦

「如果我答應了，但到頭來是個錯誤，那該怎麼辦？」隔天，我在游泳池畔問約翰。

「那妳就換成備用方案。」他說。

「這就是我的備用方案。」

「那妳就換成備用方案的備用方案。」

「等一下，」我說，「那我要有多少方案？」

「這只是一種說法。」約翰說。

「我不能一輩子都在設計備用方案**以備不時之需**。」

「酒吧開著，妳何不去喝杯調酒？」

我徹底思考喝與不喝調酒各有什麼意義。「好吧，」我說，「我想我可以喝酒。」

✦

晚餐之後，我們回到頂樓露臺，「如果我製造出一場災難，毀了我們倆的人生，而你離開我，那要怎麼辦？」

「我爲什麼要離開妳？」約翰說。

「因爲被開除，失業了。」

「不會發生那種事，還有，我會因爲妳被開除就離開妳的想法太瘋狂了。」

「好吧，那如果我**被逮捕**怎麼辦？因爲公司裡的某種大亂鬥？」

「我想想……別被捕吧。」約翰說，「這種事應該可以掌控，對吧？」

「對，」我說，「至少理論上是。」

✦

最後一天，我走路去距離度假村四百公尺遠的一座橢圓形泥磚建築，一位梳著緊緻圓髻的纖瘦女子招呼我。她叫雪莉，是按摩治療師，旅客都用一種半帶神祕的語調來描述她。「好的，」

她一邊說，一邊進入另一個房間，回來的時候兩隻手上都是香草。「這就是妳需要的。」她向我指著牆邊的一處木造小亭，好吧，基本上，這是一個箱子，裡面有個大汽鍋和矮凳。我坐下來，雪莉把香草攪入水中。「這會讓人覺得很溫暖，」她微笑著說，「十分鐘後，我會回來找妳。」接著，她拉上門簾，把我一個人留在這個很暗的地方。

這裡很溫暖，氣味聞起來像檸檬草、生薑和某種有胡椒味的東西。除了呆坐著，我不知道還可以做什麼，因此我閉上雙眼，試著將注意力集中在呼氣和吸氣上。這發揮了大約四十秒的用處，之後我發現自己的心思層層往外擴張；當我處在陌生的地方或環境下，有時候就會這麼做。**我坐在凳子上，放在一個小箱子裡，就在一處泥屋中，坐落在村子裡，村子在島上，島在海洋中間，海洋被兩塊大陸夾在中間，這兩片大陸就在地球上**。聽起來有點不太可能，但我人就在這裡。我也想到其他之前覺得根本不可能去、但後來真的前往的地方，比方說，佛羅倫斯聖母百花大教堂的穹頂，或是懸在巴哈馬海岸邊的一家酒吧，還有派克市場後方的一家小法式餐廳，我跟約翰在那裡吃貽貝薯條，看著白頭海鵰在艾略特灣上空優游飛翔。在每一個地方，在那一時半刻，我都感到興奮，因爲我發現自己的人生又更開闊了一點。

雪莉如她所說的回來照料我，靜靜地替我的背部按摩了好一陣子。「家裡有什麼等著妳？」最後她問。

「喔，就一般的吧。」我說，「我的工作、大量的積雪。」我注意到我完全無感，我不害怕要回到我的正常生活，但我也並不期待。我看到自己在全媒體指引公司的門廳重踩腳步以抖掉靴子上的雪，走過長廊進入我的辦公室，對著坐在隔壁辦公室的主管打招呼，就算已經好幾年都沒有新鮮事了，我也會問一句：「有什麼新的嗎？」工作上沒什麼放大假之後的混亂要收拾，沒有人會等我做任何重要的大事。下午五點我會開車回家，在前廊踢掉我靴子上的雪，拍拍我的狗。「重新回到工作崗位還好吧？」約翰會問。「還好。」我會這樣說，因爲實際上就是如此。

雪莉拉著床單，讓我翻身躺下。「我曾經在衝動之下搬去紐約。」當我在安頓自己時，雪莉這樣說，「因爲我對這裡感到很厭煩。之前我根本沒去過紐約。我抵達的那天，雪積了十五公分，那是我人生的第一場雪。」

我瞪大雙眼，「妳後悔嗎？」

「喔，從來沒有。那三年我很滿足，」她帶著淺淺的笑容，「雪和城市都看夠了，所以我回來了，但我不後悔。」

「那很好。」我說，我閉上眼，心思不斷漂流。

✦

我們回家時要轉機，第一班飛機降落在奧蘭多，當我們滑行到機場閘口時，我從包包底部挖出手機，一星期以來手機都丟在那裡沒動。「亞馬遜知道我今天會回到有訊號的地方。」我對約翰說。

他點點頭。「他們會錄取妳的，」他說，「妳知道的，對吧？」

「我知道，」我說，「而且我想我可能會接受。」

「馬上答應。」

「如果事情出了錯，我們再修正就好，對吧？」

「正是如此，親愛的。」

我們走過空橋時，我抓著手機，還沒開機。如果我永遠都不開機會怎麼樣？如果我拒絕按下電源鍵，因而改變了我的命運，那會如何？

吸氣，我對自己說，然後開機。過沒兩分鐘，電話響了，來電顯示是西雅圖的號碼。我拿給約翰看，然後靠在兩部自動販賣機之間的牆上，打開手機。

「你好。」我說。

06

這裡的人就像蘑菇

「妳要想辦法阻止，」喬治一邊說，一邊捏著健怡可樂的空瓶，「妳要告訴他們，我們斷然、絕對無法再撐六個月，這**真的會**死人的。」

「我聽到了。」我說道，只是爲了多爭取一點時間。這是我在亞馬遜的第二天、在西雅圖的第四天。我和喬治在哥倫比亞中心的美食街進行一對一會談。公司裡的會議室是稀缺的資源，他們告訴我要提前幾天、甚至幾個星期預定才有得用，個人辦公室則是在食物鏈中比我上層的那些人才有。

「我們**快死了**。」他說。

「我知道。」我一邊說，一邊將已經長出水泡的右腳踝伸出鞋外。昨天晚上我沒怎麼睡。在搬家卡車抵達之前，亞馬遜先將我安置在靠近水岸邊的公司宿舍，那張床是我有史以來躺過最爛的床之一。此外，在清晨兩點到四點之間，有個人在我樓下五層樓的人行道上踱步，對著天空吼著汙言穢語。但這裡離公司只有五條街，就算我租的車（亮黃色的克萊斯勒PT Cruiser）本身沒那麼讓人覺得丟臉，這麼短的距離要我開車，我也覺得很不好意思。（「赫茲租車怎麼會覺得這種車是很正常的轎車？」約翰載著艾比一路往西開，他在蒙大拿時打電話過來，我這樣對他說。「我覺得自己開這種車就像電影《狄克崔西》裡的惡徒！應該**只有在顧客特別要求時**才出租這種車，而且他們應該要列一個勾選欄位，確保顧客知道自己租到的車有多醜。」）所以，我喚醒心裡剛剛出現的都市人精神，走路上班，但我不知道西雅圖市中心的坡這麼陡。走到半路，我的脖子開始流汗。當我走到星巴克排隊時，我的身體都溼了，兩隻腳也磨出水泡。等到喬治告訴我，整個團隊命在旦夕，我已經放棄了文雅城市女孩的人設，決定光是全身都還好好的，就是一大勝利。

喬治的日常工作是管理所有DVD銷售專員，但他也是平臺轉移專案中所有銷售活動的窗口，這個案子涉及我手下五個團隊，基本上使得所有人的工作負擔加倍。＊像這樣的專案原本應該只會混亂三個星期，明天就要結束，但今天早上，專案的技術主管告知喬治，爲了蒐集更多資料，這項專案如今要在兩個平臺上並行運作六個月。這是原先設定期間的**八倍**，我會知道答案，並不是因爲我在面試之後心算能力變好了，而是因爲喬治跟我說了很多遍。喬治的情緒一點幫助

＊　這怎麼**可能**？我在本書裡會盡可能簡單明白地說明技術面的東西，就像別人說給我聽時那樣。如果你是技術人員，而我講得太過輕描淡寫，我懇求你能理解。平臺轉移是指目前網站在某個後端平臺上運作，要慢慢移往新的平臺，而我們要先確定新平臺又快又穩定，才能讓所有顧客挪過去，並終止舊的版本。遺憾的是，對銷售專員來說，這兩個平臺是完全獨立的，無法讓兩者共享內容。因此，當一位銷售專員要推銷恐怖片DVD買一送一活動時，不只要撰寫活動文案並編寫程式，同樣的事還得做兩次。簡單來說：基本上，他們的工作量變成兩倍。

都沒有，但他說的也沒錯，這件事眞的很要命。若從工作量加倍來看，我們講的可不是一分鐘的事現在要變成兩分鐘。平均來說，網站上的相關活動需要花半小時建置，部分原因是銷售專員不只要寫出顧客會看到的文字，也要手動寫ＸＭＬ程式碼，活動才能出現在網站上，這可不是直接把文字貼到模板上就行了。另一個耗時的理由是，由公司內部所發展、要交給我修正的內容創作工具，其糟糕的程度遠超過我的想像。昨天我坐在一位銷售專員旁邊看她撰寫活動內容並編寫程式，我一直瞇著眼以確保她寫對了每個括號和反斜線。之後，我們緊盯著她的螢幕，看著排程頁面用最快也只能說是遲緩的速度在傳輸。「有時候會逾時，我必須從頭再來。」她說，「我會碰上多到嚇人的暫停，才能完成工作。」她話裡帶酸，但聽起來又很振奮，我不知道這是因爲她能眞正英勇地面對困境，還是因爲她只是不願在主管的主管面前抱怨。

「我想你已經跟技術團隊說過這對我們有何影響。」我對喬治說。

「我當然有。」他說，「他們建議我們『找到效率』。在亞馬遜，這代表『很抱歉害到你的團隊，但那不是我們的問題。』」他仍將健怡可樂空瓶當成洞洞減壓球耍弄，我開始打開我的星巴克咖啡杯杯緣。

「嗯，我們是不是要跟合作方案團隊談一談，減少一點工作？」我提問，得到的答案是刺耳的笑聲。

「我是指，妳可以問，」喬治說，「但不會有結果。合作方案靠這賺了太多錢。」

「我用我新任高階主管的身分親自去找技術部的經理，問一些你不能開口的基本、蠢笨問題，是否可行？」我問，「或許我可以使他難堪，讓他改換比較合理的方案。在此同時，你能不能彙整出一張清單？列出你建議要刪掉哪些工作，我們才有空接下這個案子，如此我才能確保查克理解當中的取捨是什麼。」

我還沒講完，喬治就搖頭了。「沒有意義。沒有什麼事是不重要的。整整六個月，團隊都會沒日沒夜沒週末。這就是身在企業漏斗底部的悲哀。」

「且讓我看看我能做什麼。」我這樣說，部分原因也是爲了想結束這段談話。我知道喬治在敍述他看到的事實，但是他過勞疲憊，散發的能量很煩躁、讓人受不了，光是和他相處幾分鐘，都讓我覺得心浮氣躁。我也希望這場會談趕快結束，我想離開，靜下來思考該如何解決問題。如今情況已經很清楚，若我想在亞馬遜有所成就，就必須在人們的**眼前**解決問題給他們看，我也希望能學著做到這一點，但今天不過是上任第二天，我連洗手間在哪裡都不知道。現在，我需要幾分鐘獨處（可能就在剛剛提到的洗手間吧），計劃接下來該怎麼走，畢竟，我得**解決**這個問題，對吧？亞馬遜請我來改善這些人的工作，這是第一次隨堂考，判定他們是不是做出了正確的用人決定。

一開始，我以為我的迫降式上任是特殊情況，多數新進員工不會在第二天就碰上危機。但這似乎是一翻兩瞪眼的運氣問題；如果你剛好在一個平靜的時候展開新職，恭喜你，不然的話，嗯，皮就要繃緊一點。我的新同事用「被丟進洶湧急流」或「被直升機丟在叢林深處」這些話來描述他們在亞馬遜上工第一週的情況，這裡聽起來像是一個動盪的生態體系，充滿自然世界裡各種無法避免的危險。「工作量大到像要吞下消防栓噴出的水」是我經常聽到的話，多數人都心有戚戚焉。當你得吞下消防栓噴出的水，你不太會去思考從你喉嚨灌下去的東西味道如何、是冷是熱，也沒時間去想你喝的量對不對，或是滴在你臉上的水可能比你吞下去的更重要，那些才應該吞進去。你只能努力叫你的食道運作，相信時間到了、一切就會清楚了，而且到那時你的整張臉就不會被搞得慘兮兮。

✦

跟我共用辦公室的阿爾俊是媒體部的定價經理，我回到辦公室時，他趴在鍵盤上。我們共用這間無窗的狹窄房間——現在我才知道，是我運氣好才分得到。多數人，尤其是基層員工，*都在同樣狹窄的小隔間裡，有時候辦公桌還得併在一起，根本沒辦法實際隔開。我在全媒體指引公司有自己的辦公室；在亞馬遜，我必須多做好幾件事才有辦法私下談話，這讓我震驚不已。

「嘿。」我跟阿爾俊打招呼；他來自孟買，取道史丹佛來到此地。

「哈囉，哈囉。」他說話時頭沒轉過來。

我還搞不懂怎麼將筆記型電腦（這是我有生以來使用的第一部筆電）連到辦公桌上的外接螢幕，我知道一定和棒狀的插槽座有關，然而，我已經連續兩天用同樣的方法打開筆電，試著插進不同的外接座或插槽，但都沒成功。我盯著插槽，想著我是不是需要將電腦連到另一邊，此時阿爾俊剛好轉過來看到了。

「喔，不，不是這樣，我弄給妳看。」他一邊說，一邊用相當明顯的方法把機器和基座組合在一起。

「他們在新人訓練時沒講到這個部分。」我說。

「克莉絲蒂，妳可能注意到了，他們的新人訓練幾乎什麼都沒講。」阿爾俊說。沒錯。在我的新訓中，高到不成比例的時間花在大力推銷公司的野餐活動，卻幾乎沒說明這個地方實際上如何運作。「而且這是因為沒有人知道到底發生了什麼事。」他說話時直視著我的眼睛，「關於亞馬遜，這是最重要的一點，沒有人知道什麼屁。」他手往後伸，看都沒看，就從桌上的五個咖啡杯

＊ 亞馬遜是講究階級的職場。在這家公司，第四級是最基層，第十三級是執行長。（因為某些理由，公司沒有第十二級。）我是第七級，只比高階主管低一級。在全媒體指引公司，我是總監，相當於亞馬遜的第八級，職銜被降級讓我忿忿不平，但後來我才知道，大量新進員工都受到同樣待遇，這是整體性的問題；在那之後，我才稍減怨氣。

中抓起一個，喝了裡面的東西。「以我的工作爲例，我本來應該要將定價設定爲自動化。」

「現在不是自動的嗎？」我說。

「不，克莉絲蒂，不是，妳大有理由一臉訝異，因爲這件事實在太有毛病了：網站上的每一個價格居然都是由採購人員手動設定。我進來就是爲了修正這個問題，把採購人員的時間還給他們，讓他們去做更有生產力的工作。但妳猜猜怎麼著？每次我回過頭來，就會發現有一些新的採購人員團隊在問：『這人是誰，他在這裡到底要幹麼？』我向他們解釋我做的事，他們覺得很奇怪，因爲他們不知道要提出規格需求，而我根本不知道公司裡居然有各種團隊的存在，反過來也是一樣。他們上報部門的總監，總監出手，然後我又回來蒐集規格，工程師則不斷威脅我，如果我一直叫他們等，他們就會捨棄這個案子。克莉絲蒂，**某種程度上**，這很正常。**某種程度上**，這就是一個產品經理要做的事。但在亞馬遜會變得很不正常，因爲這裡的人就像蘑菇。」

我不懂蘑菇以及其他大部分的話是什麼意思，但他一次次唸著我名字時的聲音和態度，讓我感到很安心。

「喔，還有，這還算是最佳情境，克莉絲蒂。」他繼續說，「有半數採購人員毅然決然地說他們不會用自動化系統，因爲他們**不相信**用電腦定價。老兄，沒問題。我只是根據傑夫・他媽的・威爾克的指令打造這套系統。」傑夫・他媽的・威爾克是零售業務的資深副總，僅次於傑夫・貝佐斯，後者在亞馬遜裡是最接近神的人物。「但是當然，如果你覺得自己比電腦還聰明，想要在小孩的足球賽上打開筆電，一整個週末都坐在看臺上手動定價，請便，朋友。」他忽然間笑得很燦爛，「說到小孩，我要給妳看看我兒子的照片。」

我對著他摺疊手機裡的照片發出了「哇」的聲音，並問他孩子多大了。「四個月。」阿爾俊說，「還有，克莉絲蒂，我要跟妳說一件事，他出生之後我還沒有睡過夜。我的妻子下個月要帶他回印度待一個月，我超期待。我愛我的妻子和兒子，但他們要離開美國也讓我備感興奮，因爲這樣我就可以昏睡了。請不要跟任何人說我講過這種話。」

他轉回去看他的螢幕。「眞是大災難。」幾分鐘後，我聽到他這樣喃喃自語。

✦

大約有二十名銷售專員要透過經理向我彙報，但我的職責也包括要和公司比較外圍的工程與產品部門主管合作。亞馬遜沒有園區，只有三棟建築物，每一棟都在西雅圖市中心附近，彼此相距大約一英里，這表示，我第一個月有很多時間都耗在呼嘯的接駁巴士上。官方的總部是國際區外圍的一處舊醫院改建大樓，從高樓層可以看見壯麗的山水景色。另一個分部坐落在租來的空間，離薩菲科球場非常近。讓這個三角形變得完整的是哥倫比亞中心，這棟七十六層的摩天大樓現在是我口中的家。我在哥倫比亞大樓辦公時，一天很容易就搭個十五次電梯。約翰有一天下午傳簡訊給我，想知道情況如何。「我一整天都在不同的管子裡來來去去。」我這樣回。電梯裡的電視螢幕透過名叫「迷幻網絡」的系統播放廣告和新聞，內容太過直白，並不有趣。「我或許不應該告訴妳，但我現在是從聯合湖中央的獨木舟上傳訊息給妳。」約翰回覆。他的生活和我的已經不一樣了。他是自雇者，多數的客戶都在東部，多數日子他可以在下午時分收工，真正深入了解這個城市。

「那裡的人怎麼樣？」一個全媒體指引公司的朋友某一天問我。「友善、聰明又驚慌。」我這樣回。二〇〇六年，書店和媒體商店被認爲「成熟了」，這表示，要賺錢不能只靠書籍和ＣＤ，得另覓獲利方法。就像人們會翻開沙發座墊或牛仔褲口袋一樣，團隊得從每個地方找利潤，一次多賺百分之零點一。進度很慢，只能一點一點增加，而且永遠不夠。四處瀰漫著辭職和羞愧的氣氛，彷彿每個人私底下都認爲是自己的錯。燈光昏暗、臨時湊合感很強烈的職場環境，更讓人覺得這棟紙牌屋終將倒下：我們正在演的是電影《大亨遊戲》的劇情，而不是《華爾街》。

我的新同事跟我講話時，也有一種朝不保夕的感覺。我一次又一次聽到「既然現在妳在」這句話。**既然現在妳在，我們可以評估哪些電子郵件方案要壯大、哪些要砍掉。既然現在妳在，銷售專員可以為網站開發有創意的新功能。既然現在妳在，我們就別在星期六晚上加班了。既然現在妳在，他們會明白這份工作有多辛苦。既然現在妳在，我們終將受人寵愛。**我覺得自己彷彿是耶穌，每個人都寫了一張要請耶穌幫忙的任務清單，但上面全都是連祂也看不懂的縮寫。我建立了一張試算表，追蹤大家認爲我應該親自負責或說服工程團隊採納的專案，一個月之內，列表上的項目長達六十條，不管用任何排序系統、任何組合或篩選方法，我都會讓某些人失望。

約翰與艾比在我上工的第一週結束時到來，搬家卡車又比他們慢了好幾天。密西根的房子賣掉之前，我們先在北邊的拉文納租了一棟都鐸式的小房子，這裡距離市中心幾英里遠，住在附近的人們會開富豪汽車、準時收聽電臺節目《美國眾生相》。這間房子裡沒有我們習慣的那種廚房或院子，街道也太過繁忙，但以目前來說，也夠可愛的了。我已經預見我們需要幾個月的時間適應，心情上才能接受此地一棟普通好房子的價格，是我們過去在家鄉買一棟占地一個街角的手繪荷蘭殖民地風格房子的幾乎四倍。

光是想到居住成本就讓我不安。我在亞馬遜的底薪不到六位數（亞馬遜任何員工的每年底薪都不會超過十二萬七千美元，連傑夫．貝佐斯也一樣），必須再加上足夠的股票分紅，才能構成有競爭力的福利配套。長期來說，我可以賺到大錢。問題是，幾乎要等到兩年後才會開始分股票，因此，現在我只能靠底薪過日子，這代表以科技業和整個西雅圖來說，實際上我領著過低的薪資。當然，約翰也可以賺到六位數的年薪，但數字比較接近低區間，我們大概不會餓死。如果我們不用**同時**背房貸和租金，就會輕鬆許多。

爲了慶賀約翰到來，我們一起去Pair餐廳吃飯，這是我們家附近一間法式鄉村風的葡萄酒吧，我很快就發現，這是普遍的西雅圖餐廳風格。「一切如何？」約翰問。在他這趟旅程的途中，我已經跟他講了一些，現在他想知道我的全方位評估。

「我想一下……我不知道。」我說，「該說很好？還是說我猜還好吧？很緊繃。」

「好的緊繃還是壞的緊繃？」

我對著服務生點頭示意，代表：好，我想要再來一杯維歐耶尼白酒。「很難說，」我對他說，「我猜此時此刻我會說是壞的緊繃。很多時候我都覺得自己**真的是**白痴，但我一直提醒自己，覺得白痴和眞的是白痴，兩者是有差別的。我認爲等我找到做事的步調，緊繃感就會緩和。」

「終究會的。」約翰說。

「但爲防萬一，我一直在想我們應該將我的簽約獎金存在單獨的帳戶裡，不要去動。」我說。亞馬遜在我簽約時給了我一萬美元，我任職滿一年時又可拿到一萬美元。但如果我兩年內離職，我得將這些錢還給公司。

「什麼，這是失敗信託基金嗎？」約翰笑著問我，「我眞的不覺得妳需要擔心這個，親愛的。」

「或許吧。」我說，我也明白這沒有意義。「我只是認爲，這裡和其他我待過的地方不一樣。」我沒有辦法跟他說清楚到底哪裡不一樣，我累到不想講清楚。在我們的關係中，這是約翰第一次基本上無法明白我對於職場生活有什麼**感覺**，我希望這不會一直持續下去，或者，就算會，我也希望他沒有注意到。

每天上班至少都要開六小時的會議，還不包括**會前會**。二〇〇六年，亞馬遜在網路上開了大約十五種不同的網路商店，每一家都由不同的團隊經營。每週三，這些團隊的最高主管要一起開業務週報檢討會，檢討每一種網路商店的表現。爲了替這場會議做準備，每個團隊負責各家商店的主管在星期二還要另外開會，徹底檢視自家商店的數據，決定哪些值得在大會議一提。因此，商店層級的週報必須在星期二之前準備好，這表示，每個人要在星期一時完成自己負責的那部分。但星期一通常有很多週末時發生的問題要調查：可能是某個著名的歌手過世、他最重要的幾張專輯熱銷，或者有一堆顧客提報他們的機器無法播放某張新的ＤＶＤ，或者行銷電子郵件中的連結壞了。在亞馬遜，解決問題之後，還要提出書面摘要，描述根本原因，以及爲避免問題再度發生所做的改變，這些事很容易吃掉星期一的大部分時間。還有，亞馬遜的提報系統在建置時並沒有想到用量這麼大、用戶有幾千人；有時候，會前資料序列要花幾個小時才能跑完，有時候會完全逾時。所以，有很多人必須先來跑序列，比如星期六晚上十一點，才不會跟別人卡在一起。

以媒體部門來說，所有結果會彙整成一份二十頁的雙面文件，多數Excel表格裡都有文字注解，以八．五乘以十四英寸的紙張印製。當我提早幾分鐘過來準備我第二次的週二業務週報檢討會前會，安迪、艾爾登和阿爾俊正瞇著眼在看這些文件。「看看這些資料，」艾爾登對安迪說，「我的第一個問題是，你有沒有想過提供放大鏡以幫助會議順利進行。」

「當查克要求我加入銷售與營運規畫數據時，我就覺得我們被整了。」安迪一邊說，一邊將一份資料從桌上推過來給我，「要麼是字型縮小到八級，要麼就是根本找不到合適尺寸的紙來列印。」

「瘋了。」阿爾俊嘟囔著，我冷靜沉默地翻著文件，想在Excel的幾千個格子裡找找看有沒有**任何**熟悉的東西。

「我們保證這份報告會有點道理。」艾爾登對我說。

「但也不會**完全**有道理。」安迪補充。

「嗯，不會。」艾爾登說。

查克和瑪妮帶著輕食沙拉一起進來。「抱歉，我遲到了。」查克說著話，順勢滑進椅子裡，抓起一份文件。「吉明尼蟋蟀啊，我要**瞎**了嗎？」我很快就發現，「吉明尼蟋蟀」或「老天啊」這些詞是查克展現他招牌的朝氣蓬勃、熱情亢奮時的口頭禪。「老天啊，」他說，「看看《歌舞青春》的成績。我們這個週末在家看了三次。這部片不是**超棒**的嗎？」每個人都發出含糊的應和聲。關於查克，我還注意到一件事：他似乎期待我們每個人都要成爲熱銷商品的熱情支持者，就算銷售的目標對象是青少年、而他是唯一有小孩的人也一樣。這也引出我青春期就養成的反權威那一面。我大力支持顧客可以輕鬆找到並買到任何能讓他們開心的東西，這還不夠嗎？爲什麼我要假裝在乎無聊乏味的歌舞劇和油滑做作的柴克·艾弗隆（飾演《歌舞青春》男主角）？*

但我跟著大家一起微笑。「很有趣。」我咕噥著。

我第一次開業務週報檢討會前會時，以爲我們要在一小時內詳細檢視一遍整份文件，但令人驚訝的是，我的同事們很清楚該討論**哪些**部分以及該如何討論。他們會看著某一頁中的某一格，可能是代表好消息或壞消息，或者，更常見的情況是，那代表一個需要進一步研究的謎團。「第十頁沒有注解，」安迪今天就說了，「第十一頁也一樣，還有第十二頁。」我們翻到第十三頁，聚焦在「折讓」上，指的是退貨或退款。「上星期的折讓增加百分之六，因爲有一群顧客針對史匹柏導演的套裝產品提出申訴。」他說，「網站上的標示是『全區』，但美國的客戶無法在他們的DVD播放器上播放，這要不是標錯，要不就是我們寄錯版本。倉儲那邊會檢查實際的產品，今天會更新問題申報單。」

我在筆記本寫下「問題申報單」，這樣我或許會記得去全公司性的網路百科上查一下。我周圍的每個人都很清楚要怎麼找到重要的格子，更知道要怎麼用簡潔但完整的段落來討論：這個是指標，而數值之所以是這樣，是因爲這個原因，爲了改變或繼續維持，我們要這麼做；每個人都以不帶防衛的中性語言來表達。沒有任何數據會因爲太不重要或藏得太深而免受檢核，還有，就算層級像查克這麼高的人，也可以對所有資料表達個人意見。我試著相信，有一天我也能檢視這份文件，找到一些值得一提的點。現在，我身處一片對我來說毫無差別的資訊海洋裡載浮載沉，

* 對，青春期的我比較像是《麥田捕手》的主角霍爾頓．考菲爾德，抱歉。

祈禱不要有人問起我某件我應該知道的事，因爲我不知道。

我連續好幾週都有這種感覺，唯一的差別是，我不是眞正在海上。我被大砲射進海底，必須在幾乎無奧援、而且被鹽分和海藻纏住的情況下，找到哪些是我需要的海星、貝殼和砲彈，又要怎麼將這些東西拼在一起，找到路徑以順利回到海面。沒有人欺負我，同事很和善，也樂意幫忙，但他們都在海面上；如果我要抓住誰，就必須摸索著將我的手臂伸上去，希望能抓住一個對的人，而對方又剛好有時間可以跟我一起下來到海底探究。就算他們眞的這麼做，我也可以從他們的眼裡看出他們不是**真的**有時間；他們花時間導引我方向，期間每一分鐘都可能從天外飛來一件別的事。阿爾俊說的是對的：此處的每個人都靠著不完全的資訊運作，沒有人眞正知道到底發生了什麼事。

✦

週末時，我和約翰會探索新家附近的公園、咖啡廳和小店，包括他哥哥山姆的書店。喔！我有提過我大伯經營一家受人喜愛的本地連鎖書店嗎？這種店最是深惡痛絕亞馬遜，深恨就這麼一家公司卽毀了整條街，甚至威脅到書店店貓的生存。還有，他也是美國圖書銷售商協會的委員，這個組織致力於保護小型書店，裡面所有人都懷著八千度藍色烈焰的高溫痛恨傑夫·貝佐斯、亞馬遜，甚至延伸到我。大學時，山姆在邁阿密的傳奇書店「書與書」兼職，畢業後他搬到西雅圖，充分利用兼職經驗找到一份書店店員的全職工作。十五年後，他管理三家非常棒的書店。我在「死星」[8]工作這件事，並不如想像中那麼尷尬；我們心照不宣，同意可以談點別的東西，還有，我大部分的書都是從他的書店買來的，這應該也無傷。（而且，這並不是爲了維持和平局面；我比較喜歡親自向眞人買書。）但這也代表我一開始就明白一個事實，很多人將我的公司當成，你懂的，完完全全的惡魔。

我自己的看法比較複雜。亞馬遜用價格戰和快速到貨來打擊書店，對於我從孩提時代就愛上的那種書店明顯是既存的威脅，但在那之後，我大半輩子都在有著好書店的城市裡過日子。當我回想起青少女時期待在新墨西哥小鎭那悲慘的一年，我就認爲，對於鄉下或遠郊的居民來說，如今有唯一一家超大型商店可以把幾乎全世界的任何書籍寄到家門口，總括來說是好事。至於價格戰，早在亞馬遜出現之前，大型連鎖書店就在比折扣了。

我在全媒體指引公司工作時，正値MP3科技崛起，這件事讓我印象深刻。二十一世紀初，經營音樂產業的人是不懂音樂的男人，他們套著光鮮亮麗的西裝，帶著黃金鼻煙勺[9]，緊抱舊式經銷模式，完全不在乎成本。多年來，我眼見大型唱片公司的人常常都是雙臂交抱，然後說一聲「不了」。就只有「不了」。他們似乎不明白，世道無論如何都會改變。他們不知道自己擁有影響變化的絕佳機會，能夠將新興科技塑造成他們可以賺錢的工具。最重要的是，他們顯然不在乎顧客**想要**MP3；顧客已經厭倦跑遍各唱片行確認自己想買的CD有沒有庫存，有的話再把易破損塑膠包裝的ＣＤ帶回家。親眼看到這種事眞是令人痛苦，雖然書市的情況不完全相同，但我在媒體上讀到的一些評論也讓我很擔心，我怕書店也可能因爲忙著說「不了」，就忽略了他們可以爲顧客提供的服務，這些服務是像亞馬遜這種沒有人味的機器絕對不可能拿得出來的東西。＊山姆經營的溫馨、精挑細選的書店並沒有犯這種錯；能在這裡買書，讓人覺得西雅圖就像是家一樣自在舒適的地方，即便亞馬遜仍令人感覺像是嚴峻的外星之地。

除了喬治之外，我其他的直屬部屬都是女性，雖然她們幾乎都和他一樣恐慌，但並沒有以惡意譏諷的態度表現出來，反而爲了事情不順利（比如電子郵件有個錯字、沒有馬上知道不太重要的事、需要睡眠）或者不是她們所能掌控的情況，花了很多時間向我**道歉**。有一個人經常出蕁麻疹，另一個看起來很討喜，但是眼神空洞，彷彿要保留所有精力以對抗下一次的圍攻。第三個幾乎已經放棄了經理的管理職責，一天到晚親自和團隊撰寫合作方案的內容，只希望能達成上頭的要求。

讓我震驚的是，她們很自責無法抵抗物理或生物定律。一開始我會想，**嗯，現在有我在這裡，至少可以讓她們心情放輕鬆一點**！但是，對於我努力向她們做出的保證，她們似乎聽而不聞。事實上，有時候我認爲我反而讓情況變得更糟，因爲她們現在還要擔心這個虛有其名的主管看不出她們犯的基本錯誤，因此無法幫忙修補或隱藏，不讓掌權者知道。某種程度上，對喬治說他做的還不夠，這還比較容易，情感上也沒這麼痛苦，但若要說服這些高成就女性，她們並不會被開除，可就難多了。其中某位女士帶著問題來找我，我們一致同意：對，這是需要修正的問題，這時我就會擔心她判定她做的**所有工作**都有問題、都需要修正。我完全懂，因為我心裡也會有這種感受，而且以前我不善於隱藏。如今，當我努力公開透明地和她們溝通，並小心不要摧毀她們自我要求的靈魂時，我會想像以前全媒體指引公司的主管點著頭說：「看到了沒？現在**知道**要管理一個先入為主判斷自己會失敗的人，是怎麼一回事了吧？」相較之下，喬治是刀槍不入的犀牛，不管我說什麼，他都不會覺得我是針對他。**

直屬部屬或許讓我大惑不解，但關於他們負責的銷售職務為何被視為土石流式的大災難，我倒是很快就懂了。其一，從事這類職務的人多半很早就進了亞馬遜，當時銷售專員的工作是撰寫

* 在大家寄出指責我的電子郵件之前，請記住，二〇〇六年的情況與如今**大不相同**。二〇〇六年時，大多數獨立書店都不經營網路商店，也沒有想出如何有效率且大規模地寄書。那時候沒有「Bookshop.org」（譯注：由紐約書迷聯合傳統書店所建立以抗衡亞馬遜的組織，主打特色是以真人推薦來對抗演算法）為小型書店提供配送服務。新冠疫情迫使書店關門不讓人逛，為時長達幾個月，而他們之所以能存活，大致上靠的是轉向網路配送與路邊取貨。但在二〇〇六年，這些甚至連個影子都沒有。是我的問題嗎？

** 就連應該要這麼想時，他也不會。

評論，以及利用自己的品味和專業幫助顧客找到最棒的書、電影和專輯。但之後發生了兩件事。第一是推出合作方案，也就是我之前提到的付費提高曝光率方案。當供應商多付點錢，以吸引可能多達**千百萬**的群眾看到他們的產品，銷售專員的策畫展示能力就沒那麼重要了，他們的寫作能力也從針對自己喜歡的書、音樂、電影和電玩遊戲，撰寫審慎、有說服力的評論，被導向替他們可能根本沒有讀過、聽過、看過或玩過的產品寫出平鋪直敘的描述性文案。慢慢地，當時他們據以進入亞馬遜任職的技能不再被看重，他們本身的品味甚至還被認爲是扣分項，因爲狂熱的民謠樂迷或歌劇迷也許沒能力針對搖滾樂團魔力紅做出評論。

其次，亞馬遜發現，讓演算法向顧客推薦，會比編輯建議所創造的營業額高出更多、更多。這滿有道理的：編輯挑的商品是瞄準你「應該」會喜歡的東西，演算法則是根據你實際買過的東西來推薦。*此外，如果亞馬遜推薦某一本攝政時代浪漫主義小說給幾百萬名顧客，可能會有一些人點進去看之後買書。但若只將這本書推薦給幾千個曾經買過多本其他攝政時代浪漫主義小說的顧客，可能有**半數**都會點進去看並購買，如此一來，後面這套策略就能更明智地善用數位貨架空間。最重要的是，演算法推薦並不需要客製化的文案，只需要範本標題，比如「爲您推薦」或「買過此商品的顧客也買過」等等。由演算法做完所有事情以提出「完美」的推薦之後，亞馬遜過去重視的評論者和品味領航者，這些人所能操作的空間，只剩下讓自動化的小部件和供應商買走的廣告出現在網站的適當位置。要做到這件事，還得以他們的工具堪用爲前提。

儘管如此，這些銷售專員都是很熱情且相當友善的人。他們帶我去看「圖書室」，那裡可以免費拿取樣書。他們會友好地戲弄彼此，在走道上放白板進行各種意見調查，比方說，有一項長期性的調查是關於搖滾樂團槍與玫瑰遲遲不推出的第六張專輯：「以下哪一項會先出現：（一）《民主大中國》專輯，或者（二）眞正的民主中國？」

然而，這裡也有你絕對不會看不出來的被動性辭職暗潮。很多人會帶著筆電來開會，然後正大光明地用電腦做起事來，連假裝專心開會都免了。書籍部的主管告訴我，這是一種習得的無助感，因爲他們長久以來被合作方案的經理人忽視或小看，到最後他們將自己變成隱形人。但與她相比之下，我還保有能看出新觀點的眼光，還有，雖然有一些合作方案的經理人確實是胸無點墨、只計較數字的人，把銷售專員當成服侍主人的奴隸猴子，但我也看到有些人期待專員們提出有創意的想法，卻只得到客氣但無奈的聳肩作爲回應，彷彿他們已經自願離線一樣。

網站上也看得到這樣的無奈聳肩。我一天要花三十分鐘在網路上「假」購物，有一天早上，電影首頁中最頂端的位置跑出「索尼的ＤＶＤ七折」，這讓我大吃一驚，因爲從顧客觀點來看，

＊ 若你是替別人買東西，或者你買來之後才覺得很不喜歡，又或者這會讓你很尷尬，因爲你不希望一直有人提醒你亞馬遜知道你買了什麼，此時演算法建議就會變成一大問題。

這幾乎沒有意義。我帶著筆電去喬治的辦公室，指給他看。「我們在活動中一定要提到索尼這個名稱嗎？」我問，「我是指，合約有規定嗎？」

「沒有。」喬治一邊說，轉身打字，「但現在有兩百種ＤＶＤ在促銷，索尼是這些促銷商品的唯一共通點。」

「這些商品必須一起出現嗎？」我說，「或者我們可以分頭進行，恐怖片做一個活動、浪漫喜劇做一個活動？這樣就能讓顧客知道他們點擊的是什麼？」

喬治停下打字的動作，第一次認眞看著我。「嗯，當然。」他說著，將兩隻手掌攤開，「但是，且說我們分別要針對五種類型做活動，那麼文案、程式編碼和排程就要寫五次，我們沒有這麼大的頻寬。」

他當然是對的，但我不太能接受因爲創作內容需要花時間，所以讓顧客知道有一家大公司的ＤＶＤ正在打七折就好。「那麼，這只是純粹需要腦力激盪。」我說話時，覺得喬治好像才是**我的**主管，而我正在對他步步進逼。「但其他製片廠可能也在促銷，是吧？如果我們將不同片廠的產品綜合成單一類型的促銷活動呢？你知道的，假如將索尼、派拉蒙和米高梅的恐怖片都放在一起促銷呢？顧客的體驗會更好，我們也可以用單一活動滿足多項合作方案的要求。」

喬治搖搖頭。「我們試過了，但索尼要雪莉，米高梅要雨果，派拉蒙要克瑞格，諸如此類的。他們要求的速度太快，沒辦法停下來協調。」他將健怡可樂的空瓶在兩手間丟來丟去，「醜陋的事實是，合作方案是大王，沒有時間用最好的辦法做事。」

他又捏了捏瓶子，這代表我或許不應該再煩他。我將重心換到右腳，右腳可以當成我的轉軸，讓我回到走道。但我沒動。「我們一定可以做點**什麼**，營造出更加協調一致的體驗。」我說。

「有。」喬治說，「去找合作方案的經理人，要他們調降今年度的預測值，之後我們就可以再回來思考顧客體驗。嗯，一旦我們不再需要每個活動重複做兩次工，五個月內就會有結果。」

喔，好喔。我怎麼能忘記這件事呢？我就是那個無法讓團隊免於重複做兩次工的人。那一天我在美食街答應了喬治，我搭著電梯和接駁巴士在亞馬遜跑來跑去，向決定要延長平臺轉移期間的技術領導者提出我們的論點。有個人（我是指男人）聽到我說的話，做出了語帶同情的評論，然後告訴我很遺憾，沒有其他選項。他們所講的延遲、網路實驗室、重要性、正交現實空間圖形使用者介面等用語，我還不是很懂，因此無法反擊。我應該做的是承認這一點，並對他們說：**請將我當作非常聰明的幼稚園小孩，教我你們的用語**。但我太擔心自己看起來眞的就像自己覺得的那樣笨，而且自我意識太強，憂心自己在他們需要全力衝刺時，還當個行動遲緩的新人，問他們問題、拖累他們，也怕我把銷售專員的形象變成無法**完成**雙份工作量的弱者。他們做不完，那是當然的，誰能做得到？但我已經理解，在亞馬遜，正常的人類限制就像腸躁症或性功能障礙一樣，都是令人尷尬的惱人疾病，不宜公開討論。

過去的我若接下任何新工作，幾週內就能找到穩定的立足點。在亞馬遜，每一次我穩穩往前走一步，就會有什麼事讓我往後退一步半，我每天都不覺得自己有比初來乍到時進入更穩定的模式。我認爲，唯一的解決方法就是讓自己快速勝任這份工作，不僅要學習新技能，還要改造**天性**，變得沒這麼笨，某種程度上就是要讓大腦的理解分析能力升級。在我還沒找到實際執行的方法之前，我只能謹慎地點點頭，假裝理解爲何我們全無希望。

雖然喬治不知道，但我**確實**和位階比瑪妮更高的合作方案總監見過面，看看她那邊能不能做些什麼來減輕工作量，而正如喬治的預測，她建議我「找到效率」。我本來希望我們可以一起找，但我開始理解亞馬遜的詞庫裡沒有「一起」。到頭來，除了真心誠意的「我試過了」，我也給不了喬治什麼好消息。

「我明白了。」現在我這麼說，我的聲音聽起來可能正如我自己的感覺一般沮喪，因爲喬治的態度也稍微放軟了一些。

「要花一點時間才能搞清楚這個地方。」他這樣說，而我笑了，因爲，嗯，**是啊**。

「眞的很有意思，」我說，「我接下這份工作時，受命要解決編輯臺的問題，來了之後卻發現這些實際上都是營運的問題。**現在**我開始認爲，不，這些是**企業文化**的問題。」

喬治臉上那種緊繃、帶著怒意的微笑再度浮現。「歡迎來到亞馬遜。」他說。

07——碎屑飛來飛去

早上六點半：我忽然醒來，彷彿剛剛從麻醉當中甦醒，這是我在亞馬遜工作的第十五個星期二。我每天早上的感覺都一樣：不知自己身在何方，只有光線和聲音，以及睡前充滿憂慮的記憶。約翰的辦公室在樓下，他已經在和俄亥俄州政府進行工作的視訊會議。我倒了一杯咖啡，親了親艾比道早安，然後盯著極讓人感到安心的電視節目《今日秀》，整整看了二十五分鐘。二〇〇六年時，馬特．勞爾[10]在公衆眼中還是一個正直的人，他和藹可親的人設讓我想起亞馬遜人，看著他會讓我神清氣爽地展開一天。來到了三十七歲，我穿著從密西根帶來的靴型牛仔褲，與亞馬遜穿著貼身牛仔褲的女性相較之下，每天都讓我覺得自己是在牧場裡工作的人。在密西根時，我**很清楚**貼身牛仔褲又重新流行起來（嘿，我也是會看雜誌的），但我不懂爲什麼人們眞的會買這種褲子，然後每天穿著跑來跑去。現在輪到我換邊站了，以證明我不只是到新世界來此一遊，我也想加入其中成爲一分子。但就是做不到。流行的牛仔褲、山景、船塢、每家花園裡一簇簇的薰衣草和迷迭香，一切的一切看起來恍如異鄉。

早上七點半：我正開始要把福斯Jetta車開出車道。這棟房子位在繁忙的街道上，其他駕駛人開車的態度彷彿發下毒誓，絕對要讓我滾開。等我終於找到縫隙鑽進去，我得開個五英里的小路才能進辦公室。走五號州際公路會快一點，但我需要多一點時間，一邊停等紅綠燈，一邊預作準備，以應付辦公室的風暴。我不再困在太空針塔[11]周圍的單行道桎梏當中，這代表了一種進步。一個月前，我駛入史上最可疑的麥當勞餐廳，把車停在停車場，哭著打電話給約翰。「我一直在轉圈圈，結果**還在這裡**！我出不去！我無法離開太空針塔。」

「深呼吸，」約翰說，「我們會將妳弄出太空針塔的。」

「太空針塔是有知覺、活生生的，我根本出不去。」我說。

早上八點：早上八點鐘開會眞是太**苛刻**了，因此我們老是早上八點開會。查克說這場會議要討論「CRAP」，這個新的縮寫詞全文是「Cannot Realize Any Profit」，意指「無法實現任何利潤」，焦點放在亞馬遜某些買進之後存放起來的商品，其累積成本已超過將東西賣出所能賺到的錢。一週前，我還沒聽過「CRAP」，現在則到處都在想辦法消除「CRAP」；不管是在電梯裡，還是在星巴克排隊時，我都聽到有人在講這個詞。安迪解釋，每當傑夫・貝佐斯老大有個新點子時，就會發生這種事，資訊會透過難以追蹤的方式傳播。現在，所有零售團隊都忙著消除「CRAP」，查克的團隊在討論要處理我們手上的東西，需要結合哪些促銷、退貨與重新協商，我發現，一大早就不斷聽到「CRAP」[12]這個詞，眞是令人沮喪。直話直說與講話難聽之間的界線很模糊，而亞馬遜似乎樂於越線，因爲它就是可以這麼做。

早上九點半：每一間會議室都有人預約，我只好和我手下音樂團隊的主管娜歐蜜約在四十樓的星巴克，進行一對一會談。我們和其他公司共用這棟大樓，但幾乎我看到的每一個人都別著亞馬遜的識別證，想要找個地方私下談話。這日天氣晴朗，我一眼望去，貝克山、瑞尼爾山和華盛頓湖盡收眼底。約翰的父母搬過來時，他爸爸會傳一些自然美景的照片給我們，並加上「這是上帝之鄉！」這類注解，我和約翰會竊笑說：難道別的地方是聖誕老人的遊樂園嗎？但我現在開始懂了。

「傑克剛剛發了預告通知。」我一坐下來，娜歐蜜就開口說道。傑克是她團隊裡最資深的編輯，是徹頭徹尾的音樂人，天生就適合做這份工作原先設定的任務。他吵著說自己對於局勢的變化感到不開心已經一年多了；娜歐蜜說，我剛來時，他有一陣子比較穩定，但最近他又開始要出走，可能是因爲我顯然無法拿出魔杖揮一揮就解決所有問題。「這個地方正在**把我撕個粉碎**。」上週我們開會，討論他爲何不再把工作做好，以及需要怎麼做才能振作起來，他就這麼回答。

「嗯，我其實不太意外。」現在我這樣說，「這可能是最好的結果。」

「我明白。」娜歐蜜說，「我只是很難過，畢竟我這麼努力想要讓他開心，結果還是失敗了。」

「妳已經盡心盡力了。」我說，「這份工作就是不適合他，這不是他想再多花時間待的地方。」

「我懂。」

「他的心情一直讓妳的整個團隊很沮喪，現在不會了。」

「我懂。」

「現在妳得去找個新人進來。娜歐蜜，這其實是個皆大歡喜的結果。」

「我懂。」但當然，她看起來完全不相信這些話。她還在想她爲什麼會失敗。我何不讓她看見她的表現很好？我何不緩解她的壓力？我失敗了嗎？我可能辜負了她。我敢說，她一定是這麼認爲的，而且她可能也知道我心知肚明，但因爲她人很好，她明白我知道她知道我是個糟糕的主管，這讓她壓力**更大**。

早上十點半：我搭電梯下樓到**另一家**星巴克，我還在想傑克和喬治的事，這兩人太固執了，即便他們天生的長處已經不再特別有用，他們還是堅持要發揮所長。就算沒有人想要，還是堅持做自己所做過最好的事，這是男人的毛病嗎？我是指，我也不確定這份工作有沒有讓**我**發揮所長。在這裡，我被要求做的每件事幾乎都是我從來不曾做過、或者沒想過要做的事，例如預估新的電子郵件範本於未來三年內可以替亞馬遜賺多少錢、如何在不顯殘酷之下宣傳剛過世歌手的唱片。我的職涯中沒有任何經歷可以幫助我做好準備面對這些事，但我**當然**得適應，在沒人看到的時候變身。為了讓傑克開心，娜歐蜜百般委屈自己，但傑克根本已經不想好好工作。像我們這種職業女性，只知道一種敘事：咬緊牙關、快速學習、通過考驗。男人堅持亞馬遜要用他們期望的方式來重用他們，雖然這在此時讓我的日子更難過，但我還滿羨慕他們的。

來到我所在樓層的電梯已經滿了，我努力搭上去，把自己擠進角落。

早上十一點：出了「加油站問題」來考我的艾爾登在一樓的星巴克等我，這裡能看到的景色只有一家輪胎行，偶爾還會有某個男人在人行道上嘔吐。查克指派艾爾登擔任我的部門導師，正式賦予他幫助我抓到訣竅的任務。艾爾登很貼心，多數時候他看起來都是一臉**憂傷**，我理所當然忍不住猜想這是不是因為我的關係，他是不是覺得亞馬遜錄取我是犯了致命錯誤。「妳這星期到目前為止過得如何？」

「還不賴！」我這麼說，是因為我很執著於要在他（亞馬遜人）面前表現出生氣勃勃、犀利精明的樣子。「那你好嗎？」

「呃，我媽明天腳要開刀，因此我一直在煩心這件事。」艾爾登的父母住在紐約皇后區，他對於自己距離他們那麼遠而感到五味雜陳。「還有這個『擺脫CRAP』的案子……請不要誤會，我明白有需要，但我們就在這裡私下講講，以現在來說，這案子的負擔也太大了。」他稍微坐直了一點，「話說回來，妳現在想要做什麼事，克莉絲蒂？妳的表現很好，妳也知道。我看得出來，妳在這裡一定會成功。」我們每次見面時，他都這麼對我說，我從沒有膽子問清楚他的理由。

我以前從來沒有導師，也不太確定這類的會議應該要有什麼結果，因此，我把艾爾登當成一個事實來源。我打開筆記本，翻到標示了「待消化吸收的筆記」那一頁。「你可以告訴我GMS和OPS有什麼差別嗎？」我說，「我知道這兩個詞不能替換使用，但我不懂爲什麼不行。」

「好的，GMS是『Gross Merchandise Sales』的縮寫，意爲銷售毛額，」艾爾登說道，我點頭，發出「**嗯哼**」的聲音以表示這部分我懂，我得分了。「這代表網站上所有銷售活動的營收。OPS是『Ordered Product Sales』的縮寫，意爲訂購產品銷售額，這是GMS減掉運費和禮物包裝的成本。」

「懂了。」我說著，假設等一下我會理解。「我看看……喔，我聽過有人說營收是『花生抹醬』，這是什麼意思？」艾爾登看來不介意成爲我的百科全書。這些會議可能是一個讓他自覺像個天才的機會，或者，至少是讓他感受到，他知道的其實比他通常感受到的還要更多。

早上十一點五十五分：我去拿我在線上預定的柯布沙拉，經過十個正在排隊點餐的人，以及另外十個等著叫號的人。至少，從沙拉的觀點來看，我的城市生活過得很順利。我和瑪妮一起搭電梯回到我們的樓層。「妳能告訴我要買哪種牛仔褲嗎？」我問她，然後在我的「待消化吸收的筆記」裡寫下「公民」、「七」和「厄爾」等詞。[13]

中午十二點：合作方案團隊開始讓供應商付錢買專屬人力，這些人都是剛出校門的資淺銷售專員，他們只爲一家供應商工作，確保對方的產品頁面無懈可擊，就連埋得最深、最不重要的品項都能登上網站。我們和傑夫．他媽的．威爾克開會，向他簡報方案狀況，並帶著資淺人員一起過來，讓他們有機會在高階領導層面前曝光。威爾克很喜歡這個想法。「然而，一旦這無法讓我們獲利，這些人就得離開了。」他說。在一場僅有領導階層出席的會議中說出這番話，完全合乎邏輯，也沒問題，但我從沒想過，他（或任何人）會在幾乎才剛脫離青春期的孩子面前這麼說，資淺銷售專員聽到這些話，看來都有點震驚。孩子們，歡迎來到亞馬遜，你只會暫時存在，這件事人人心知肚明。

下午一點：「抱歉得砍樹了，」scrum架構的領導者一邊發放Excel文件一邊說，「投影機都被借走了。亞馬遜沒有任何影音系統，只有四部由櫃檯管理的攜帶式投影機，就像會議室一樣，都很難借到。」

我知道的「scrum」只跟英式橄欖球有關，就算是放在運動界，我也不知道那是什麼意思。14

這種雙月會的目的，是讓每個需要開發軟體的人和工程部共聚一堂，討論應該先做哪些專案。Excel文件上有一百二十一條，每一條都代表一個獨立專案，總計三十六個案子旁邊標注了我的名字。我試著練習大聲描述每個案子以及案子的重要性，有些案子很龐大且重要。「我手下五個團隊要花一整天下載、手動計算，再轉成每週績效指標的格式。」當我們看到第十九行時，我這麼說，「我要求要有儀表板，按幾個鍵就可以回傳相同的報表，如此一來，我們一年可以空出超過兩千人時（man-hour）去做別的事。」我以前會用中性的詞彙「person-hour」來說這個單位，但大家都用男性詞彙，我也不想因爲錯誤的理由變成出頭鳥。

「這絕對需要做」，一個穿著谷歌帽T的健壯結實傢伙說話了，他看起來是會議室裡負責展現沉穩持重氣氛的人，通常都輕鬆地靠坐著，讓別人發言，除非這一群人陷入僵局。我的心狂跳，不只因爲有人也肯定這是一個問題，讓我覺得很棒，更因爲我天眞得可以，認爲這表示**將會**有人把這件事做好。

我的其他專案就比較小了：「內容行事曆頁面有錯誤，銷售專員必須點選最終排程按鈕兩次，完全不知道爲什麼。這是小事，但是坦白說，這會把人逼瘋。」

「萬箭穿心的死法。」我隔壁一個傢伙說。會議室裡有二十個人，當中只有三名女性，我是其中之一。我過了幾個月才注意到亞馬遜的性別呈現**塊狀**分布。當我和比我低階的人（比如銷售專員）共處一室時，當中約有穩定的三分之一是女性。但當我和同儕或資深領導者開會時，男性人數通常多於女性，至少都是三比一。如果是開發人員與其他技術部門員工的會議，**所有層級**幾乎清一色都是男性。我的天花板和地板都是由玻璃構成的。

到最後，我沒有一個專案能切中天時地利並落實。點兩下的問題必須等到下一次的除錯會議，那時就能解決微不足道但惱人的問題，但這一季沒時間開除錯會議。至於數據儀表板，**每個人**都同意要有這個東西。「但這個專案的高階範疇設定工作要耗時兩週，」開發人員團隊中執掌這類事務的人說，而且即便如此，這個專案還是要排在其他案子後面，比方說，喔，確保網站不會在假期用量高峰時當掉。每個人都知道銷售專員可以忍受悲慘和無效率，亞馬遜會撐過去。

會議結束時，穿著谷歌帽T的傢伙過來找我。「妳提的案子很多年前就該做了，」他說，「但妳需要的是專職的人。任何案子都不能零碎拼湊地完成，尤其是妳還要跟其他團隊競爭。」

「好的，」我說，「那我要怎麼得到專職人員？」他可能會說：**嗯，我現在就是專職人員**！

「加到妳的OP1裡，」他說，「我一開始會先要求要有三個開發人員和半個經理人，之後我們可以更精準一點。」

我只聽懂他所說的大致輪廓。什麼是OP1？**什麼**半個經理人？但這些已經足夠我在這整個局裡往前走一步。

下午四點：我今天第一次看到我的辦公室。阿爾俊人在裡面，對著螢幕慢慢地搔著頭。「妳還活著，」他說話時沒有轉過來，「我都要開始擔心了。」

「我被榨乾了。」我一邊說，一邊用牙齒咬開一包能量棒的包裝。廣播系統響起長長的嗶嗶聲，之後是一段預錄的通知：「這是排定的定期地震逃生演練，請在最近的穩定結構下方避難，如餐桌或辦公桌。」廣播裡的聲音有澳洲口音。我和阿爾俊看著對方，然後聳聳肩，將椅子往辦公室中間推過去，再盤腿坐在辦公桌下方。「本大樓正在搖晃，地板正在搖晃。」澳洲人繼續說。

「這好奇怪。」我說。

「有一點。」阿爾俊也同意。

「爲什麼廣播的是澳洲人？」

「克莉絲蒂，我們永遠也不會知道。」他說。

「碎屑飛來飛去。」澳洲人說。

「好多碎屑。」阿爾俊說了，這讓我覺得很好笑。

「趁現在我們在這張桌子下，」我說，「你能告訴我ＯＰ1是什麼嗎？」

「那代表妳最害怕的惡夢成眞。」

「我想也是。」

「妳身邊有很多玻璃正在碎裂。」澳洲人說。

「在這裡很好，可以躲在桌子下。」我對阿爾俊說。

下午五點半：我猜我們在地震中存活下來了。我若無其事地溜出辦公室，一副我想要去洗手間的樣子，然後開快車趕去上瑜伽課，教室在市中心北方約四英里處。「老天啊，快動一動妳的**大屁股**。」我對著一位女士喃喃地說，我正在等她的停車位，而她正對著後視鏡補妝。我的心跳加速、氣喘吁吁，但仍順利來到瑜伽墊上，只剩兩分鐘，課就要開始了。我躺下來，瞪著天花板，試著相信地球正環抱著我。

晚上七點半：我和約翰約在瑜伽教室的下一條街碰面，找個有小盤料理和大杯酒的地方。約翰跟我一樣都忙了一天，但因爲他在家工作，所以我是他今天唯一正眼相看的人。我很擔心他太孤單，但又做不了什麼來防止這種事，然而，當我再一次想到亞馬遜，這如強光一般閃現的憂慮就消失了。他**看起來**滿開心的，而且，他至少有出門探索這個城市，而不是一天八小時都在無窗的會議室裡汗流浹背、迷失方向。最近，約翰想要將他公司的客製化數位行事曆軟體從服務變成產品，他今天一整個早上都在跟本地的科技育成中心討論籌募一輪資金。「妳怎麼樣？」他問，「妳今天過得好嗎？」

「我不知道，」我說，「我真的不知道。」我很擔心娜歐蜜的蕁麻疹和艾爾登的悲傷。我不知道要怎麼聘用半個人。我知道地震在這裡是一件重要的事（上一次大地震在我大伯的其中一家書店撞出了一個隕石坑），但我從沒想過身處高樓時地震要怎麼辦。光是今天下午，我就有一百七十封未讀的新郵件。

「我一直覺得他們快要開除我了。」我說。

「妳做每個工作時都這麼覺得。」他說。

「我知道。」我一邊說，一邊向服務生點頭示意，請他再倒一杯酒。「我最終可能眞的會被炒魷魚。我可能一輩子都在朝著失敗走去。」

他只是笑了笑。「要有大志，親愛的。」

第二杯酒甚至比第一杯更好喝，彷彿在確認我的一天已經結束關機了。約翰跟我說，他大概下午兩點就開完會，走進附近一家酒吧看世界盃比賽。「眞是太棒了，」他說，「我只需要帶著筆電，回覆幾封電郵，就可以一邊喝啤酒、觀賞球賽。」

我應該全心爲他感到開心、覺得鬆了一口氣，但我的臉色一定有什麼變化，因爲他問我在想什麼。「我在想我明天又要把所有事再做一遍，後天也是，大後天也是。」我說，「感覺好**沉重**。」

「那是因爲這是新工作，以後會輕鬆一點。」他說。我跟他結婚，就是因爲他樂觀。我不想過著沒有他的樂天人生。但**他到底又懂什麼呢**？我心裡這麼想，並用一個緊繃笑容隱藏起他完全不知道自己無意中點燃的憤怒火花。

08 待消化吸收的筆記

這裡有很多男人，出身於麻省理工史隆管理學院、密西根大學、麥肯錫和勤業衆信的男人。他們現在正在改成赤腳跑步，他們上個月買了有Vibram黃金大底的登山鞋和舒肥機。他們喜歡宏偉、艱難又大膽的目標[15]，他們在大學時一年會看五次謙遜耗子樂團的演唱會。他們有三個孩子，以及一位擁有過期律師執照的妻子，因爲對她來說，成爲留在家裡的家長**更有意義**。他們站著工作。他們慢慢改喝比利時啤酒，提摩西．費里斯[16]的書確實讓他們深思一番。他們但願自己有更多時間能讀書。他們喜歡吃三分熟的牛排，醬汁要辣一點。當他們到你辦公室打擾你，會**為了來去匆匆而道歉**。當有什麼事出了錯，他們會**努力開出一條可行的路**。他們不只是同意；他們會**強烈同意**。他們會施展出阻截和擒抱術，把重點放在輸入要素，不會因爲交雜的問題而分心。對他們來說，奉行原始人飲食法是重要大事，但他們也可以喝點龍舌蘭酒。他們問，能不能花一秒鐘扮演魔鬼代言人？[17]他們問，能不能對你的想法做壓力測試？他們問，能不能在這件事上稍微表示反對？這三句代表他們在說**你錯了**。有時候他們用亞馬遜的方式講，有時候則用男人的方式講，但這兩者之間的差異已經愈來愈難分辨。

09——救生艇

約翰的預言錯了，就算過了八個月，我也不覺得工作有輕鬆一點。除了監督我的團隊在做的專案，我自己也有八個案子，每天要開六小時、甚至更長的會，我只能在下班之後工作。根據查克的其他直屬部屬的黑色幽默，以及凌晨三點鐘的電子郵件來看，我還算是輕鬆的了。「如果你們往後退一步來看，不覺得有人期待我們在這種環境下生存很妙嗎？」有一天，瑪妮在電梯裡愉快地對我跟安迪這麼說，當時我正要去開連續第五場的半小時會議。

「這麼說來，這不正常嗎？」我滿懷希望地發問。安迪和瑪妮在這裡已經超過五年了，如果說**他們也正在**迷失當中，那麼這代表，用科技業常說的一句話來形容，跟查克共事的生活叫做「邊緣案例」，我不應該由此來評斷整個亞馬遜。公司裡或許有個地方可以讓我深深呼吸，氣息直達肺部，不會到了喉嚨就嚥不下去；我不會這麼常長鵝口瘡，也不用靠著酒精告訴我的身體這一天已經結束了。

「哪裡都很糟，」安迪說，「查克又更糟一點。」

「更別說你永遠不知道自己面對的是哪一個查克，」瑪妮說，「可能是好老爹，也可能是壞老爹。」

我還沒見過壞老爹那一面。面對我時，查克向來興高采烈，用情境喜劇老爹的模樣鼓勵人，讓我彷彿吸了海洛因一樣振奮。但我也聽說過種種故事。有一次，艾爾登在團隊的歡樂時光捉弄查克，說他是這一群之中唯一年過四十的人。當下查克跟著大家笑了笑，但隔天艾爾登來我辦公室找我，看來很洩氣。「妳有空嗎？我需要發洩一下。」他一邊說，一邊將門關上，「查克要把我**大卸八塊**了，因爲我笑他已經四十多歲。」

「什麼？」我說，「這很荒謬，我們都是鬧著玩的。」

「他說這件事『嚴重動搖他對我的信任。』**嚴重**。他很擔心我代表亞馬遜和供應商開會時，會羞辱其他人。」我們做簡要報告時，艾爾登一臉慘白。「我道歉了，但他根本借題發揮，『一路轉到十一』。」我很高興他用了電影《搖滾萬萬歲》的哏。[18] 我們在這棟建築物裡講了太多亞馬遜用語，很容易忘記我們還有其他共通之處。

「沒事的。」我說著，但我自己也不知道會不會沒事。

「克莉絲蒂，我的意思其實是，下個月我也要四十歲了，」艾爾登說，「接下來是安迪，而查克也不過四十二歲！我們的年齡差距根本微不足道。我從來沒想過要意有所指說他**其實**老很多。」

我之前判斷查克比較接近五十歲，但我根據的不是他的外表，而是他那種像《楚門的世界》裡燒烤老爹的行爲舉止。發現他只比我大六歲，讓我很震驚，但這件事我沒跟別人說過。「這週結束之前他就會忘了這件事。」我向他保證，同時記下來要繼續避免碰上壞老爹。

到了初秋，壓力大得不得了，查克請傑夫．他媽的．威爾克出席我們的員工週會，爲我們打打氣。傑夫．他媽的．威爾克和一小群人相處時顯得比較溫情，不太像我看過威脅著要開除一群年輕人的那個人，而且，他是個電影達人，很想聽聽我們最愛的電影是哪些。*大約有四十五分鐘的時間，亞馬遜讓人覺得很輕鬆，而且人文色彩濃厚。「聽好了，這個地方很緊繃，」傑夫．他媽的．威爾克在快結束時說，「重點是要找到一個可以持續的平衡，這可能代表一年裡你有幾個星期五要在五點半就下班，好好跟家人相處。這很棒！各位絕對應該要好好把握這些機會。」我們全都微笑點頭，但會議室裡的能量已經渙散，而且我從查克的臉上看得出來，「一年裡有幾個星期五要在五點半就下班」並不是他希望我們聽到的精神喊話（或者說他自己也需要聽到更鼓舞人心的話）。

之後查克爲直屬部屬安排了「歡樂社交活動」，但令人沮喪的是，這是下班後的活動。我們試著從他口中套出一點端倪，是空氣槍生存遊戲嗎？打漆彈嗎？或者只是喝喝酒？但他一直叫我們耐心等待，到時候就知道了。夜晚來臨，我們五個人跟著查克共度歡樂時光，地點就在街底那間查克常去的運動俱樂部；如果你沒有保證人與五位數會費，就進不來這種地方。（這裡比我想像中陽春一些，更像是機場貴賓室，而不是我期待中如作家愛德華・摩根・佛斯特筆下的紳士俱樂部。）接著我們回到辦公室，有一位穿著貼身洋裝的女子在會議室等待。

查克介紹說她是一位「身心健康教練」，他們兩人的孩子讀同一所學校，因而結識。「我聽到你們大聲且清楚地說你們的工作已經滿到爆表，」他說，「因此我請譚美過來教我們一些小祕訣，看看要如何達成健全的工作與生活平衡。」

我認爲他的舉動很窩心，不用打漆彈也讓我鬆了一口氣。但是，隨著譚美繼續說下去，很明顯的是，她無法給我們任何可以救苦救難的心法。她提到維持固定睡眠時間是很重要的事，展示某些呼吸技巧可以安定神經系統，鼓勵我們每天早上起床第一件事是先喝一杯加檸檬的溫水。艾爾登和安迪都記了筆記，我和瑪妮可是身爲瑜伽派、會讀《歐普拉雜誌》的女子，我們早就塞滿了各式各樣的生活小技巧，像是前一天晚上先將早餐準備好，或是找到並消除「隱形碳水化合物」、好讓身形嬌小等等。她講的東西我們之前全都聽過了，但是，抱歉，人參茶和「讓人振奮的冷浴療法」並不能緩和在拋投物亂飛的風洞裡工作所造成的負面影響。

當譚美要我們在枕頭上噴薰衣草香氛、下午三點半要當心血糖暴起暴落，我只能忍著不要笑

＊ 指的是我們**真心**喜愛的電影，而不是查克基於影片大賣而決定我們都要愛的電影。

出來。「杏仁是好東西，身邊隨時放一些當點心吃，可以穩定你的能量。」她說，「但務必要吃生杏仁，因爲烤過的會致癌。」

聽到我要擔心的事情是不要因爲吃**堅果**而致癌，這也太超過了。瑪妮和我對到眼，我對她翻了一次世界上最輕巧的白眼。譚美轉過身去，所以她看不到，而其他的男人根本沒在看。查克除外。查克抓到我的眼神，從他輕輕瞇起眼來看，我敢說我犯了滔天大罪，我很快就會和壞老爹打第一次照面了。

✦

隔天早上八點剛過，他就將我叫進辦公室。「妳昨天晚上的行爲讓我很受傷，」他說，「我要確認妳知道自己造成了多嚴重的負面影響。」

雖然我知道會有事，但我還有一點摸不著頭緒，而且昨晚我在家喝了三杯酒，還有一點宿醉。「負面影響。」我跟著說，以表示我有在聽。

「我自掏腰包請身心健康教練來和團隊分享，」他說，「結果看到妳**翻白眼**，這也太不尊重我付出的心力了。」

「我翻白眼。」我用一種深思的語氣說道，一邊拉開他辦公室裡一張給訪客坐的椅子。「喔，我想你講的一定是杏仁。」

「對。」查克說。「妳知道這讓我覺得多傷人嗎？我只是想幫助整個團隊。」

他眞的很氣我。當有人生我的氣時，尤其是男人，我的本能反應就是哭，但我知道此時我絕對不能這麼做；試著不要在主管面前哭出來，跟試著不要在教堂裡笑出來是同樣的事，對著會殺死人的堅果翻白眼也一樣。「查克，」我說，「我**根本**沒想過要造成任何影響。」

「那妳能幫助我理解妳爲何會這麼做嗎？」「幫助我理解」是一種亞馬遜式說法，白話文是「你是一個他媽的徹頭徹尾的白痴。」

「嗯，那時很晚了，我眞的很累了。」我一邊說，一邊期盼他不要覺得我在抱怨身心健康促進大會安排在下班之後。「杏仁或薰衣草可以消除我所有的壓力，這個想法讓我誤會了，我眞的、眞的很抱歉傷了你的心，也讓你覺得我不珍惜你的付出。」他直直盯著我，所以我只好繼續說，「我知道你很關心我們壓力這麼大，想幫助我們紓解，如果我還找理由懷疑你的用心，那我就眞的怎麼道歉都不夠了。這件事確實讓我非常難受。」

我說謊。我是說，我當然**不想**讓任何人傷心，但我的理性思維最後壓過了最初的想法，我理解查克的反應太過頭了，而我必須回敬。「我覺得很幸運能成爲你團隊的一分子。」我補上一句。

「嗯，很高興聽到妳這麼說，因爲我眞的很努力要讓這個團隊擁有歡樂又能帶來收穫的經驗。」他現在的語氣比較懇切。

「大家都**看到了**！」我說，「我要再說一次，如果我表現出不知感激的態度，我**深感**抱歉。這

完全不是我的本意。」

「謝謝妳的道歉，克莉絲蒂，我很高興我們可以把這件事說開。妳知道，妳在這裡有很大的發揮空間，我只是不想讓這個問題潛伏著，妨礙妳的發展。」就這樣，他又再度對我堆滿笑容。

「請對我說實話：我應不應該另覓新職？」一小時之後我問瑪妮。我們在沒什麼人的上層美食街碰面，擠在一株盆栽的後面，希望不要有認識的人看到我哭得這麼傷心。

「**不**，」她說，「我眞的認爲不用。」

「妳應該看看他的臉色，」我說，「眞的把這當成一件他媽的**嚴重大事**。」

「我知道，」瑪妮說，「但他對誰都是如此。去年消費性電子展時，他帶我們去戴爾莫尼科餐廳，我問服務生有沒有素食餐點，因爲那天我不想吃牛排。晚餐之後查克指控我『放出信號』，說他不包容素食者。但事情結束之後，他就再也沒提過了。」

「我不懂，」我一邊說話，一邊將化妝盒拿出來，在眼睛下方補一點遮瑕膏，之後才發現這只會讓我臉部其他地方顯得更泛紅。我應該將一切都掩藏起來嗎？「我是說，對，我犯錯了，但……」

「這種念頭連想都別開始想，」瑪妮說，「妳做了什麼都**無關緊要**。我很訝異他居然有看到。無論如何，如果妳跑掉，害我變成他直屬部屬裡唯一的女人，我絕對不會原諒妳。」

我們注意到查克和我們相處時，通常比他和那些男人在一起時輕鬆，而且他並沒有表現出高我們一等的樣子。他跟我們在一起時似乎比較自在，更願意在有疑慮時相信我們，或者容許我們質疑他的策略或他對某些數據的解讀。感覺上，他不用跟我們比老二的長短，讓他覺得很自由。

「順帶一提，杏仁那件事是真的。」瑪妮說，「我在《歐普拉雜誌》裡讀過，後來就改吃生杏仁了。」

「嗯。」我說，「那不會很**難吃**嗎？」

「人什麼都能習慣。」她說話時聳了聳肩，我就當成「是」了。

✦

瑪妮說對了：我覺得天大地大的事，只不過是查克人生中的另一天。一星期後，我在我們的一對一會談時間告訴他，我知道我負責推動的新電子郵件方案進度太慢了：電郵範本要先修改，但我們得看能否借到設計資源，此外，工程師一直被消防演練和緊急修補任務拉走。換言之，時間大致上已經非我能掌控，而我也擔心自己其實**還有什麼**可以做、只是我還沒想到，查克可能沒有耐心等我把這些事找出來，再度瀕臨搞砸的邊緣。但他只是笑了笑，搖搖頭。「聽好了，這個團隊裡確實有些人需要加把勁，」他說，「但他們並不自知，而妳，妳並**不需要**更用力敦促自己，妳卻認為有需要。如果說有什麼該提的，我會叫妳放鬆一點，妳的表現已經很棒了。」喔，我的多巴胺都湧出來了。我覺得這週剩下的時間都可以安全過關，於是有一天我花了一小時吃中餐，並走到櫻桃街一家神祕的書店，這是拓荒者廣場附近一條很陡的紅磚道。我很容易忘記哥倫比亞中心之外還有一座城市，但當我走了出去，和騎單車的快遞人員、街上行人以及拖著檔案箱的律師一同在十字路口等紅綠燈時，我發現我開始感覺自己屬於這裡。

兩個月後，年中績效評鑑週期開始時，我有自信在各方面都在查克的認可圈內，但有一件事除外：我在管理自家團隊上的表現，說白話是我讓某些人留得太久了。「妳之前還有時間做評估，誠心努力改變某些人，」他在我們的一對一會議上這麼說，「我的建議是，現在該勇敢面對，做點改變。」

「我完全同意。」我說道，而我也是眞心這麼想。我到現在已看得很清楚，至少有三分之一的銷售專員**絕對做不到**生意興隆，這會拖累他們的同事，甚至會拖垮整個業務。嘲弄杏仁不會毀了我在亞馬遜的事業，但若留下表現不佳的員工就可能會，而這是我的錯。

我對查克說，娜歐蜜和我底下其他女性部屬已經和有狀況的同事懇談過，假如事情沒有好轉的話，他們要去哪裡。「再來就是喬治。」我說著，並嘆了一口氣，「我想，他的團隊至少有一半的人得離開。但他是他們的經理，我不敢確定，因爲他對這些人十分溺愛，使他們變得毫無助益、什麼都事不關己。還有，我已經和他最親近的同事談過，他們很怕跟他一起工作，因爲每件小事都會變成耗盡心神的抗爭。我不覺得我可以搶救他，他太憤怒了，也燒掉太多溝通的管道。」我惶惶不安地說出這些話，因爲我內心深處知道，我本來應該可以消除這些年來讓喬治走到這個地步的過勞。和查克開誠布公地談話要冒風險，但我考慮過了，而從他一副同情的臉色來看，我認爲我做對了。

「但妳認爲如果換一個比較好的經理，他手下有一些人還是救得起來的？」他提問。他眞的是在問問題，而不是表達不相信。

「我會說我很樂意給他們這個機會，利用六十天重新做評估。」我說，「但他們很**喜歡**他，他們會覺得我是弄走他的壞人。」

查克在辦公桌前點頭。「我懂了。」他說，「但那重要嗎？」

「不，」我說，「事實上並不重要。」

「要做出不討喜的決定需要勇氣，」查克說，「我以妳爲榮。*妳何不利用下星期的救生艇演練來鋪陳？」

「當然好，」我說，「但什麼是救生艇演練？」

---

* 這讓我多巴胺大爆發。

救生艇演練就如同其名稱一般古怪：管理階層舉行會議，將所有員工排出順序，以決定在業務受威脅的緊迫情境下，要讓哪些人登上所謂的救生艇，又要將哪些人先丟下船。*那一天，查克手下二十幾位經理聚集在會議室裡，裡頭瀰漫著前一個團隊留下的濃濃披薩洋蔥味。會議室沒有窗戶，門上有個嵌板，被人力資源部用白紙蓋了起來。前後門上貼了手寫公告：**不可進入！組織績效評鑑正在進行中**。到了下午六點，我們已經比排定的結束時間晚了一小時，但只確認了名單上一半的人。查克的助理帶來的甜甜圈就放在桌子中央，本來一直沒人動（甜甜圈眞的跟洋蔥味很不搭），但現在開始有人去拿了，因爲大家發現可能要等很久才能吃晚餐。我希望有人出聲喊停至少休息十分鐘，但我不想當那個人。如果說我這一年學到了什麼，那就是我發現會公開承認需要休息一下、去覓食或上個洗手間的那些人，在這裡就是會被丟下救生艇的人。

「好，接著我們來看格藍特。」人力資源部代表說；在這之前，我們同意合作方案的經理莉娜可以留在救生艇上，等到至少有一半的人餵了鯊魚之後再說。

「格藍特很穩，但是比較含蓄、深藏不露，」他的經理一邊翻著一疊筆記卡一邊說。（在亞馬遜，大家總是說「很穩，**但是**」，彷彿光是穩定耐操還不夠一樣。）「說實話，大部分是因爲我沒有給他適當的機會讓他表現。下一季，我打算將提報銷售與營運規畫的工作交給他，讓他有機會展現領導能力。」

「同意。」有人說了，「穩定，但是需要表現出有所成長。」

「以資淺的職務來說，我們不能留一個已經發揮出最大潛力、結果只是做到很穩的人，」查克補充，「如果六個月後還是同樣的說法，我們需要另外找一個更有成長潛力的人來坐他的位置。」在此同時，格藍特被列入救生艇清單上最底層三分之一的榜首。

我走進來開會時，本來預期會覺得很不舒服，你知道的，要把我每天都見面、交談的人拿來排序很奇怪。我沒有想到的是，這場會議於某種程度上隱約讓我覺得**很安心**。我一整天的計畫可能在最後一刻被通知取消，在這種動盪的環境下，可以定出格藍特是組織裡重要性排名第三十六的員工，讓我覺得既簡單又穩定。我對自己說，**要當心，這不是妳會希望自己太過於擅長的事**。

「接著來看麥斯。」人力資源部代表說；當我瞥到對面的喬治時，那種反胃不適的感覺又回來了。到目前為止，我們替十位銷售專員排了序。正如我和他們的經理所預料，兩位閃亮的明星排名接近榜首，其他人則分散在後半部，大多數理由都相同：他們過於被動，只做交辦的事務，無法提出點子。開會之前，我對我的團隊發表了簡短的談話，提到我們如果表現出積極參與革

* 公司的發言人於二〇二一年在回應一項和亞馬遜績效管理有關的報導時，否認亞馬遜使用過這種分級評等系統。我只能說，我至少參加過四場救生艇演練，這並不是我幻想出來的。

新，會比掩蓋自身缺點更有利，女性部屬都跟上了我的腳步。麥斯是喬治手下第一位接受評鑑的人，我真的無法掌控他是否會堅守我們的計畫。

我自己對麥斯的看法是，我覺得他是好人，能把日常工作做好，也不會抱怨。但我不知道他爲何要在亞馬遜工作，而不是一百家別的公司，也不知道他是不是比一般人更愛電影。我們一開始喝過咖啡以認識彼此，我問他之後幾年想做什麼，他的回答是「帶領小型旅遊團遊遍歐洲。」

當喬治開始說話時，我輕輕對他眨了眨眼。「麥斯這一年表現很棒，」他開口了，「他是負責索尼和獅門娛樂公司的銷售專員，對這些客戶的供應商經理來說，是很好的合作夥伴。」他瞄了其中一位供應商經理，對方勉強點了點頭。「由於平臺轉移這件事延宕**太久**，麥斯有大半年得要努力應付雙倍的銷售活動工作量，但他從來不會嚴重落後。」這很好；我對所有直屬部屬說過，我不介意提醒其他人，這些銷售專員一年到頭都要應付瘋狂的營運挑戰。喬治的語調比我預期的重了五倍，但現在我也不能做什麼。

「我認爲麥斯需要加強的是策展和寫作這兩部分，」喬治繼續說，「明年，我會要求他每一季提出四項新的策展專題，每個月至少要寫兩篇影評。我希望看到他培養自信，成爲引領顧客品味的達人。」

什麼？不，不，不。這不行，喬治也知道這不行，因爲我們昨天才討論過，他的部屬設定的目標要明確緊貼著亞馬遜實際上在乎的事，比方說**壯大這該死的業務**。麥斯有沒有品味，根本不重要。重要的是麥斯有沒有能力將三百部不上院線、直接發行DVD的電影的資料轉儲庫，轉化爲更美好的顧客體驗，超越只是隨意告訴他們：**嘿，這裡有些爛東西，隨便挑，超便宜**。喬治在這場會議上的任務之一，是要強調他在工作上已具備了這種能力，就算他在查克面前沒有好表現也一樣。我不覺得喬治**想要**惡搞我，至少他不會故意這麼做。我認爲他只是堅定地相信，他將自己的立場塑造成寂寞的反骨是對的。

一般來說，當我的直屬部屬在查克的會議上發言時，除非他們眞的希望我協助，否則我不會插話。他們需要練習穩守自己的立場，我不希望他們覺得自己在一些小問題上受到質疑，這些永遠都可以之後再來討論。倘若我現在默不作聲，頂多是看起來很軟弱。但如果我看起來很軟弱，那就糟糕了，因爲大家不會再視我爲可以帶動變革的人，他們遭遇棘手難題時也不會來徵詢我的意見，我只能退到後面成爲好好小姐，負責管理組織裡成效最差的人。下一次，他們就會直接把我丟進黑水潭，從此不多看一眼。

爲了來到這裡，我連根拔起自己的人生，還有約翰的人生，甚至還有艾比的狗生。我離開了一份我本來可以做一輩子的工作，以及十年深厚的朋友鄰居情誼。我們還是要付兩邊的房貸與房租，我的錢包和戶頭裡的錢像是消防水柱的水一樣噴出去。但我是金牛座，這個星座代表著倔強固執到不得了。我不確定想不想留在亞馬遜，但如果我被丟出這艘該死的救生艇，我會超級不爽。

「喬治，我全力支持麥斯創作新的創意專題，」我說，「可以在網站上營造個人風格。但他做這些事時，要能輔助合作方案的目標。多年來，純編輯工作已經不是我們的核心任務了。」

「他會考量合作方案，」喬治說。這樣講根本他媽的沒有用。

「我會要求他在設計專題時明確支持合作方案。」我說，「要非常明確，我的意思絕對不是要喬治把合作方案隨意挑選的品項當成是他個人的精選，我們不可以對顧客說謊。」這麼做也符合供應商經理的利益，他們當中有些人極度樂見銷售專員對顧客說謊。但在我規畫的未來當中，網站必須再度產生自己的觀點；唯有當麥斯說他喜歡哪部電影時是眞心誠意的，顧客才會有信心，網站才會有效。

「我聽到妳的建議了。」喬治說；這樣講同樣他媽的沒有用，但我放棄繼續說話。我已經對會議室裡的每個人表達了我的立場，現在我只需要把工作做完。

✦

七點半時休息，我傳訊息給約翰說我要回家了。「披薩和曼哈頓調酒等著妳。」他這樣回，我鬆了一口氣，因爲我不用擔心要吃什麼，也不用因爲他煮了晚餐、但我卻不知道何時才能回家而心生愧疚。約翰這一年來都被瑣碎的家務事纏住，例如讓有線電視的人員過來裝機、帶艾比去獸醫院做檢查，或是週間去採買雜貨。基本上我也**可以**請假去做這些事，但這麼一來就會引發取消或重排會議的連鎖效應，讓我的行事曆好幾週都一團亂。他堅稱他不介意，但每過一個月，我就更擔心一點，怕我的工作迫使他成爲任何人都不該承擔的家庭主婦角色。

「我今天去看了蒙特萊克的一棟待售屋。」他一邊說，一邊在廚房流理臺調製第二杯曼哈頓調酒。表面上，他是在了解西雅圖房市的現狀，但事實是，他超愛看待售屋，會用盡一切藉口跑去看。「一棟中世紀現代主義的牧場式住宅，清新純樸到令人難以置信。是**很小**的**牧場式**住宅。妳一定不會喜歡。總之，我後來跟房地產經紀人談了快一個小時，她認爲她可以幫我們賣掉房子。」密西根的房市宛如自由落體，就算我們大砍房價，比我們支付的買價低了十四萬美元，還是連一個出價的人都沒有。賣房的仲介公司現在完全不理我們了。但約翰說，他今天碰到的那位女士貝琪認爲，做點改變就能脫手。「她認爲我們應該將客廳的地毯換成硬木地板，」他說，「並且考慮做點展演布置。」

「展演布置？」我問，「那是什麼？」

「基本上就是請人使用租借的家具和藝術作品妝點房子，」約翰說，「不要讓買家看到空空的房間。」

「就像梳妝打扮一樣，」我說，「有點瘋狂。」

「我認爲有道理。」約翰說，「那棟房子很美，我們只需要讓其他人將那裡當成家。」

「那我們要怎麼找人來做？」我問，「那裡沒有展演布置這種事。」

「貝琪說，她可以幫我們找到人和硬木地板，」約翰說，「加起來，總成本是兩萬美元。她說她會親自管理整個案子，不收費。」

「**不收費**？」

「我能說什麼？我很高興能跟她談。」約翰說話時聳了聳肩，「我也可以想像，一旦我們卸下本來的房屋負擔之後，她很樂意賣一棟給我們。」

我也聳肩。「我是說，除了錢之外，我們還會有什麼損失？」我們對於擺脫持續付房貸這件事已經麻木了，但那棟房子對我們倆來說都是一大精神負擔。約翰擔心房子會破敗，變成吸毒者聚集的地方，那個地區有幾棟房子就是如此。他開始說起冬季之前要飛回去把房屋用板子封起來，這樣或許能避免被外人入住，但也傳達出放棄賣屋的明確信號。「你覺得這是預兆嗎？」我問他，「那棟房子終將會把我們吸回原來的生活嗎？」

「妳想要嗎？」約翰問我，並將一杯曼哈頓調酒從桌上推過來給我。

「不要！」我很訝異自己回答得這麼快速又肯定。我在這裡比過去工作時辛苦兩倍，每天都很焦慮，擔心就算我已經做到最好，也還不夠。我覺得手頭拮据，尤其是相較之下我周圍的人似乎都很有錢。但我還是想留在這座常綠且充滿活力的城市，留在這家瘋狂的公司裡，最後因爲我做了一些大事而受人信任。我之前的生活舒適又迷人，新生活卻代表了各種**可能性**。我在這裡可以改變；事實上，我知道如果我要成功，就必須改變。我必須讓亞馬遜將我變成一個全新的人。

「我也不要。」約翰說。

「眞的嗎？因爲我知道沒有辦公室很難交朋友，而且你身邊的我還半瘋了，凡此種種。」

「時間久了就會好的。」他說，「我已經蓄勢待發，我的家人都在這裡，這座城市也是一個夢幻之城。」

我慘兮兮地想著：**好，我聽到了**。但我走過廚房中島，親了他一下，眞正放鬆下來。他很好，我們很好，我也會很好，等我處理完一些待辦的任務就好了。

✦

隔天早上十點，一群人（人數少了一點）再度聚集在仍瀰漫著洋蔥氣味的會議室，針對昨天還和我們一起排序的資淺經理排序。我想像我的直屬部屬坐在辦公桌前，想著不知道我們現在會如何談論他們、我們有多希望他們也一起留在救生艇上。我們百般艱辛地照著清單一個一個來，輪到喬治時，我運用查克請來的身心健康教練所教的三段式呼吸法，然後說：「喬治是亞馬遜的久任員工，是很關心他人的經理，也是組織制度相關知識的金礦。他一直都在做他認爲對團隊有利的事。但以我和他共事的經驗來說，他的直覺和我們的業務現實顯然並不同步，即便常常提供回饋意見給他，但他身上仍不見任何成長的跡象。我知道各位當中有很多人都會同意，他已經成爲整個組織的絆腳石，所以我想要有所改變。」

「妳連改進的機會都不給我。」一個星期之後，喬治這麼說。

「這**就是**你的機會。」我拍了拍我手上他的績效改善計畫。他有**幾個月**的時間，我在會議一開始時就講清楚了，我不想一說再說，沒有必要捲進去討論一個我無意改變的決定。

「我的機會？」他說著，並拍了拍他自己手上那一份，「才不是，這只是被開除之前的預告。」

「如果你順利完成改善計畫，就不會被開除。我的每一項要求，都是你這個階層的經理人應該做得到的。」我要他針對電影的電子郵件方案做一份數據導向的評估，並針對首頁的最佳用途提出建議。我也提到，在六十天結束時，我會徵詢合作方案的主管，看看他們是否看見喬治的態度有改變，願意和他們合作。「重點是你願不願意去做而已。喬治，我眞心希望看到你克服一切，但這取決於你自己。」

他翻了翻白眼。「好吧，我會看看我能做什麼。」從他講話的態度看來，我想他幾週內就會辭職。坦白說，這也很好。無論如何，我的問題都解決了。

✦

消息傳得很快，從人們對待我的態度就可以看出來。「妳做了一個艱難的決定，撐住。」一位供應商經理在洗手間的洗手臺旁說道。「做這件事或許會讓人覺得糟透了，但妳確實做出了正確的決定。」我去開某一場會議時，我和安迪兩個最先到，他這麼對我說。

在這之前，我覺得自己是一個備受尊重的新人，現在我融入了。也許有人希望我更早一點就這麼做，但沒有人明確提起過。穿過走廊時，我感覺到我的肌肉用不同方式穩住了我的骨架，做出改變的，正是我這副血肉骨架。

喬治在十天內就拿到了微軟的工作。他的團隊辦了歡送派對，我沒受邀，也省得找藉口避開；沒有人想看見劊子手端著紐西蘭白酒到處晃來晃去。他最後一天上班沒來道別，因為我已經決定將選擇權交到他手上，所以我也沒去找他。不管怎麼說，示好會讓人覺得是在挑釁。我是帶著尊重、甚至可說是哀悼的心情進入救生艇會議室，其中沒有任何愉快的成分。喬治多年來在這裡表現得很好，之後浪潮轉了向，我們淘汰了他。我現在也做得很好，但等到浪潮轉向（浪潮永遠會轉向），我毫不懷疑他們也會淘汰我。

10 —— 專業協助

白天我學習亞馬遜的知識，晚上我會去找一些關於女性在商業世界的文章、條列式短文和TED演講，希望有些祕訣、技巧或隨便什麼，能幫助我表現得更好。我就是這樣才學到，若要表現溫暖的姿態，坐在椅子上時要往前傾身、坐得足夠靠近，但又不能露出乳溝。我坐著的時候，兩邊的肩胛要抵住椅背，雙腳要著地。我站著的時候，雙手要貼住大腿，雙臂不可交抱。眼神接觸至少要持續兩秒，但不可超過五秒。看男人時，要看他的前額和雙眼（這稱為商業三角），但不可以看鼻子或嘴巴（這叫做社交三角）。傾聽時要殷殷熱切，但不可以頷首或把頭歪一邊。講話時自然就好，但結尾音調不要上揚。說話要果斷，但不要插話。如果有男人插話，我要堅持先講完我的想法，但態度要迷人，對方才不會覺得他自己犯了錯。不要自願寫會議紀錄，因為那會讓我看起來像祕書。但也要自願寫會議紀錄，因為那是唯一能確認我的貢獻有被列入的方法。要談判爭取更高的薪資，但不要讓金錢變成我的動機。要擁護職場上的女性，但不要著眼於我這個單一的職場女性。永遠都要為了自己的成就居功，但也要讓我的成績不證自明。自願接下新任務以**樂於助人**，但不要急切。穿著打扮要擁抱我的女性魅力，但不要凸顯我的胸部、肩膀、腰身、臀部、雙腿、嘴脣和頭髮。要微笑，但不可太過，少一點，再少一點，對，就是這樣，現在，請維持住。

11 紅色手機

彷彿是要強化我的認知，確認我**真的在亞馬遜工作**，喬治離職後沒多久，我就參加了第一次的傑夫會議。＊我收到邀請通知時，我的爸媽正好過來看我，而我正在客廳檢查電子郵件。這封信沒有內文，只有主旨欄寫著「討論普落格」，當我明白這是什麼時，我的胃發明了一種全新的體操動作，叫做「恐慌性連續三次後空翻加兩次勾手跳」。要和傑夫．貝佐斯見面，這個**想法**令人興奮；但我不想眞的去**做**，或者說，至少想再拖個幾年。

我媽很興奮。「妳最好讓他眼睛一亮。」她說。

謝了，真是好建議，我心想。「媽。」我說。

「妳要穿什麼？」

「**媽**。」

＊ 亞馬遜有很多位有名的傑夫，但如果是其他的傑夫，大家會用姓氏或綽號來稱呼。除非你要講的是那個傑夫，不然你不能只講傑夫。

「傑夫·貝佐斯是個非常聰明的傢伙。」我爸爸也加入了。最近，媒體一直嘲弄亞馬遜新的雲端運算服務＊業務遠離了核心的零售業務，不可能會成功。但我爸很看好，既然他是貨眞價實的電腦科學專家，我認爲他可能是對的。

「對啊，我也聽到很多人這麼說。」我說。

我媽又說了：「嗯，他要見到**克莉絲蒂**才知道什麼叫聰明。」

我看到約翰在他們身後，躲在廚房裡靜靜地笑到快瘋掉。我找了個藉口，說要去廚房看看他的咖啡煮得如何，他問我這次的會議主題是什麼。「要討論一個叫做『普落格』的東西。」我說。

「妳是說部落格嗎？」

「老天啊，約翰，我知道部落格是什麼，這次要討論的是**普落格**。」

「那到底什麼是普落格？」他問。

「我怎麼知道？」

「傑夫·貝佐斯要妳寫部落格嗎？」我媽從客廳大喊。

「我不太相信會有這種事，媽。」我喊回去。

「嗯，等他發現妳是一個多棒的作家，他會求妳寫的。」

「你可以幫我一個大忙嗎？」我悄聲對約翰說，「你可以殺了我嗎？」我倒了兩杯低咖啡因的咖啡，端出去給我爸媽。「我眞的不需要也不想要傑夫·貝佐斯求我寫部落格。」我說。

「他甚至可能是美國最聰明的人之一。」我爸說。

✦

隔天我來到會議現場，**會議桌（用八張緊挨著彼此的門板桌拼成）旁的椅子幾乎已經被銷售專員占滿了，只剩下三張椅子：一張在後面，兩張在中間，正好彼此相對。雖然我在父母面前裝出一副瞪著鞋看、害羞內向少女的樣子，但我其實並不是，因此我挑了一個自以爲正確的位置，正好落在傑夫．貝佐斯的直線視線內。

我沒想到的是，與傑夫．貝佐斯對坐在桌子的兩端、和此人眞的有眼神交流，感覺**超奇特**的。我知道這個人經營這家公司，但我也在《時代》雜誌的封面看過他；我會注意到，是因爲在我成長的家中，那本雜誌是固定配備。「假如各位持續在普落格上貼出有趣的短文，將有助於顧

* 基本上，這是爲其他公司提供的後端網路服務。我大概會在十年內針對亞馬遜雲端運算服務的起源寫出一份案例研究；該服務目前的價值已經超過千億美元。

** 我私下拚命做了準備，並向娜歐蜜求救，了解到「plog」是由「personalized blog」這兩個詞組成，指的是個人化部落格，由演算法決定每個人應該看到什麼內容。

客把觀看亞馬遜變成一種日常習慣。」*他這麼說，而我想著，這是那個會**出現在雜誌封面上的人**。「你們不需要煞費苦心寫內容。」他說話時，我想像書報攤有一排他的臉。「最好的部落格，或是普落格，」他一邊說，一邊露出他早已爲人所熟知的笑容，「是爲讀者策展，這並不需要大量的繁重努力。」我眞的很努力想要專注在傑夫實際說出口的話，但此時此刻我大致上想的都是我自己正看著他，我無法將他當成一個正常人，我在想會議室裡的每一個人是不是也用這種眼光看他，不知道他自己知不知道（他一定知道，對吧？），還有，成爲一個其他人都無法**真正**看見的人是什麼滋味。

我的心思飄得很遠，像吸毒過量的人那樣失神，但幸好，當他向我們提問時，我已經飄回到會議桌上，會議室裡每一顆要命的頭都轉過來看我，彷彿他們全都是某個有機體的一部分。這對我的團隊很重要，他們等著我代表發言，但到目前爲止，我都還是亞馬遜最新的新人。在我到職的第三個星期，英國歌手羅比恩・希區柯克帶著他的唱片公司代表過來，在會議室裡爲我們表演了一場小型音樂會。我是二十年的老粉絲，坐在離羅比恩・希區柯克短短幾公尺之處，而且**他還接受我點歌**，這可能比與傑夫・貝佐斯見面還要超現實。之後，他跟我們說，他一九八〇年代唱片的新編版本快要推出了，但他也注意到舊版本還可以透過第三方賣家在亞馬遜上買到，有沒有人可以說明一下如何確保顧客能夠看到新版本？

嗯，這是個好問題，我心裡這麼想。**要怎麼確保**？我根本一無所知，卻發現大家都轉頭看著我。無論是出於毫無道理的尊重還是缺乏自信，團隊的行事作風就是如此：希望主管是發言的那個人。然而，身爲一路過關斬將的女子，我的作風是絕對不說「不」或「我不知道」。就這樣，我根據對於亞馬遜第三方業務、目錄系統、產品識別號等有限的理解，而且也根本不知道還有沒有其他要考慮的事，最後給了我的偶像歌手一些熱切、詳細、幾乎必錯無疑的建議（而且他還**用筆寫下來**）。**

幸好，傑夫只是想要確認我們已經準備好了。「絕對沒問題。」我說，而他點點頭。我已經知道，出了這間會議室，商店主管和供應商會將經營部落格歸類爲「做做樣子」的銷售活動，因爲這些工作無法馬上帶動營收。但在這裡，在這間會議室內，傑夫盯著我爲一整間的人發言，我還有什麼選擇？當傑夫說去做這個那個，你就去做，哪管沒有時間，哪管不能變成錢，哪管這違反了你在亞馬遜學到的一切。

「他這個人怎麼樣？」我媽當晚就問我。我們在客廳裡喝酒，約翰則在煮晚餐。

---

* 傑夫只需要在幾場會議中提一個新構想，就可以在整間公司流傳。短短幾週，**每個人**都在講要把亞馬遜變成日常習慣，至少維持到下個想法傳下來並壓過去爲止。

** 是的，我仍對此事耿耿於懷。抱歉，羅比恩。

「他很好。」我說，我並不是故意不想多說。他**很好**。他是一個有自信、有熱情的會議主持人。他很和善。他看起來是你可以探求指引的人。

「我敢說妳一定讓他眼睛都發亮了。」她說。

「如果和另外十五個人坐在一起會讓人眼睛一亮，那就是了吧。」我說。約翰默默從廚房裡走出來，斟滿我的酒杯。

「等著看吧，」她說，「妳會讓他刮目相看的。」

當我媽講得興高采烈時，要我跟她說我覺得多麼喘不過氣，我有多不想面對馬上要讓傑夫・貝佐斯另眼相看的壓力，非常殘忍。我目前爲止沒有不小心將什麼東西潑到他身上、也沒有嚇到動彈不得，這樣不就夠了嗎？我知道她只是想要表達她很支持我，但在當下，這太多了，彷彿我的平均成績剛開始升上優等，但轉眼間，優等又變成了新標準，是我本來就應該要達成的目標。我的胸口和喉嚨都很緊，因爲我知道這並不公平。

✦

「我在亞馬遜用過很多人，克莉絲蒂是最棒的人才之一。就我看來，她是顆閃亮的明星。」提到過譽，上述這幾句話就是我在亞馬遜第一次績效評鑑的結語。「不可能，你是認眞的嗎？」我對查克說。我本來在想，只要他沒提到杏仁事件，我就準備宣告我贏了。「絕對是。」他說話時露出燦爛的笑臉，我可以想像，當父親看到自家女兒在樂樂棒球賽中擊出全壘打，就是這種笑容（我在樂樂棒球賽中最了不起的成就是掉了一片指甲，我爸並沒有機會以我爲榮）。「妳第一年的表現可以說是世界級的。妳直接面對了一些真正困難的問題，而且每一個目標都有進展。」

我之前也不知道查克覺得我的工作這麼困難，這讓我一整年一直在想：究竟是這份工作**確實**很辛苦，還是我太軟弱？現在我懂了。我想要向前傾身並宣告：**老天啊，真的太辛苦了**，但我換了說法：「有時候的確很有挑戰性，但我試著努力專注於發展路線。」

我們又用最好聽的話恭維彼此好幾次，之後我將重點轉向自己有待改進之處；我要第一個知道，這對我來說很重要。我說：「我絕對奉行『要有骨氣』。」*同儕回饋意見指出我很討喜，但他們希望能更常聽到我表達異議，因爲他們很重視我的觀點。我知道會有這種事，部分原因是前六個月左右我一直泡在水裡（消防栓水柱的水、救生艇外的水），完全沒有自信，覺得自己什麼都**不懂**。

* 亞馬遜領導準則——要有骨氣，要會反對、要能承擔（Have Backbone; Disagree and Commit）：「領導者有責任在不認同時以尊重的態度挑戰決策，無畏於這麼做會令人不自在或疲憊。領導者要有信念，要能堅持，不可僅爲了維繫團體凝聚力而妥協。決策定案之後，要完全承擔。」理論上，這可以導引出健全的衝突與更好的構想，實務上，多半被吵嚷粗魯的男人拿來濫用，他們還沒想清楚就發言，將這條準則當成武器，拿來對付任何習慣於不使用吵嚷粗魯男人的方法做事的人。

但有一部分原因也是我**不知道**如何表達反對。我家會出現兩種場景：一種是歲月靜好，一種是大吼大叫的爭吵伴隨著持續性的傷害，並沒有在餐桌上輕鬆愉快辯論的傳統。因此，當我看到兩個亞馬遜人在會議室對彼此的想法針鋒相對，就像是在看充滿異國情調的武術，就算我有膽子，也沒有能力去做。還有，當一群男人在爭辯、甚至只是在談話時，我很難加入他們。我在全媒體指引公司養成的習慣是等待停頓的時刻，但這裡似乎不太會有停下來的時候，對話會**一輪接著一輪**，就像在接唱〈麥可划船上岸〉一樣，男人的聲音此起彼落、互相應和，到最後我已經不確定自己的觀點重不重要，或者一開始我到底要講什麼。而且情勢發展得很快，有時候我還沒有機會開口，就已經改變了心意，這時若要提出自己的看法就顯得有些愚蠢：**嘿，我想要說一下，兩分鐘前我持有相反的觀點，直到安迪提到邊際成本，我才改變主意，同意他的看法**。但如果要表現我知道該如何反對，我就得做到能激烈爭論並獨排眾議。「妳一定能做到的。」查克說，「看妳處理喬治的事，我就知道妳可以硬起來。不要害怕在會議中展現妳自己這一面。」接著，他將我的薪酬摘要那幾頁從桌上推過來，其他事也就不重要了。

✦

「我說啊，**這是怎麼回事**？」幾個小時之後，約翰人在他哥書店樓下的酒吧如此說道。這裡的牆面和家具都是用古老松木粗略雕刻而成，有一種在洞穴裡喝酒的氛圍。他對著我揮揮我的薪酬摘要。「基本上，這個意思是：『嘿，做得好！我們要多給妳十萬美元獎金。』這是**什麼鬼**啊？」

「不是多的，」我提醒他，「股票是我正常薪酬的一部分，只是在這之前比較像是**理論上**的錢。」股票要多等六個月才發，我幾乎忘了我剛來時分到的股票還會繼續增加。我指著顯示我明年預估薪酬的那一行。「如果股票沒崩盤的話，我的薪酬會加倍，」我說，「我可以賺到二十萬美元，同時付房租和房貸就不會這麼緊繃了，這還只是前菜。」

「我只是要妳想一想一年前的處境，」約翰說，「無聊、受制、一年賺五萬美元。」

「是啊，」我說，「但也沒**那麼糟**。」約翰說的都對，但一年前我沒這麼消磨殆盡，我晚上很少擔心工作，幾乎從來不會把工作帶回家。我和一群非常開心的人共事，我不用設想要將他們推下救生艇。我不會覺得犯了一點小錯就會拖垮整家公司，並毀了我的人生。

「當然沒那麼糟，」約翰說，「我的重點是妳想要做出大改變，而妳實現了。會有這一切，」他手比著這座洞穴，但我想他要說的是整個西雅圖，「都是因爲妳賭了一把。我們都是，不過，是妳發動的。」

我肚子裡的酒精有一刻在翻滾。「喔，天啊，回過頭去看，我們冒的這個險還眞大。」我說著話，並把頭埋進雙手裡。

「現在好了，都定下來了。」約翰說。

「但我得**繼續做下去**。」

「也是。」

我重開話題。「我們來聊點別的吧。」

「我們可以聊一聊我今天新買的手機，」約翰說，「我兩點開完視訊會議，之後帶著獨木舟出去練習划船，結果在喝東西時掉了手機。我去電信公司買了這一支。」他亮出一支金屬紅的折疊手機。

「很時髦。」我說，我已經累到身體裡的皮質醇[19]爆表，但還是跟著湊趣。

「對，而且這是我的幸運手機。」他說，「是我們的幸運手機。」

「怎麼說？」

「因爲這支手機替我們帶來了出價的房屋買家，就按照我們的價格，沒有附帶條件。」

「是**真人**嗎？有**錢**嗎？」我喝了一大口維歐耶尼白酒。

「他們很愛客廳裡的新硬木地板。」約翰說。

「我已經暗自做好永遠擁有那棟房子的心理準備。」我說。

「對，我私下幻想要把那棟房子燒個精光，領保險金，」他說，「我們自由了。」

我們碰杯，他對奉行純素主義*的酒保米勒招招手，示意他再來一輪酒。

「我想我們現在是眞的住在這裡了，」我說，「我們降落了。」

隔天早上，我經歷了一個星期以來的第三次宿醉，但亞馬遜的認同、唾手可得的大筆金錢，以及我們的幸運手機（如果我們早點買就好了！）讓我飄飄欲仙。我從內部借調了一個厲害角色來替代喬治，我經過她的辦公隔間時，她咧嘴對我笑，還對我揮揮手，我則向她回個敬禮。「早安！」我對著阿爾俊的背影快活地打招呼，把我的包包丟在地上，將外套掛起來。

阿爾俊坐在電腦椅上滑了過來。「妳來了，」他一邊說，一邊將滑門拉上。「克莉絲蒂，我要說一個很糟糕、很糟糕的壞消息。眞的慘了。」

他的眼睛布滿血絲。「你家裡人都好嗎？」我問。

「我家裡人？喔，他們當然很好。」他說，「我要說的事情是關於組織再造。」

「什麼組織再造？」**

** 我們會知道這件事，是因爲他幾乎在每一次的互動當中都會提到。

*** 亞馬遜經常進行組織再造，回過頭去看，我很難相信我待這麼久才碰上第一次。組織再造的意思，基本上是亞馬遜會重新安排誰負責什麼、誰要向誰報告，諸如此類的，有時候很有道理，有時候只是爲了滿足傑夫的奇思妙想。在很多公司，組織再造會伴隨著裁員。在亞馬遜，這種情況並不常見，因此我開始把組織再造想成是亞馬遜版的抓字母拼字遊戲：喧囂嘈雜、令人頭暈眼花，但終究一個蘿蔔會落在一個坑裡，差別在於那不是你一開始的那個坑。

「正是。」阿爾俊說，「克莉絲蒂，這正是該問的問題。答案是，我們現在就會知道那是什麼了。妳今天會和查克開會。我已經開過了。」

「然後？」我問。

「然後，基本上我們都完蛋了。」

Part 2

不知所措

2008年至2010年

12 格局更大之地

我的胃往下沉了好幾層。「請定義何謂『完蛋』。」我說。

「我的意思是，妳的職務會消失，」阿爾俊說，「我的也一樣。他們會將每一條媒體產品線變成不同的組織。書籍的全部在一起，電影的全部在一起，諸如此類。像我們這種涵蓋所有產品的人，都會沒有工作。」

「我們會被**開除**？」我覺得我飄浮了起來，彷彿被人切斷繫繩。我在西雅圖這片野地裡要如何找到新工作？尤其是我在亞馬遜的資歷這麼短。我們要不要取消賣房子的事，回到密西根？如果我在那裡也找不到工作怎麼辦？我看到自己在某個鏽蝕灰黯的就業服務處排隊，我沾上鹽的靴子旁邊有著髒汙的泥雪積水。

「什麼？不是啦。」阿爾俊說，「我們爲什麼會被開除？」

「好吧，被裁員。」我說。天啊，我不想跟約翰說我將他拖過半個美國，來到這個沒有亞馬遜就什麼都付不起的城市，結果卻什麼都沒有。

「克莉絲蒂，不。只是組織再造而已。」

我終於想到要坐下來。「阿爾俊，讓我解釋一下。我來自美國上中西部，當我聽到『組織再造』，這通常表示整座廠的人都會丟掉飯碗。而且，你剛剛才說我完蛋了。」

「克莉絲蒂，這裡不是汽車廠，妳會有工作，但妳會失去**這份**工作，這就是爲什麼我說妳完蛋了。」我注意到他的電腦螢幕上顯示著公司內部招募公告板。

「如果這份工作沒了，我又怎麼會有工作？你是因爲這樣才去看招募公告板嗎？」

「他們會替我們做打算。」他特別強調了「打算」一詞，「但他們想的辦法爛死了，所以我要找別的，妳也應該這麼做。他們會給妳三十天寬限期，讓妳找到不那麼爛的職缺。」我馬上想起我的加油站失敗事件。我覺得，在那之後我好像變得更笨了，我怎麼可能再撐過另一輪面試？

我的筆電通知我，查克請我十點鐘過去，標題是「請盡速過來」。現在已經九點五十六分。

「媽的，一定是要談這個。」我說。

「要堅強，朋友。」他說。

✦

查克端詳了我一下，然後說：「阿爾俊告訴妳了，是不是？我要他別講，必須由我告知妳。」

「有人在傳了。」我這麼說，是爲了不要說謊，也爲了不連累阿爾俊。卡莉絲塔是一位和我年紀相當的女性，以前負責管理亞馬遜的圖像設計部，幾週前剛升職，負責管理零售顧客體驗部，她也在這裡，而我完全摸不著頭緒。我只見過她幾次，雖覺得她很酷，但也莫名地令人害怕。她的短髮和濃濃龐克風的時髦打扮，在這個將刷毛背心或可拆卸爲短褲的登山褲視爲「風格」的城市裡格外顯眼。在這裡上班，Dockers打褶褲配上寬鬆的Brooks Brothers扣領襯衫*對男士來說已經算是很花俏了；我很確定有些年輕男子將睡褲當成長褲在穿。這裡的女性則下比較多功夫，**但整體而言，亞馬遜與西雅圖的審美觀仍介於不羈與實用之間。卡莉絲塔拎著大牌設計師的設計包款，一副知道自己總是可以再買一個、因此就只是把包包當包包而已，不像我，超怕原子筆墨水沾到我唯一一個在打折打到骨折時買下的Prada背包。她體型嬌小，但我絕不懷疑，就算是在酒吧打架，她也不會輸，可能會用一頭小駱駝當武器。不同於我，她也無畏於展現「要有骨氣」，幾個月前我就發現了這一點，因爲她寫了一封客氣但用詞絕不含糊的電子郵件，指出我的銷售專員造成的持續混亂影響了她的設計師，他們最後一刻才收到需要客製化的合作方案圖像設計要求。我們偶爾面對面交流時，她溫暖又激勵人心，很愛笑，也笑得很豪邁。然而，傳言她壓力很大的時候會大發雷霆，我也聽說她曾經在開會時脫下一隻鞋子丟出去——並不是**對著**特定的人丟，然而，高速拋出一隻四英寸高的Christian Louboutin名牌高跟鞋，還是可能讓人頓時腦袋一片空白。我超希望卡莉絲塔喜歡我，也超怕如果她不喜歡我的話會怎麼樣。「喔，嘿，卡莉絲塔。」我輕快地點頭打招呼。

「嗯，妳可能已經聽說了，我們要將五條媒體產品線劃分出來成爲獨立組織，這顯然會影響到像妳這樣目前工作涵蓋所有產品的人。妳管理的五個團隊，現在要各自變成獨立單位。」他留了一點時間讓我消化事實，理解我花了一年相處的每個人都要走了。「但是，克莉絲蒂，我們不想失去妳帶著這些團隊做出的絕佳成績；事實上，我們要交給妳影響力範疇更大的職務。」

他又暫停了一下。「喔，好的。」我說。

「說到這，妳可能在想，爲什麼我會在這裡。」卡莉絲塔說話時帶著微笑，「我最新的職務是要負責所有非屬某類特定產品的顧客體驗，比如願望清單、禮物登記或節日購物季。我們在想，妳可以來我這邊工作，繼續做妳現在做的事，但擴大涵蓋全球**所有**銷售專員，那大概是兩百人。」

那是我目前管理的銷售專員的十倍之多。「哇，」我說，「所有人都要向我彙報嗎？」

「不，」她說，「這就是最大的改變，他們是虛線⁂對妳，但會向不同的經理彙報。妳會得到必要的高階主管支持，讓妳發揮影響力。妳認爲如何？我個人非常樂見妳能加入我的團隊。」

我看不出我有多少選擇，但他們仍然很貼心地試圖讓我感覺有選擇權。「聽起來，這比我現

---

* 有些人後來發現貼身襯衫比較適合，感謝老天。

** 也比較嚇人，我懂。

⁂ 虛線代表有影響力，但沒有權力——虛線另一端的人需要用等同於對主管的重視程度來看待你的意見，但你不能眞的指揮他們去做事。這眞是一個謎。虛線卽虛幻。

在工作的範圍更大。」我說，心裡想著，阿爾俊警告我說我完蛋了，這搭得上嗎？

「確實。」查克說。

「妳也會有直屬部屬，打造妳自己的團隊。」卡莉絲塔補充道。

查克的行政助理敲門了。「喔，唉唷，」他說，「我要離開去趕飛機了。」他將筆電和一臺VPN*放進後背包，然後站起來。「等我星期一回來，我們再多花點時間談，好嗎？」如果不算三年後我們在電梯裡打過的那次招呼，這是我們最後一次交談。

我看著他離去，之後回看卡莉絲塔，她面帶微笑。「好的。」我說，並對她報以微笑。

✦

「我不**覺得**完蛋了。」幾分鐘後，我對阿爾俊說，「沒錯，很詭異，但並沒有完蛋。」

「妳是媒體界的人，」他說，「現在他們叫妳賣吸塵器、毛巾、維他命和其他妳根本不在乎的亂七八糟東西。」

「我不介意。」我說。我的工作範疇早就已經遠遠脫離了我們銷售的書籍和電影。此外，阿爾俊一提到這些，我就發現我其實很好奇，不知道要怎麼讓顧客去買吸塵器、毛巾、維他命和其他東西。

「妳會逐漸失去自己的團隊，」他說，「妳的指揮權會消失。」

「對，但我要打造新團隊，而且這份職務的範疇更大，像是……包含了全世界。」我一講出口，未來的職責擴及六國這件事，便讓我想要躲到桌子下，就像地震防災演練時一樣。除了飛快搞清楚局面的本領之外，我的背景條件中完完全全沒有任何一項指向我已經做好準備，可以應付如此大的範疇。我**從來沒有去過**這麼多國家。而我憑直覺就知道，不能將我的恐懼告訴阿爾俊，免得他誇大。「反正，我難道還有別的選擇？」我改爲這樣說。

他敲敲電腦螢幕。「現在先答應，同時安安靜靜找別的職位。但動作要快，否則妳得要熬十八個月，才能再申請調任其他職務。」

「但我要怎麼找到其他職務？這是我唯一擅長的工作。」

「克莉絲蒂，請盡量不要像個傻瓜。」阿爾俊說，「妳知道如何管理其他人，對吧？妳知道如何寫出穩健的文件、如何從批判性的角度思考。妳懂亞馬遜如何使用數據。妳可以說服其他團隊的人行動。這些已經是亞馬遜公司裡九成的工作，剩下的一成是妳要學的，而妳也學得會。」

他聳了聳肩，一副這些事根本明顯得不得了的樣子；他不知道他已經從根本上改變未來十年我在亞馬遜經營職涯發展的取向，而我自己也不知道。然而，我已經開始在想，若我知道如何在

＊ 是的，年輕人們，二〇〇八年時這種東西還有實體裝置，是一個比撲克牌盒大一點的盒子，貼在筆電上面。我不好意思問這是什麼東西，所以約翰得在家裡解釋給我聽。

美國銷售書籍和DVD，我就能知道如何在美國銷售廚房用品、在法國銷售CD或在日本銷售毛衣。我心想，**只要將我現在做的事擴大規模即可，這能有多困難**？＊「妳可以像我一樣，做些計畫，另覓新職。」阿爾俊說。但我已經知道我不會這麼做。我離開全媒體指引公司，是因爲我想要一份有機會開拓我的世界的事業，就是這個了。

✦

約翰買了香檳在家等我，是好貨。「妳升職了！」他說。

「我沒有升職，」我一邊說，一邊打電話給我爸媽，「我還是第七級，只是工作範疇變大了。亞馬遜沒有把升職和職務變動綁在一起。而且，反正多數第七級的人都要花好幾年才能升到第八級，我還有時間。」

「克莉絲蒂升職了。」我媽對我爸大喊。

「不是升職，」我說，「只是工作範疇變大了。」

「嗯，那他們爲什麼還不升妳？」她問。

「所以，妳升職了。」我爸在分機上說。

「他們沒有升她，」我媽說，「他們要她領一樣的薪水，做更多工作。」

「嗯，倘若傑夫·貝佐斯不知道如何讓員工努力，他不會有今天的成就。」我爸說。

「各位，亞馬遜並沒有壓榨我的薪水。」我說話時，對著約翰使出「救救我吧」的眼色，「升職在這家公司是很複雜的事。重點是，這是一份更重要的工作，這表示他們喜歡我。」

「所以他們**將要**升妳。」我媽說。

我嘆了一口氣。「對，」我說，「他們終究會升我。」

我在哥倫比亞中心的辦公室往下搬了九層，這次的辦公室有窗戶，可以俯瞰櫻桃街的石造老教堂。和我共用辦公室的新室友名叫路易，是使用者體驗設計經理，總是戴著黑框眼鏡、穿著帽T，讓人覺得像是大學航空炸彈客，還好他是一頭很溫柔的大熊。陶德是我們隔壁辦公室的平面設計經理，全身都是刺青，穿著皮衣。這裡也有哥德族[1]與兼職電子舞曲歌手，這些人都不打開頭上的燈，這樣有助於設計師看見電腦螢幕的真實顏色。（或者說，這是我聽到的解釋；我也相信他們只是喜歡黑而已。）我想，**所以他們將怪人都丟到這裡**，心裡有輕鬆一點。他們都是我的團隊成員。

* **真是困難到他媽的難以想像**。幾年內，「將我做的事擴大規模」重重打擊我。但當時我還不知道會有這種事，感謝老天。

卡莉絲塔繼續讓我狂喜，又讓我驚恐，有時候是兩者一起。「關於我，妳要知道，我是一個希臘大家族裡唯一的女兒，」有一天午餐約會時，她對我說，「我和四個兄弟一起長大，大吼大叫和戲劇化的場面是我們對彼此示愛的方式。」

「懂了，而我來自一個盎格魯薩克遜新教小家庭，我們不談愛。當我們大吼大叫，是因爲某個人終於非常嚴重地失控了。」我說完後大笑。

「哦，那我們可以取中道。」她說。我大學時曾經在幾乎零經驗之下當過咖啡師，*只有在那時曾遇過女性主管，之後就完全沒有了。我發現自己看著卡莉絲塔的一舉一動：她在員工會議中設定討論的方法，她告知壞消息時的態度，以及她如何用肢體語言透露出她的心情。如果她知道我這麼密切觀察她，可能會嚇一跳；連**我自己**都有點嚇一跳。但我正試著搞清楚在亞馬遜要如何做事：如何成功、如何擔任女人的角色、如何讓人聽見我的想法，而她人就在這裡，親自做給我看。我不可能將自己投射到查克的發展路線上：他週末時會擔任小型運動聯盟的教練，他愛穿馬球衫，他的個性就像月亮，初一十五不一樣。但如果我能像卡莉絲塔一樣，即使只有兩成相像，也許就不會再惶惶不可終日。

還有，卡莉絲塔也有膽量公開主張說硬數據無法告訴我們**每一件事**。她甚至在電子郵件簽名檔引用作家威廉・布魯斯・卡麥隆的名言來表明立場：「能被計算的事，不一定重要；重要的事，不一定能被計算。」在這份範疇更廣的職務上，我延續第一份職務已經開始做的可怕內容工具大改造工程，但現在又加入各種規模更大的專案，比方說……你知道的，那些現在都算是小事了。你眞的想要知道我們用來衡量行銷活動效益的幾百項A／B測試嗎？你眞的在乎節日特別門市、禮物登記或首頁能不能刊登內衣廣告嗎？姑且這樣說吧：我忙著做一些當下以及一段很短的時間裡被視爲「很重要」的工作。然而，打從一開始，卡莉絲塔就想談一談網站的個性、或者說網站沒有個性這件事。「亞馬遜過去有自己的**聲音**，」她一邊說，一邊給我看一個塵封已久的內部網站，上面有一份條列品牌聲音[2]特色的清單，我很確定這些早就被人們遺忘了。「妳能幫助我們找回來嗎？」

當她要求我做我本來就擅長的事情時，我差點哭了出來。目前爲止，我已經證明自己善於分析數據，且分析數據讓我暈陶陶，沒什麼比找到千萬群衆來測試自身想法更棒的了。但我眞正擅長的是軟性、無法衡量的領域，和卡莉絲塔一起工作，我不必再假裝這些領域不重要。「我們可能無法用數據證明一個錯別字有損業務，」她說，「但那仍是錯誤，因爲這些東西會讓品牌顯得蠢笨，而蠢笨不值得信任。」（諷刺的是，在她的鼎力支持之下，我之後遊說亞馬遜，全球不能只有三位校對人員，但我們的資深副總裁否決了，因爲我實際上無法量化錯別字與雜亂語法對自由現金流的影響。）

＊　我知道我將自己的人設設定成幾乎什麼都能學的人，但打奶泡是例外。

現在我已經**適應得很好**了，某種程度上，我覺得過去在亞馬遜的生活恍如隔世。有一半是因爲卡莉絲塔的部門有許多和購物相關的雜事，另一半是因爲我之前提過我很擅長軟性的事物，第三個一半*則是因爲，身爲一個不和任何產品類別掛鉤的人，我可以用冷靜客觀的態度做事，負責專屬類別的人卻不能。有一天早上，我才剛放下咖啡，設計經理陶德就出現在我的辦公室門口，他幾乎是跳著進來的。「喔，天啊，我要宣布囉，妳準備好了嗎？」他問。

上一次他這樣問我時，他最後將他的衣服撕開，給我看他背上浮腫、滲出液體的新刺青，而且是滿版設計。「可能吧？」現在我懂得怎麼回答了。

「傑夫收到一封推銷潤滑劑的自動郵件，就將全公司的行銷電子郵件關掉了。」

「**什麼**？」我說。

「**我就知道**！」

「**傑夫**這麼做？**那種**潤滑劑？潤滑劑的那個潤滑劑？」

「我的意思是，我還沒有親眼**看到**，但大家都這樣說。」他一邊說，一邊歡快地笑，彷彿現在是聖誕節早晨，而他占到了窗臺旁的位置，正等著聖誕禮物出現。「他說，『我們可以成爲一家不發送行銷電子郵件的千億美元公司』，然後就把電子郵件**全部**關掉了。」

「永遠關閉嗎？」我問。我無法想像沒有行銷電郵的亞馬遜要怎麼辦；銷售專員有一半的上班時間都在經營電子郵件，測試不同的主旨和目標對象，評估績效時會精準到百分之一的百分之一。「等等，你從哪裡聽來的？」

「Glamazon。」他說，一副理所當然的樣子。他這種態度有其道理，「Glamazon@」是亞馬遜內部LGBTQ群體的郵件群組，是很好的公司相關消息來源，勝過任何亞馬遜的正式管道。

路易拖著腳步進來了。「拜託，拜託，拜託讓我來告訴他這個消息。」我對陶德說，「路易，傑夫收到潤滑劑的自動行銷郵件，然後把所有電子郵件管道關掉了。」

路易先坐了下來，放好他的筆電，然後才有反應。「潤滑劑的那個潤滑劑？」他問，我們點頭。他花了一些時間消化。「天啊。」他說。

✦

我上去「Glamazon」，那裡一整個早上不斷冒出細節。我們拼湊了訊息，從中得知傑夫在收到潤滑劑行銷電郵不久後，就轉給行銷副總裁，還加上一個大問號。每當出了什麼問題、發生奇怪的事或看似莫名其妙的狀況時，傑夫就會發送問號電郵，因爲打字寫句子太過浪費時間；他

---

* 現在我們可以確認，心算不是我的強項。

想要知道事情的全貌，確切了解爲什麼會發生這種事，以及爲了避免重蹈覆轍，將來要做哪些改變。收到問號郵件的人，一致的反應都是**完完完完蛋了**，因爲你要花上幾個日夜好好回覆，因爲你的回覆得滿足這個世上最有權有勢的人物之一，他知道你是誰，而且他對於一件和你相關的事情很不爽。每個人都很同情收到「？」郵件的人，但公司裡的態度是避免與此人有眼神接觸，以免被吸入回覆的渦流中。艾爾登替我以前待過的團隊回覆過一封，即便他需要的只是次要的輔助性數據，還是花了我好幾個小時檢查、檢查、再檢查，直到數字看起來根本已經不像數字，而我夢到自己出了錯，嚇出一身冷汗。

據說，在這起事件中，傑夫召集了S團隊*和相關的副總裁，宣布關閉電郵系統。身爲電郵管道的負責人，行銷副總裁首當其衝，我聽說，之後傑夫．他媽的．威爾克過去拍拍他的肩膀。這些細節讓我很寒心，行銷副總裁是個好人，值得支持，但傑夫．他媽的．威爾克可不是一個安撫者。如果他拍拍你的肩膀，那表示問題已經非常嚴重了。

單單一天左右，這個任務就落到我頭上——建置閘門來防堵潤滑劑。亞馬遜會賣一些色情的東西（比如假陽具、綑綁式道具、情趣丁字褲），但顧客要自己搜尋。就算某人買了六支皮鞭和九顆情趣口塞，我們也不會在他的首頁或電郵裡向他推銷其他性玩具。我們本來只有一小群的不行銷商品，但現在要擴大範圍，不僅涵蓋限制級商品，還要加上**任何**萬一顧客的配偶、小孩或主管剛好回頭瞥見就會尷尬的東西。我們需要由人來判定，而不是交給演算法。我收到一位行銷產品經理寄來的大型.csv檔案，裡頭列出各種健康與個人護理用品，並要求我團隊中的每位編輯與產品經理負責一部分，要他們一行一行檢查。隔了一天，我們開會協調我們的判斷，這也導引出我之前沒想過我的職涯中會出現的對話。「美白牙貼在本質上會讓人尷尬嗎？」我問團隊裡一位資深編輯佩綽，她將美白牙貼標示爲須封鎖。

「會，」她說，「因爲如果有人知道妳用這種東西，他們就會檢查妳的牙齒，看看有沒有用。」

「這跟生髮水一樣，」托賓說，「美白牙貼和生髮水都指向你正在修補某個別人本來可能根本不會特別注意到的缺點。」他指著他剃得精光且閃閃發亮的頭，「見到我的人可能會認爲我是**禿子**，但若他們看到我用生髮水，就會認爲我是**悲傷的禿子**，我本人不希望發生這種事。」

「我們也不希望你發生這種事，托賓。」佩綽代表大家說出了共識。

「好吧，我接受。」我說，「那亮白牙膏呢？這也會讓人尷尬嗎？」佩綽想了一下，說不會。

「爲什麼不會？」我施加壓力追問，彷彿柏拉圖就站在我面前。

「因爲亮白只是附加效果，」她說，「牙膏主要的功能是用來刷牙，每個人都刷牙。」我們判定亮白牙膏是可供公評的標的。在接下來幾天，我們將**很多**產品踢出安全名單，多到我覺得健康與個人護理用品團隊可能會對我這個不用爲他們的獲利成績負責的人十分不滿。

---

* S-team是亞馬遜內部的說法，用來指稱直接向傑夫彙報的資深副總裁們，他們是他的內圈。

然而，當我們彙整完建議提報給S團隊，*他們的回饋意見是我們下手**不夠狠**。他們刪掉了亮白牙膏，以及一些我們保留的其他產品，包括所有染髮劑和多數的護膚產品。「他們爲什麼要反對**A醇**？」我直接帶著我們的問題去卡莉絲塔的辦公樓層，因爲她閃到腰，現在正躺在一個絕對會讓人瞠目結舌、尺寸等同眞人的歌手巴瑞．曼尼洛的人形抱枕上。「A醇是通過驗證且具成本效益的抗衰老成分，基本上，只要有幫助，我很樂於向世界上任何人提到我在使用。」

「我也一樣。」她說，「我也不在乎別人知不知道我染頭髮。但看看是誰決定的：全都是男人。他們的自尊很脆弱。」

「如果他們用一下A醇並染個頭髮，可能會更有自信。」我說。我很想建議否決他們的結論。傳統零售業都知道，決定家中採買清單的是女性，那我們爲何要讓一群男人裁決哪些東西會讓女性覺得尷尬？然而，從不遲疑提出重要論點的卡莉絲塔，這一次看來不想這麼做，而力勸主管抗爭也不是理所當然該有的反應。「我想這不是一個値得我們戰死的山頭。」我說。

「我不會的。」她說道，並移動了一下，臉也跟著抽搐。

✦

我第一次覺得，亞馬遜開始成爲我可以大展身手的地方。沒錯，卡莉絲塔有點強勢，但也很有趣，而且她將我當成一個完整的人，而不是一些職責的組合。少了指揮權，有時候我對於編輯上的問題提出意見就不會太強硬，但我其實應該要強硬一點。有一天，我發信給銷售專員，同時也寄副本給她，內容大致是：「根據首頁的指引，我強烈建議您重新考慮是否要以衣著暴露的女性作爲活動主角」，而不是直接寫「請撤下裸體女性的行銷活動」。我一按下「傳送」鍵，就想到**她不會欣賞我處理這件事的方式**，我猜對了——她覺得我拐彎抹角、不清不楚（我確實是）。但根據她之前承諾過的中庸之道，我們討論這件事時，她並沒有要求我多和她學學，反之，她說：「妳知道，強硬不代表刻薄。我想妳需要內化這一點。」十年後，每當我發現自己害怕面對棘手的對話時，耳邊仍會響起這些話，而我也曾多次對某些直屬部屬講過這些話。就這樣，斷斷續續地，我開始成長，發揮這個角色所交付我的影響力。

接下這份職務後，我也有了一些能見度與空間，可以追求我在全媒體指引公司時渴望的雄心壯志；在亞馬遜，本來要等上好幾年才能有這些機會。我每個月都要針對我們團隊的活動製作月報，發給亞馬遜全球二十位最高階的主管，而且其中有些人似乎眞的會讀。我或許該擔憂，因爲我的團隊範疇廣泛，我要花整整一個下午才能寫完每月新訊；我或許該害怕，因爲我的工作沒有

* 亞馬遜領導準則之追根究柢（Dive Deep）：「領導者要經營管理每一個層級，釐清細節，經常審查。當指標和傳言出現分歧時，要抱持懷疑態度。沒有什麼是他們不用管的任務。」這表示，亞馬遜高階主管背負的期待，是要理解公司裡範疇最廣的策略性議題，也要知道潤滑劑清單裡有哪些品項。

固定型態，而且大部分都無法衡量；還有，我是唯一一個做這種工作的人，我沒有同儕可學習，在升遷季時也無從比較。但我忙著掌握更多、更多、更多，根本沒空多想。我目前的事業發展策略，是用我力所能及的極大量且多元的工作，讓上面的人感到驚豔，變身爲一隻備受好評、人人爭搶的八爪章魚。

更好的是，開始有一些奇特、大型的專案拉我參加，是全媒體指引公司沒有錢、也沒有耐性*投資的那種規模宏大的登月計畫。出乎我意料的是，這份工作在我講求謹慎、稱職的內心點燃了一把火。科技業有一句話，有些人是創造型，有些人則是操作型。從出生開始，一直到我在查克的團隊工作，我向來自認是操作型，這類的人負責執行已經創作出來的東西，讓事情順利運作、不斷精益求精，並且一點一滴地改進。但在卡莉絲塔的手下工作，我開始體會到，我眞正想做的工作是創造，具體來說，我想創造最初聽起來有點瘋狂的東西。我在之後的亞馬遜職涯中一直都在追求刺激，彷彿吸毒一樣，即便它開始毀滅我。

潤滑劑事件過後幾個月，某個星期三下午兩點鐘，我正在和我團隊裡的首席文案撰寫人詳細討論一項專案計畫，此時卡莉絲塔打電話來。「傑夫的助理要我們將四點的會議改到**現在**。」她說。我從背景的噪音中可以判斷她用黑莓機打過來，她可能躲在中庭偷偷抽菸。「妳能盡快來大廳找我嗎？」

「以這場會議來說，基本上我們已經遲到了。」我們開車去傑夫工作的大樓，路上我這麼對卡莉絲塔說。根據亞馬遜的標準，我們兩人的打扮都符合場合：我穿著一件西裝外套配牛仔褲，卡莉絲塔穿著四英寸高的Manolo Blahnik尖頭高跟鞋，而不是平常的三英寸高。現在我開始分到股票了，我猜我也買得起一雙Manolo Blahnik，但我覺得我穿上一定會造成很嚴重的傷害。

「嗯，希望他理解我們受制於有限的肉體。」卡莉絲塔說。我們說話時語氣輕快，但我很焦慮，我從她下巴的線條看得出她也是。卡莉絲塔或許天生神氣活現，但這是她晉升亞馬遜高階主管的第一年，而且她比多數男性同僚年輕十歲，她的業務量每個月似乎都在成長。當她打斷隨口胡扯答案的直屬部屬，當她開始接二連三針對她擔心的專案要求相關細節時，我會覺得她很可怕、攻擊性很強。但如果我往後退一步，就看得出來她也很怕。她並未免疫，同樣也感受到在這裡犯了任何錯，都有可能是你犯的最後一個錯。

我們和傑夫開的會議，是要審查推出「不惱人包裝」的活動素材。我第一次聽說這件事大約是在十天前，原本的產品經理閃電辭職。我不知道這個構想是誰提的；「不惱人包裝」是指盡量減少包裝、使產品易於拆封，例如不使用需動到剪刀的塑膠泡殼，不將兒童玩具組裡的每一片零

* 說實話，有錢會比較容易有耐性。

件都黏在紙板上。節慶購物季很快就要展開了，包裝團隊一整年都在和美泰兒等製造商打交道，以便推出「不惱人包裝」版的玩具，比如八十七顆零件的海盜船組，賭的是家長們會樂見聖誕夜可以省下一小時（甚至更多）的組裝時間。隨著產品經理離職，將「不惱人包裝」引進這個世界的工作，就來到了卡莉絲塔的世界，隨後落到我的世界。

雖然遲到了，但我們還是比傑夫更早抵達八樓的會議室。包裝部的薩米塔已經到了，她將之前提到的八十七片組海盜船組合起來，當成範例。「我一直想買一套給我兒子，但我現在可能連看到都想吐。」她一邊說，一邊將一隻小鸚鵡放在桅杆上。一如以往，看到任何事物提醒我某些在此工作的女性家裡有孩子，都會讓我很驚訝。我大多數的女同事都沒有小孩，有時候我在想，究竟是亞馬遜吸引了天生不想爲人母的女性，還是一旦我們進來這裡，想要生兒育女的念頭就會被扼殺。

亞馬遜和多數大型科技公司不同，這裡沒有育嬰假，也沒有任何日托協助補助。雖然並非親眼所見，但公司裡傳聞曾有一位勇敢的員工，在全員大會的問答時間裡問了日托問題，而傑夫的S團隊裡唯一的女性站出來說：「我有小孩，如果**我**不需要公司的日托補助也能養小孩，那任何人應該都可以。」被一個可花幾百萬美元請人幫忙家務的人譴責，可能對其他在亞馬遜工作的母親造成了小小的打擊，因爲，雖然偶爾會有人用內部的電子郵件別名[3]「women@」提到日托的主題，但很快就消退了，大家都同意不太可能會有改變。我自己對於爲人母的興趣一直都很隨意，稍縱卽逝，但自從我在這裡之後，也開始認爲基本上是不可能生小孩了，彷彿亞馬遜改變了我的人體結構。

「嘿，各位。」半小時後，傑夫來了，跟大家打招呼。

「嘿，傑夫。」我們用不算太整齊的聲音說；如果我的想法有聲音，他會聽到我說：**傑夫·貝佐斯人就在那兒。傑夫·貝佐斯。他在那裡**。就算現在他已經知道我叫什麼名字，我還是會忍不住這麼想。我猜可能永遠都停不了。

他抓起一份我放在桌上的文件。「我們應該要讀嗎？」他問。六頁長的文件（不管主題有多龐雜，六頁是**上限**＊）是亞馬遜裡溝通的基石。你可以在投影片簡報中大放厥詞或是一路鋪陳，但六頁文件迫使你提出聚焦的主張並遵循事實。到目前爲止，我寫過一篇，總共改了八個版本，卡莉絲塔才說可以拿出去了。「妳是一個好作家，但這反而害了妳。」她在大約第五版時這麼說，「典雅的起承轉合和優美的文句，反而讓那些人讀起來覺得空泛或困惑。」她指的是那些最終要讀我的文件的副總裁們。她也劃掉我用的三個「我們相信」，改成「我們認爲」。「我們在亞馬遜不能『相信』或『覺得』，」她說，「反正，在正式場合不能。我們只能根據數據**『認為』**。」

今天的六頁文件大部分出自卡莉絲塔和薩米塔之手，我負責的是傑夫函（Jeff Letter），這是

＊ 可以附加你高興寫多少就多少的附錄。

亞馬遜的內部用法，指的是網站首頁上由傑夫具名，發給「親愛的顧客」的超級重大聲明。我團隊裡的資深編輯撰寫傑夫函多年，但她請產假，所以工作落到我頭上。我們已經透過郵件進行了三輪的編輯工作，而且，對，讓傑夫．貝佐斯修改妳**用他的名義**寫的文案，是非常奇怪且令人不安的經驗，但這也表示今天可能不會有其他意外了。我很喜歡用傑夫的名義寫東西，因爲不同於六頁文件，在傑夫函裡，優雅和色彩是很重要的元素。聽起來是一個有血有肉的人是好事，雖然這和本人完全是不同的兩個人。

六頁文件的另一項慣例，是會議的前二十分鐘要默讀這份文件。如此一來，就沒有人能用「我沒時間讀這份文件，但是……」當護身符，然後說出莫名其妙的話，這也能確保會議室裡的每個人根據同一組事實運作。但是，當大家讀的是**妳**寫的文件時，這二十分鐘就像是受酷刑。爲什麼那個人在旁邊寫了這麼多字？爲什麼另一個人這麼快就讀完了？這代表他很滿意提案、沒什麼問題，還是他覺得根本不值得花時間一讀？爲什麼傑夫．他媽的．威爾克把整段圈起來？這是一個滿意的圈圈，還是憤怒的圈圈？我參加過多次六頁文件審查會議，有些是極具挑戰性但友善的辯證，但也有幾次，副總裁一開口就說「第四頁從上面數來第三行有個錯字」，態度認眞嚴肅，彷彿作者錯用了財務模型。

＊

不過，這些副總裁也都是**凡人**。這是我第一次參加有傑夫出席的六頁文件審查會，我看著他讀文件，這是一種完全不同的「等一下我會怎麼樣？」的忐忑。這封傑夫函我讀過四遍，包括倒著讀，但忽然之間，我開始擔心在最終定稿之後，我有沒有加了個錯字進去。我旁邊的薩米塔正在針對她自己的部分寫筆記，據我推測，她是在預測傑夫會提出哪些問題，並事先寫好答案。我對面是卡莉絲塔，她看似氣定神閒，但她的身體極爲僵硬，我看得出她也將全副心力都放在這裡。當傑夫放下文件並抬頭看，卡莉絲塔說了例行的開場白：「看來我們準備好討論了。有人對於整份文件有什麼意見嗎？」

「我認爲我們在談這套方案時，應該要謹慎，永遠聚焦在顧客體驗。」傑夫說，「『不惱人包裝』可以更輕鬆拆封，這表示顧客要處理的包材會減少。我們可以談一談廢棄物，但廢棄物不應該變成焦點。」我知道薩米塔痛恨聽到這些話。這個案子有環保方面的目標，這是一個公開說明亞馬遜正試著減少足跡的好機會，但這只會導引出更多問題，讓人們問起我們**沒做**的事情。還有，現在我已經知道，當傑夫說「我認爲」或「我們應該」時，代表「事情就應該是如此」。即便有領導準則，但如果他有異議，他說了算。

＊亞馬遜領導準則之堅持最高標準（Insist on the Highest Standards）：「領導者要堅定不移地堅守高標準，儘管很多人可能會認爲這些是高到不合理的標準。領導人要不斷提高標準，帶動團隊交出優質產品、服務和流程。領導者要確認瑕疵品不會蔓延，要解決問題，並且不讓問題再度發生。」就像「不眠不休」（tireless）和「努力不懈」（hard）等詞彙一樣，「堅定不移」（relentless）也是亞馬遜的流行用語，事實上，亞馬遜當初差一點用「relentless」當成公司名稱。（在瀏覽器輸入 www.relentless.com，看看會導向何處。）

「很棒，」卡莉絲塔說，「那我們應該一頁一頁來看嗎？」逐頁檢視也是慣例，但你還是要把話說出口。

第一頁。「我不認爲我們應該明確提出我們減用的彩色墨水數量，除非我們也能告訴顧客業界的平均值是多少。」他對薩米塔說。

「我們試著提出同類比較的估計值，但我不是非常有信心。」薩米塔說，「且讓我再回去看一次，找找是否有誠實公正、但被我們忽略的方法。」

「酷，」傑夫說，「否則，我們就刪掉這點。」

「第二頁呢？」卡莉絲塔說。沒問題。我們第二頁他媽的順利過關了。審查繼續進行，終於來到第四頁的傑夫函。我知道終究要受檢驗，但還是感受到一股直達背脊的寒氣。我想著，**穩住**，並拿起我的筆。

「我的看法，與我對於彩色墨水的意見一樣。」傑夫說。他說句子的時候都會依循同樣的刻意節奏。他不會說「意見和彩色墨水時一樣。」他會使用所有的代名詞和冠詞，都在該在的地方。「我們應該完全確定這些數字都正確。」他繼續說。他指的是傑夫函裡宣稱海盜船的包裝少用了三十六英寸的束線帶與一百七十五平方英寸的塑膠氣泡紙。

「我們已經和美泰兒確認過兩次，但我們會再確認第三次，以策安全。」我說。當我跟傑夫講話時，我覺得自己就像是菲利普．珀蒂，他是曾經在巴黎聖母院尖塔間走來走去的高空鋼索藝人。不管是多麼溫和的主題，都不是重點；現在也許一切都好，但他可能從天外飛來一個問題，而如果我要即興演出，我可能會滑下來，掉到地上，流血流膿。

「很好。」傑夫說。「薩米塔，我認爲如果我們還沒有自己算過的話，現在也該算一算。」他低頭看文件，「還有，我們不應該說我們**知道**顧客會愛上『不惱人包裝』，我們該說我們**希望**他們會喜歡。」

「我認爲，這裡可能適合針對這項創新表達一點自豪感。」我一邊說，一邊點頭暗示我是在解釋，而不是爭論。

「我們想要居功，但我們也希望總是讓人覺得謙虛。」傑夫說，他又大又圓的雙眼訴說著他不在乎，「因此我們不在顧客跟我們說他們會喜歡什麼之前，假裝我們知道。」

「明白。」我說話，並記下筆記。這對我來說很合理，我同不同意並不重要，信尾署名的人是他，我只是一個管道。

「改兩個字就好，」傑夫說，「從『我們知道』改成『我們希望』。」

「我會於會議後馬上更新主文件。」我說。那是那封信裡的最後一行。我們結束了嗎？這是我第一次向這個和藹又令人害怕的男人做簡報，我活下來了嗎？到目前爲止，在我和薩米塔接受傑夫的震撼教育時，卡莉絲塔大部分時候都安安靜靜，而她現在對我虛弱地一笑。

他接著轉向卡莉絲塔。「還有，我認爲我們應該說十年內，亞馬遜銷售的所有品項都會有

『不惱人包裝』。」

卡莉絲塔大爲驚訝。「所有品項嗎？」我私底下聽過她緊張時的聲音，但在這類會議中從沒有過。

「沒錯。」傑夫說，「十年很長，我們應該設定一個宏大目標，並要求自己負起責任實現目標。」我不敢看薩米塔，她的團隊花了一年多的時間才跟供應商談好，針對十九種商品推出「不惱人包裝」。

「十年很長，但我們談的是幾百萬種形狀、大小和材質都不同的品項，對吧？」卡莉絲塔問，「在我們尚未得到更多訊息、還不知道該如何達成宏大目標之前，可能要先設定沒那麼具體的基準指標，方便媒體追蹤。」她的反應真的是在走鋼索：她的建議傳達出，最終我們**當然**都會以最少的包裝來運送每一盞檯燈、西洋棋組和燈泡，但同時也暗示，要承諾在二〇一八年前就能做到，可能有點瘋狂。她這麼說可是冒上大大的風險，因爲傑夫或許會判定她不夠高瞻遠矚＊，或者她不知道如何發明與簡化。＊＊

但她的切入角度有用。「那改成這樣如何？」傑夫說，「這要花很多年的時間，但我們的願景是以『不惱人包裝』提供全品項。」＊＊＊「這我喜歡，夠大膽，又不會太過具體。」

薩米塔輕嘆，鬆了一口氣。「謝謝你。」她說道，這句話把傑夫逗笑了。我馬上在「live mock-up」應用程式上打出新的文案，彷彿這樣就能阻止他改變心意。

「吐氣。」卡莉絲塔在我們開車回辦公室的路上這麼說，但我不確定她是對我說，還是對她自己說。

「我很感激我能在他面前露臉。」我說。她沒有**一定要**找我一起去開會；我某些朋友的主管就不會這麼做，這讓他們很沮喪。我希望卡莉絲塔知道，她帶我走進會議室、讓我發言，我懂她的用心。

「妳表現得很好，我親愛的。」她右轉到第四大道，「明年我可能會減少一點和傑夫開會的時間。自從我擔任這個職務以來，我覺得我做的事全都是在準備和傑夫開會。」我想到我們光是在這份文件上就花掉了好幾個星期：擬稿、與其他利害關係人進行多次檢討，甚至要討論傑夫函的

---

* 亞馬遜領導準則之高瞻遠矚（Thinking Big）：「小格局思維是一種自我實現的預言，領導者要大膽提出並傳達能激勵成果的方向。他們要從不同的角度思考，四處觀察，找到方法來服務顧客。」

** 亞馬遜領導準則之發明與簡化（Invent and Simplify）：「領導者要預期並要求團隊創新與發明，而且一定要找到辦法簡化。他們要掌握外部環境，從每個地方找出構想，不能因爲『不是這裡發明的』而受限。我們在打造新東西時，可以接受或許會有一段很長的時間都遭受誤解。」

*** 截至二〇二二年，將會有超過七十五萬種產品以「不惱人包裝」運送。

頁面排版。我懂她在說什麼，但我還沒到她的地步，我還想要多一點，畢竟，有曝光率會讓人覺得安心，對吧？如果直接面對傑夫．貝佐斯的權力到相當的程度，或許他就不再令人感到害怕了。他的權力有一部分也許會灌注到我身上，那麼，亞馬遜裡就不會有任何讓我覺得害怕的事了。

✦

當晚在家，約翰提起一位偶然認識的朋友創立的新創事業倒閉了。「但是，**為什麼**？」我問，「他們有好東西啊。爲何不想辦法拖久一點，等到大衆能接受？」

「嗯，我沒問，但我想是因爲他們的錢燒光了吧？」他一邊說，一邊在新的Wolf爐具上炒蛋，那是我們的夢想爐具。*

「喔，好吧，」我說，但我還不是很能理解，「他們不能進行新一輪募資嗎？找新的投資人呢？」

約翰笑了。「並不是每個人都能找到傑夫．貝佐斯開出金額無限大的支票，支持瘋狂的構想。」這不是他第一次提醒我這一點。我早就忘記金錢並非可以無窮無盡再生的資源，但傑夫可以將信心變成現金。

「他們是用很笨的方法燒錢嗎？」我問，「像是在公司提供免費的修腳服務等等？」勤儉節約**已經深深嵌入亞馬遜：會鉤破毛衣的辦公桌；出差政策指出，若能省錢，鼓勵員工搭乘紅眼班機或星期六住宿過夜[4]；其他大型科技公司提供的福利幾乎都付之闕如。我在評論約翰朋友苦苦掙扎的公司時的態度，就像是嬰兒潮世代的人教訓年輕人一樣，老一輩會說，如果年輕人不要隨隨便便一天就喝一杯拿鐵，經濟就會**穩定**了。

「不，他們沒有免費的修腳服務、寵物美容服務或滑板車，」約翰說，「他們就是沒錢了。」他將一盤炒蛋和吐司從流理臺上推過來給我。「每一次我用這個爐，都他媽的開心得不得了。」他這麼說，而我也同意。

✦

「不惱人包裝」方案正式開跑前一天的晚上十一點半，每項東西都已經加載完畢，並鎖了兩天。托賓已經完成了商店和發布聲明的電子郵件，傑夫很滿意要放在首頁的信函和海盜船影片，設計部也已經將這兩項東西完美地設置完畢、放在首頁，人資部也準備要發布新聞稿昭告天下，

---

* 什麼？居然有人有夢想爐具？

** 亞馬遜領導準則之勤儉節約（Frugality）：「用更少的資源達成更多成果。限制能夠孕育出足智多謀、自給自足和發明創新。增加員工人數、預算規模或固定支出，沒有太多道理。」但你也知道，勤儉節約和愚省（Frupidity；譯注：將「frugal」〔節儉〕和「stupidity」〔愚蠢〕兩個詞相結合）、或者說長期來看很有道理的錢也不願意花，兩者之間界線很模糊。亞馬遜每三年替換一次員工的筆電，這是節約；我用了兩年八個月的筆電一天會隨機自動關閉幾次，每次重新開機都要花上整整十分鐘，但亞馬遜也不願意破例替換，這是愚省（frupid）。

我們則準備了大量的海盜船和其他「不惱人包裝」商品庫存。萬事俱備，現在就等午夜一到，正式發布；在過程中的我們則惶惶不安。在家裡，我最後再倒著讀一次傑夫函，然後又叫約翰讀兩遍。在視訊會議線上，托賓、卡莉絲塔和人資部的代表在聊《廣告狂人》影集，卡莉絲塔通常晚上九點睡、四點起床，正爲了自己頻頻打呵欠而道歉。薩米塔的工作已經做完了，但她也在這裡，沒爲什麼。

差五分鐘就十二點的時候，托賓已經準備好要讓大家看到這個商店。換成美東時間，此時是凌晨三點，還有很多顧客待在亞馬遜網站上的機會不大，如果出了錯，我們有時間修改。但我總感覺我們得一次就成功，心裡的不安揮之不去，想著萬一傑夫函的排版有哪一句話斷句斷得很奇怪，或是產品的照片品質不佳，傑夫現在就有可能在家裡盯著筆電，準備送出一封問號電郵。現在，我什麼都做不了，只能抓著我開著擴音的手機，在三樓走來走去。這個季節很多樹都禿了，我從邊窗望出去，可以瞥見南方幾英里處亮著的太空針塔。

「該死。」托賓壓低聲音說道。

「怎麼了？」我盡量不改變我的音調，才不會讓他更不安。

「工具跑得很慢。」亞馬遜聘用我，就是爲了換掉該死的爛內容工具，現在雖然已經逐漸好轉，但還是不穩定且速度太慢，在專案最後階段之前，都不會有太大的改善，意思是從現在算起還要一年。

「該死。」卡莉絲塔也說話了，她顯然也很努力控制著自己的聲調。

「深呼吸，各位。」托賓喃喃地說，「我們還有三分鐘，我要重新整理，再試一遍。」當他打字時，我們安靜地坐著。我發現我的呼吸很淺，希望能減輕托賓的壓力，以及，沒錯，工具的壓力。「啊，」他說，「好了。我只是換掉了活動代碼中的兩個數字，我太緊張了。」

「你做得很棒。」我說。

「謝了，老闆，我們再來一次喔。」靜默二十秒。「我們上線了，」他說，「歡迎健壯的『不惱人包裝』寶寶來到人間。」我在筆電上重新整理網站幾次，沒錯，上線了。

「看起來超美的，」卡莉絲塔說，「各位，幹得好。」我們互道晚安，但我太激動了，根本睡不著。我忍不住想，我寫的文字會放到網站上，給千百萬的人閱讀，「不惱人包裝」明天將會搶占科技媒體版面，這會大量減少我們不想提到、但長期下來不斷累積的廢棄物。我們所做的事在某些方面很微小，至少以現在來說是如此，但我們**動手去做**了。因爲我們認爲應該改變，就這樣讓一種運作幾十年的方式有了改變。

我躺在床上，不斷想著我在全媒體指引公司一直渴望做更重要的工作，但那裡沒有我可以做的。有時候我會想，我是不是單純只是在幻想格局更大之地的草比較綠，或者，到頭來，做做小事也就是我的格局了。但現在我知道了。求大是一種急迫，是一種癮頭，我要更大。等到夠了，我就會知道，對吧？

13 —— 人散了

人當然會離開，但我們不用「離開」這個詞，我們會說「他們自行晉升爲顧客」。拉莎娜離職去生小孩。潔西生完第一胎後回鍋，但生第二胎之前又離職了。麥特離職後成爲聖公會牧師。陶德離職後去培育鳶尾花。麗莎離職後航海環遊世界。凱莉離職後轉戰非營利組織。三十六歲的埃諾在道別郵件中說，他要離職以重新找回健康。荷莉爲了求睡個好覺而離職。艾美爲了微軟離職。丹尼斯爲了微軟離職。弘志爲了微軟離職。還有人離職後去了谷歌、領英、eBay、Airbnb、臉書、Twitter、智遊網、Tableau。提姆在益智節目《危險邊緣》裡贏了，離職後開了一家書店。維克多離職是爲了想要有多一點時間讀書。蘭斯離職是爲了清醒。諾亞離職後回丹麥老家。安娜離職後開了一家公司，協助供應商了解亞馬遜。傑克後來也開了一家公司，幫助應徵者應付亞馬遜的面試。派特離職後跳到Zune，一年後便成了「迴力鏢」。我們就是用這個詞來稱呼回鍋的人：迴力鏢。布蘭特離職後去了蘋果，追求更平衡的工作與生活，後來體會到在蘋果的工作與生活更難平衡之後，成了迴力鏢。恩頓去了創新事業領域走一圈後成了迴力鏢。依拉退休後去了法國南部，後來成了迴力鏢。納森、帕拉喀希和艾瑞克都去了諾斯壯百貨公司（他們說在那裡工作叫做「退休」），後來成了迴力鏢，回鍋後的穿著打扮比我們記憶中更光鮮亮麗。彼特在新公司只待了一天就變成了迴力鏢。這些迴力鏢說，**我從沒想過會回來**，說話時咧嘴笑，眼睛瞪得大大的；當我們問他們為什麼會回鍋，他們總是說：「人，我想念這裡的人。」我懂他們的意思，就算沒有幾十年的同甘共苦，這裡有一些會讓我很想念的人，我會想念與他們之間的革命情感、他們的黑眼圈、他們講的黑色笑話，以及想念他們為了我站出來和我為了他們站出來。雖然很難說我們一起努力能不能成功，但我們都知道當中任何人都無法靠一己之力完成使命。至於我，我一直留了下來，度過了我需要返還簽約獎金的時間點，歷經了七張門板桌、四位主管、五次組織再造、三屆美國總統、兩次毫無根據的股票分割流言和員工人數擴張為九倍。有時候我用年度來算，有時候我用發放的股票來算；某些時刻，我留在這裡的時間得用一個星期、一個星期來算。

我還是會在桌下放一個應急逃生包，用來裝那些我不能落下的極少數東西。但我一直沒用到這個包，我留了下來。

14——行程表

目標

一路順風！爲搭配此職務所涵蓋的全球性範疇，你這趟出差的主要目的，是訓練全球的銷售專員寫作時寫出亞馬遜的品牌聲音：謙虛又自豪、友善但不過度友善、熱情但不是嘉年華活動上的大聲吆喝。是的，要教會英語母語人士做到這幾點已經很難了，但你還是要想辦法達成目標！找個方法。我們知道你可以的，因爲這是要求。

這趟行程的次要目標，是要強化亞馬遜是一個用同一種面貌面對世界的全球性品牌。你可能聽過國際團隊「需要」客製化、特殊工具與圖像和網站功能，才能壯大他們所在國的業務。力抗這種說法！向他們保證西雅圖愛他們，而且比他們自己更理解他們的需求。向他們保證他們的需求已經得到滿足，等時間到了，他們也會認同的。

一路平安！請記住，秉持勤儉節約的精神，不鼓勵申報計程車費、旅館洗衣費、無線網路超量費和客房服務費。

英國

歡迎來到倫敦！嗯，大概啦。每天早上，從你下榻的那家電力系統有點狀況的旅館走過一條街，就可以到派丁頓車站（心裡想著，天啊，**我在倫敦的派丁頓車站**），然後跳上開往斯勞的通勤列車；在美國，斯勞的名氣是因為這裡是BBC影集《辦公室風雲》的原始場景，在英國，斯勞則被當成地獄哏。[5]習慣光鮮亮麗新貴風的西雅圖同仁，誇大了斯勞的破敗。當你從斯勞車站出來，經過特易購超市和《辦公室風雲》主題酒吧，來到一九八〇年代中期建成的亞馬遜辦公室，就會發現斯勞這個地方「不算美麗，但是，嘿，還可以。」開放式辦公室的光線刺眼、空間狹小，得用接近耳語的音量對話，四處瀰漫辭職走人的氛圍。但大家還是「非常開心」想見到你。你會有辦公桌，會有人找你一起吃飯、去地下室的員工餐廳喝杯咖啡，銷售專員會來參加你辦的培訓，會發問，甚至會被你的笑話逗笑。傍晚時，請搭火車回倫敦，去拉德伯克街買唱片，去Paul Smith替約翰買條領帶，然後沿著蛇形藝廊散步，好好享受滿滿的奇特溫馨感，你可能會覺得這就是成功的滋味。

德國

請從慕尼黑機場直接到賓士的老工廠改建的亞馬遜辦公室。「韋納想要先和你聊聊。」櫃檯人員說；韋納是亞馬遜的德國主管。你心想，**天啊，我才剛到德國一小時，卻已經累死了**；但你還是得笑著說：「太好了！」到了頂樓，韋納的助理端來一杯卡布奇諾給你，並在頂樓露臺放了把椅子；所謂的頂樓露臺，不過是在頂樓放了一張有遮陽傘的桌子，但用亞馬遜的標準來看，已經是奢華了。獨坐在德國大樓的頂樓，你想著，**天啊，我來德國了，在大樓頂樓**，一邊掛念著不知道韋納喜歡什麼，一直思考到他來了，熱情地歡迎你，彷彿你是他在這個世上最喜歡的人，他保證不管你需要什麼協助，他都會提供無條件的支援，讓你解決銷售的問題。**表現得正常一點**，不要顯露出你很困惑，因爲你發現他身上那股歡快且樂於協助的活力流到了德國銷售專員身上，這些銷售專員跟全球其他相同職務的人一樣做著吃力不討好的工作，但他們看來完全樂在其中。你的旅館就坐落在一條普通的環形街上，晚上要觀光很不方便，但有一晚你逛到附近的一處加油站，看著一整面牆的哈瑞寶小熊軟糖，想起慕尼黑眞正是一處充滿奇幻奇蹟之地。

法國

搭地鐵到夏爾戴高樂星形站，走過幾條建築物極具特色與美感的街道，就會看到一棟大樓，外觀像一九八五年時你爸的第一部電腦。歡迎來到法國亞馬遜，請做好準備，這裡不太有耐性！去廚房流理臺旁邊替自己騰個桌面空間。問問看書籍部的銷售專員最近有沒有讀到什麼好書，試著跟他們拉近距離、建立關係，當其中一個人回答「我們不是書蟲」，而且連目光都沒從筆電上移開，請假裝無所謂。當他們在你的品牌聲音培訓課程中公開竊竊私語、對著彼此咯咯笑並翻白眼，不要有反應。就算有兩個女子對著你**指指點點**（評點你的牛仔褲、你的包包，甚至你的屁股？）並打趣說笑，也不要有任何動作。當法國地區的負責人和你開會時顯而易見地百般無聊，讓你想起睜著眼睛睡覺的蜥蜴，還是要保持微笑。傍晚時，請告訴自己：**好吧，至少我在巴黎**。當銀行終於注意到有人在歐洲使用你的信用卡，並且鎖卡，而此時你沒辦法打給銀行，因為你住的爛旅館房間電話根本不能用，你也不想用手機國際漫遊，因此你得挨餓一個晚上，這時候，請記住至少你在巴黎。當你被街邊的奇怪男子亂摸，當你的衣服染上濃濃菸味將你搞瘋，於是你使用了旅館的洗衣服務，即便亞馬遜的政策說你應該去找一家投幣式洗衣店，這時也請記住至少你在巴黎。某個晚上，當你在鋪著愚蠢鵝卵石的街上一家愚蠢咖啡廳裡吃著愚蠢的沙拉時，你會自問，**我在這裡幹麼**？然後理解到「這裡」指的不只是巴黎，還包括亞馬遜，然後，如果銷售專員這個星期什麼都沒學到，那就是你的錯。

日本

機上座位被安排在非常後面，一邊是門無法關好的廁所，另一邊是小小孩，他比較喜歡按你的觸控式螢幕而不是他自己的，但總算也是一趟平安愉快的旅程。（這一切都遵循勤儉節約，但公司很歡迎你自掏腰包六千美元升等。）十四個小時後，帶著頭痛和不斷跳動的眼皮，抵達澀谷的東急藍塔飯店，這是一家**貨真價實的商務旅館**，有好床、好熱水和好的客房服務（要記住，不可申報送餐費）。感恩與疲憊讓你差一點大喊出來。早上，你可以走過由天橋、急彎路、高低起伏的路和小巷子組成的路線，徒步到辦公室。你發現因爲時差的關係，這整週你都有點遲鈍，而你的大腦讓情況更爲嚴重，因爲你每五分鐘就要想一下：**天啊，我之前被塞進金屬管子裡飛過來，現在我人在東京**。你試著用咖啡因振作，減緩你的駑鈍感，但什麼都幫不了內心難以置信的驚奇。

銷售專員給你看競爭對手的網站，裡面有繽紛的色彩、動畫和跳出式視窗。「他們想要使用這類的元素。」身兼口譯的經理向你解釋。這是你要面對的測試！他們要求**偏離全球品牌風格**。

你一臉同情地點頭，打官腔回應：「我懂，但亞馬遜偏好快速加載的簡單頁面，聚焦在我們出售的產品上。亞馬遜希望我們僅思考顧客，不要去想競爭對手在做什麼。」

銷售專員和口譯自己討論了起來。最後，口譯回過頭來找你。「這和顧客的信任有關。」她說。

「信任？」你覆述。

「對。放在競爭對手旁邊進行比較，亞馬遜的網站看起來很貧乏，沒有錢的那種貧乏，」她澄清道，「讓人覺得我們這家公司不穩定。」她看到你一臉困惑，於是不再翻譯，直接說道：「樂天比日本亞馬遜更早出現，因此定下了標準，讓顧客預期一家可敬的網路商店應該展現的模樣，而我們達不到這個標準。」

你以前不曾這樣想過。你對口譯說：「我以前沒有這樣想過。」她看起來鬆了一口氣。

「重點不是我們喜歡五顏六色、閃閃發光，」她說，「我知道西雅圖那邊是這樣以爲的。但我們只是希望在日本讓人覺得合理。」你明白她是對的。過了一秒，你知道你飛回去之後不會成爲那個和總公司對抗的人。高層下達的命令是：美國的品牌風格就是**公司的**品牌風格。身爲亞馬遜女戰士的你，要爲了日本向公司表達異議，展現「要會反對」準則；但身爲亞馬遜女戰士的你，也要做到「要能承擔」準則，遵守現有的標準，就算你有所質疑也一樣。找個簡單的方法脫身。你要等到一年之後才會覺得愧疚。

你對口譯說，她激發了你好好想一想，這番話語焉不詳，但也很眞實。

下班後，你穿越澀谷車站，現身在你這輩子看過最大的十字路口，與成千上百人一同等著燈號過馬路。「這是《愛情，不用翻譯》，」你旁邊一名女子用法國口音對同伴說。是啊。電影裡，比爾．莫瑞就是在這裡對史嘉蕾．喬韓森輕聲說出祕密。想像他現在就在你身邊。「拓展，」他輕聲說，「就是你一直想要的。」

「拓展。」你對著他的頸子輕聲回話。

15——心流狀態

早上六點：我懷著對今天的恐懼醒來，因爲今天已經來了，我擋不下來。大家說：「唯一的出路就是撐下去。」但他們說的是頭痛或傷悲，而不是星期二。一如以往，我帶著半分的期待，希望看到艾比在樓下抱著牠的水獺玩偶躺著，但艾比已經在四個月前過世了。

早上六點半：我將椰子水、羽衣甘藍、冷凍芒果和亞麻籽丟進維他美仕食物調理機裡，以抵銷我昨天晚上爲了讓自己冷靜下來而喝掉的那瓶酒。光是看著調理機，我就覺得今天一切都會順利。我最近學到一個詞彙叫做「超級食物」，大約每週我會新加一種東西進去輪替：瑪卡根、枸杞子、卡姆果粉。「我正在優化我的早餐。」我對約翰說，當他問我爲什麼要這麼做時，我說：「嗯，**有何不可？**」我是眞的這麼想。我何不優化任何可以優化的東西呢？我站著喝掉這杯果昔，快到足以引發頭痛。

早上八點：我經過約翰設在餐廳外的辦公室，向他揮手道別。我們最終買下的這棟房子很美，可能比我們密西根的房子美了兩成，但成本卻是四倍。我們向賣家出價時還附了一封文情並茂的信，因爲西岸的賣家有很多選擇，你必須讓他們開心，他們才樂於收下你的錢。約翰正在講電話，但對著我新買的Alexander McQueen黑色鉛筆裙快快比了個讚。五號州際公路現在很塞，讓我有時間上完一整堂我正在上的中文課，這是我爲了下個月去北京出差所做的準備。教材裡的老師唸道：「我的中文不好。」輪到我時，我也跟著唸：「我的中文不好。」我到中國後，一定會被全中文的語言環境徹底打敗，但這至少讓我有一點擁有控制權的錯覺。

我們部門的資深副總裁米契人在停車場門廊，對著我說：「早安！」他的眉毛尖尖的，讓他看起來永遠都像是在懷疑什麼，這也很符合他實際上永遠都在懷疑什麼的個性。米契監督美國以外的亞馬遜零售業務，這代表他負責全世界。

「早安！」我鸚鵡學舌地喊回去。我和卡莉絲塔四點鐘要和米契開會，簡報我的提案：我們要打破目前的銷售專員工作內容，從頭再來。我們花了兩個月才排到這場會議，這兩個月長到足夠我先讓傑夫．他媽的．威爾克和北美的各個副總裁買單這個提案。現在我只需要讓米契核准，就能帶動全球性*的變革，至少是全球亞馬遜之中我負責的這個角落。我目前什麼都沒提；米契不是一個愛閒聊的人（這是最輕描淡寫的說法），如果看到他很努力地思考我到底是誰，那會很尷尬。

* 「全球性」是亞馬遜的流行語。帶動變革還不夠，範疇還得涵蓋全世界。

早上八點半：我直接去影印室列印下午四點開會要用的文件，不只因爲我想提早做準備，也因爲現在就印完可以阻止我瘋狂地改到最後一分鐘，這多半會讓文件變得更糟糕。

影印機壞了，所以我上樓，發現一臺壞了，另一臺有人用。再上一層樓的兩臺影印機都可用，但當然啦，我選的那一臺沒幾秒就卡紙了。我查過上蓋、門、拉桿，最後只能將原稿拿出來，放到另一部機器上，第二部機器超級順暢。「快動啊。」之後過來的一個男人瞪著卡住的機器低聲抱怨。「不能動嗎？」我轉過頭去看他，語帶同情地發問。

早上九點：我在財務部的一個資淺職位招募流程中擔任抬桿者（Bar Raiser）。所謂抬桿者，意指我是一個受過訓練也受人信任的面試官，面試時我會坐在會場中，評估公司各部門的應徵者是否「符合公司文化」。面試結束後，我會召開會議，於內部討論是否要錄取這五、六個人。基本上，我可以否決任何錄取決定，但我從來不需動用這項權力。內部招募網站說這是我在亞馬遜的第二百三十七場面談，這眞是很瘋狂的數字，但這時候我還不知道有一天會累積到八百場以上。*想到要跟完全陌生的人共度非常緊張的一個多小時，有時候會讓我一想到就先累了，尤其是在一大早的時候。但多數時候我都自得其樂。我試著不去想，從統計上來看，就連最讓我自豪的錄取者待在亞馬遜的時間都不太可能超過一兩年。

我完全不懂財務，更不可能做財務工作。我會在這裡，是要評估此人整體來說是否適合亞馬遜。這名應徵者剛從大學畢業沒幾年，之前待在一家聽起來快要完蛋的中型新創公司。他很熱切、聰明、條理分明，也沒有太多包裝。我在對應亞馬遜領導準則時，將重點放在他是否有能力敢於自我批評，**因此，問過幾道暖身題之後，我就開始深入了。

「你可以說說你會在工作上犯下的嚴重錯誤嗎？」我問，「我指的是會造成非同小可的後果的事。」他的眼中閃過驚慌，而且，在我問這個問題時，至少有半數時間他都很害怕。「我們非常看重員工能將犯錯和失敗當成一回事，並從中學習，」我試著解釋，想要安撫他，「我的主管曾經對我說，沒有犯過錯的人，可能代表做的決策不夠多。」

這讓他放鬆了一些。「我第一次負責彙整財務報表，向投資人做簡報時，是根據錯誤的假設做計算。」他說，「我的主管在簡報開始前約三十分鐘發現了我的錯誤，要及時改完所有東西並重印文件，簡直是一團混亂，主管也對我很**不滿**。從投資人的觀點來看，一切都很順利，但這有損主管對我的信任。」從這孩子臉上的表情看來，現在他比較釋懷了。

「你怎麼會用了錯誤的假設？」我問。

---

* 說八百只是因爲這是網站計數器的極限；眞實數值可能比較接近一千。

** 亞馬遜領導準則之敢於自我批評：「領導者不可將自身或自家團隊的體臭當成香水。領導者要站出來指出問題或提供資訊，即便這麼做很彆扭或尷尬，亦不可逃避。領導者要拿自己和團隊去跟最好的做比較。」很棒的準則，但我痛恨體臭那句。

「嗯，從**技術上**來說，我並沒有用錯。」這孩子說，「我們預估的成長率變了，但是負責範本的那個人沒有更新，而我不知道這點。但我一直**覺得**有點奇怪，因爲我很清楚未來的展望是如何變化，所以我心想：**嗯，得出的數字滿讓人意外的**。因此，我犯的錯是沒有針對範本提問。」

我點頭。「或者說你沒有傾聽自己的本能感知。」我對他說，傑夫向來都說，數據會遮擋那些提醒你事情可能不太對勁的傳聞軼事，有可能會遮住冰山。

「但妳不可能去查看**每一樁**傳聞軼事，對吧？」這孩子說，「妳怎麼知道哪一件事才重要？」

我笑了。「這也是我還沒搞懂的部分。」

早上十點半：我上去四十樓的星巴克，和梅芙進行一對一會談；她是我團隊裡的產品經理，負責置換銷售內容工具。梅芙過去在達美航空負責大型營運專案，當她對我說，她覺得花很多時間在機場看著人來人往提領行李是很**讓人興奮**的事，我就決定錄取她了。今天，她的肩膀都聳到耳朵了。「平臺團隊**又**威脅要將我們專案的開發資源抽掉。」她說。

「嗯，自上次以來**已經過了**整整三個月。」我說。我任職第一年時，那位穿著谷歌帽T的總監告訴我，不管要開發什麼，專職人員是關鍵。我們花了好幾個月寫文件和開會，才得到五個專職人員名額。到現在已經一年了，這些人一直投身於這套冗長、謹慎鋪陳的流程，想辦法用一套眞正可用的系統，來取代亞馬遜內容管理工具。只不過，到後來，所謂「專職」，只有錄取他們時、提到職稱中「專職」二字的**那個時候**；進來之後的每一刻，他們都要努力與各方抗爭，設法避免資金不足，或是又被帶到不同方向。這一次，開發團隊至少有告訴我們可能會失去資源；上一次，他們幾個月都安安靜靜地不開口，假設他們可以在某個想像中的驚奇之地，將錯失的時間補回來，當然，最後他們錯過了重要的期限，而我得向卡莉絲塔解釋我和梅芙相信他們，認爲如果事情開始走偏，他們會據實以告，而不是微笑著說謊，弄得我自己像個他媽的笨蛋。

「妳知道我痛恨向妳上報此事，」現在梅芙說，「妳知道，我認爲上報代表失敗。」梅芙是個三鐵運動員，有著一張撲克臉與奮戰精神，我超愛她。就算她像很多亞馬遜女性一樣宣告自己失敗了，但她骨子裡的堅毅告訴我不必擔心她，她知道自己的價值所在。

「是的，我明白。」我說，「妳也知道我**不**相信上報代表失敗，這只是代表妳陷入了僵局。這一次他們給妳的理由是什麼？」更準確的說法是，我不認爲**別人**上報問題就代表失敗；我自己上報只有少之又少的幾次，但那讓我滿心羞愧。

「他們需要人力進行與中國結帳管道有關的事。」

「喔，去他的中國結帳管道。」我說。我從側窗往外看向貝克山，思考著尋求協助，但找不到人幫忙。「我需要跟誰聊聊？」我問。當她說出他的姓名時，我嘆了一口氣。

「我懂。」梅芙說，「他最糟。」

「沒事的，妳告訴我需要說什麼就好。」

早上十一點半：這是我今天第一次看到我的辦公桌。路易正看著電腦螢幕上新的禮物登記網狀設計。「瑞秋找妳。」他說的是我團隊裡的一位女性，負責重大購物活動，例如母親節與萬聖節。「她看起來很緊張，我是說，比平常嚴重。」

接著，瑞秋出現了。「嘿，我眞的需要和妳談談。」她說著，坐在訪客椅上往我這邊靠近，「克莉絲蒂，我很擔心今年的購物節會嚴重出錯，變成一場**大災難**。」

「喔，天啊，但爲什麼？」我問，「怎麼了？」購物節嚴重出錯、演變成一場大災難，是我得直接向傑夫解釋的爛事，我是眞的、眞的很不想看到這種事發生。

「喔，沒事，」瑞秋說，「我只是很擔心。」

我吐氣。

「這是一種氛圍，」她說，「不確定的東西太多了，我必須掌控**一切**。」

「到目前爲止，妳連續多年都非常成功。」我說。

瑞秋壓低聲音。「對，但妳不認爲我的運氣快用完了嗎？」

「我眞的、眞的不這麼認爲。」我說話時，直接盯著她的眼睛，「我認爲這代表妳累積了能讓妳繼續表現傑出的大量技能和經驗，以及面對任何冒出來的狀況皆能游刃有餘的問題解決能力。」我其實想到很多問題，還眞的可能讓這次購物節變成災難：意外發送空白的電子郵件範本給顧客、所有暢銷的玩具都沒庫存、聖誕老人死翹翹。這是我管理購物季的第二年，如果要說有什麼事，那就是我比去年更害怕，但我的惡夢中沒有任何一個場面和瑞秋這個人有關，如果我和她分享我的恐懼，她可能會更加失控。唯一的選項，就是灌注絕對的信心，希望她能藉由滲透作用吸收到一點。

「可能吧。」瑞秋說。

路易一直等到瑞秋走遠、聽不見了，才問道：「今天妳的迷走神經系統[6]還好嗎？」

「喔，**很活躍**。」我說，「謝謝你的關心。」

中午十二點：一位負責廚房用品的銷售專員於會後將我拉到一邊。「我們這星期能找個時間聊聊嗎？」她問，「十五分鐘就夠了。」她顯然剛哭過。當然，到目前為止，我與很多哭著的銷售專員聊過，通常都是女性。我們之間的對話通常都是某種「我沒辦法做下去了」的內容：週末的工作、深夜的電子郵件、星期天晚上的胃痛、覺得公司並不太重視自己做的事。我對他們說，他們要學著接受一件事：就算他們結束當天的工作，也不會**真的**覺得事情做完了。他們每個人做的至少都是兩人份的工作，覺得自己是沉在水裡求生，根本是很正常的事。

面對團隊裡的女性，我不會對她們說我也跟她們一樣，覺得快垮了，說我每個星期天都感受到海嘯第一排的威力。但我從不覺得自己騙了任何人。在我潛意識中的某處，我認為若要幫上忙，就要表現冷靜、要鼓舞人心，因此我成為了這樣的人，卻沒有停下來質疑為什麼；又或者，我沒有去質疑若我假裝這一切都能持續運作，可能會讓情況更糟。

儘管我也沉在水裡，但我的時間表已經排到了好幾週、甚至好幾個月之後，而且我還要管理一個八人團隊。「妳不像我們這樣被人當成**猴子**。」一位銷售專員在回應我的「接受現實」空話時，如此回答。他們稱自己是「猴子」，我痛恨這種說法，但我懂。我的工作是把猴子轉化回人類，儘管一切都在朝著正確的方向發展，然而，到目前爲止，我只成功讓他們過上稍微好一點的猴子生活。至少，直到今天下午四點之前只能這樣；但到了那時，我最終會落實一項重大變革，而且是全球性的。

下午一點：我花了二十分鐘和瑪妮邊走邊聊，她還在查克的團隊埋頭苦幹。「我開始覺得安迪可能**喜歡**我。」當我們在星巴克排隊時，她這麼說。

「喔，妳現在覺得了？**一年前**我就跟妳說了。」我說，順便問她是不是也喜歡他。

「我想是吧，但我**可以**嗎？」她說，「長達五年，他都在離我幾公尺遠的地方校對他的業務週報檢討會文件，到現在，我們根本就像是手足一樣。」

「你們兩個都是我的面試官，」我說，「如果你們相愛並結婚，那你們不就像是我在亞馬遜的父母？」

「噁，好詭異。」

「我也沒說不詭異。」我說。

下午一點二十分：我坐在接駁車上時，看到傑克森街有個男人對著路過的女性抓褲襠，我想了第一百次，很疑惑為何這些哭泣的銷售專員中，沒有一個來向我申訴過性騷擾。公司規模這麼大，一定在**某個地方**有這種事，對吧？記者開始報導矽谷的浪蕩文化，例如男女共浴的熱水按摩池、付錢請模特兒參加的派對，相較之下，亞馬遜比較像是長老教會預算委員會在開會。「我在智遊網時談過兩次辦公室戀情，都是因為我很無聊，而且又有空。」一位亞馬遜的朋友有一次這麼跟我說，努力地解釋亞馬遜的無性文化有多奇特。「基本上我已經忘記這裡也有男人，而他們一定也有類似的感受。」

「如果你每天都要開九小時的會議，可能比較難去騷擾女性。」另一個人這麼猜。瑪妮的說法最簡單也最好：「我認為，恆常出現的恐懼讓他們忘了性這回事。」

下午一點半：我在派克醫院，這處廢止的舊醫院如今改建成我們的總部，我的工作是主持銷售專員職務的面談簡報。每個人都同意我們應該錄取應徵者，但招聘經理上頭的主管麥克反對。「我不想錄取更多具寫作與行銷背景的銷售專員，」他說話時轉向負責招聘的人，「我們需要擁有硬科學學位的人，例如物理學、地質學。」

「叫他們銷售家庭用品嗎？」我問，「為什麼？」

「因為這份工作的重點不是家庭用品，而是冷硬的數據。」

「我明白你的論點，但是很難請到物理學家與地質學家來擔任這份工作。」招聘專員說。

「妳可以說這是有助於在亞馬遜找到更佳職務的踏腳石。」麥可說，「銷售應該永遠都是踏腳石，而不是一種職涯角色。」招聘經理曾經當過八年的銷售專員，她低下頭盯著桌子。

「這人必須要能寫作。」我點出來。

「任何大學畢業的人都能寫作。」他說。

「並不是誰都寫得出行銷文案，或寫出可供千百萬人讀的東西。」

「但這至少是教得會的。」麥克說，「分析理性的心態就不一樣了。」

「數據分析絕對也是教得會的。」我說。我們就這樣針鋒相對，直到麥克問招聘經理是不是對應徵者非常有信心，強烈到願意為她奮戰。

「來吧，」他說，「反駁我，說服我她是適合的人選。」

招聘經理嘆了一口氣。「她不具備你想要的量化背景。我認為她是很好的候選人，但我無法將她塑造成你心中想要的人。」

「我並沒有想要壓倒妳，」麥克說，「如果妳強烈感受到她是出色的人才，妳應該在這件事上與我對抗。」

「我知道，」她說，「但我選擇不要。」

之後，麥克在員工餐廳找到我，我正在用叉子吃優格。* 「我想我剛剛太強硬了。」他說。

喔，你想？我眞的很想這麼說。但我只是說：「你這麼做只是爲了要找到紫色貓熊[7]，大家都這樣。你想要找到擁有企管碩士學位與世界級量化技能的出色創意人才，你想聘用他們來做大致上很低階的單調乏味苦差。沒有這種人。」

「我明白，妳這樣說很公平，」他說，「但不會改變需求。」

「我知道，」我說，「我懂。我有個計畫，今天晚一點要和米契一起檢視。」

坦白說，我的超級大計畫，說到底就是**不再尋覓紫色貓熊**，改爲聘用量化人才做業務決策，聘用創意人才將這些決策賣給顧客。如果團隊不想單獨花錢聘用寫手，可以由不同的團隊共用人力，或使用約聘人員，重點是不要再將這個職務當成無所不能的科學怪人。我曾經花很多時間做研究，分析大量的活動數據，探究績效分數與歸因統計數字，試著讓這份工作以本來的面貌發揮作用，但徒勞無功。即便是那時，我都得靠著卡莉絲塔在我交出蹩腳的第五版文件時嚴正警告我，我才能逼自己把話好好說清楚。

* 亞馬遜的複合工具概念讓我著迷：萬用緊急工具、用防水膠帶修補磨損的電源線、黑眼圈遮瑕膏、字頭縮寫備忘錄、用止血膏擦磨損的角質層，以及一小瓶可以讓你撐過一整天的某種藥丸。

「克莉絲蒂，我直說好了，」她說，「妳知道該做什麼。妳不需要數學，請用常識下判斷。」

我太尷尬，以致不敢對她說實話，但在我亞馬遜的職涯中，那是第一次有人要我信任自己的常識就好。那時候我不是很確定可以這樣做。

下午兩點半：搭接駁車回哥倫比亞中心時，我收到一封室內設計師要討論燈具的電子郵件。當我招認我和約翰對於要挑什麼咖啡桌已經僵持不下半年，而且根本無法開始處理換掉從一九九〇年代中期就掛在我們家餐桌上方的水晶吊燈這件事，瑪妮就推薦了這位設計師。我覺得自己就像是請人來替我當老派的家庭主婦；這是組合包的一部分，其他還包含去年我聘請的衣櫃設計師、健身教練和居家清潔人員。將這些工作全部外包，跟分解銷售專員的職務內容可能沒有什麼不同。期待我要在這裡工作，而且要看起來得體、**又要**能在家裡布置照明，也許太過分了；要穩住生活中心，需要專業的姊姊妹妹幫忙。

下午三點半：距離和米契開會的時間還有三十分鐘。我在五樓的廚房遇到書籍團隊的副總和資深經理，他們正在看一份彩色列印的文件。精準一點來說，他們以前是書籍團隊的，而我聽說他們現在做的是和書籍有關的神祕工作。「嗯，嘿，我們來問克莉絲蒂好了。」副總說。這位和藹可親的男人名叫朗恩，一畢業就進了亞馬遜。「藍色還是紅色？」

資深經理蘿娜將文件轉過來，讓對面的我可以看到。這些是封面，看起來像亞瑟王奇幻小說的封面，有金色的細雕花樣，還有一男一女騎在馬背上的織錦畫。「你們有特定的目標嗎？還是你們想知道我比較**喜歡**哪一個呢？」我問道；到了現在，我已經被訓練得很好，就算是「藍色還是紅色」這麼簡單的問題，我都會量化我的回答。

「只是想知道每一種顏色有哪些地方打動妳？」蘿娜說。我因參加團隊的歡樂時光而跟蘿娜有點熟；在這些時候，她並沒有表現出很高興看到我的樣子，不管我說什麼，她都冷眼以對。一開始我在想，我到底做了什麼事讓她這麼討厭我，之後我開始注意到她對別人也是如此，那不是討厭，比較像是害羞和完全無意討好別人的綜合結果。感覺上，我在整個職涯中學到要積極迎合他人，在她身上卻不見蹤跡。自此之後，她的冷靜沉著一直讓我又著迷又羨慕。但當她將目光放在我身上，還是讓我很緊張。

「我看看。」我一邊說著，一邊從藍色看到紅色，然後再看回來。快，有哪些描寫情緒的詞彙可用？「紅色封面讓我預期有更多行動，也許吧？步調更快？藍色就是……高雅穩重。藍色透露的訊息是，比較有感情，裡面可能帶有浪漫。」我敲了敲那匹織成的馬，看起來是手織的，不太精細。「我知道藍色是屬於男性的顏色，但針織妝點賦予它女人味。」當我說出這些話時，發現那是我的由衷之言，我覺得自己在說一種我早已忘記的語言。「順便問一下，這是什麼？能告訴我嗎？」

「亞馬遜要出版這本書。」蘿娜說。

「終於要成眞了！」朗恩補充。接著，他們的會議室開門了，我還來不及問別的，他們就離開了。

下午四點：米契進入會議室，卡莉絲塔對我眨了眨眼，要我安心。「嗨，各位。」他說話，笑容一直掛在臉上。在他常坐的位置上，已經放好了一份文件。我開始講我的臺詞：「我們來讀一讀吧。」「當然啦！」喔，終於要成眞了，此刻眞是讓人興奮。

我們對北美的各個高階主管簡報這項計畫時，他們花了二十分鐘才讀完並做了筆記。米契很少拿起筆，不到十分鐘就讀完了。他讀完後，將椅子往後推離桌子幾公尺。「看來我們已經準備好討論了！」我說話，他點頭。「有人對整份文件有任何意見嗎？」

「有，這很蠢。」他說。

我針對各式各樣的反應預作了準備，但沒算到這個。我的胸口出現了一大塊寒冰。「喔，」我說，「好的，你能不能更詳細說明你的考量？」

「我剛剛講過我的考量了。我的考量是整個提案都很蠢。」

「不，我理解。」我說，「但威爾克和他團隊裡的副總整體上都非常支持，如果能告訴我，你覺得有哪些地方失敗，那會……」

「那代表他們根本沒讀。」他說，「如果他們喜歡，那代表他們根本沒讀。」

「米契，他們讀過文件了。」卡莉絲塔插話。

「不，他們沒讀。」他說，「他們只是假裝讀了，不然的話，他們也會說這很蠢。」

「恕我直言，但這不是事實。」卡莉絲塔說，「他們讀了，而且我們詳細討論過。」她在剛開會時就跳出來捍衛我，這通常會讓我感到擔心，我自己應該要能控制這些對話，就算很棘手也一樣。但這不是平常的討論，事情出了大岔子。

米契不理她，轉過頭對我說：「我在每一個國際據點需要多少銷售專員，才能經營五百億美元的業務？」他問我，「這才是妳的工作。給我一組數據，不要這些垃圾，說什麼**喔，我們要聘用一些好寫手。**」

我的下巴抖動得很厲害，別人一定也看見了，我只希望我的聲音聽起來不會像是被電風扇吹散了。「我明白了，」我說，「我想要達成你的期望，你能不能更詳細說一下關於……」

「我還要說得多詳細？給我一組數據，告訴我每個地方需要多少銷售專員。此時此刻，我就是要妳給我這項詳細數據。」我努力收縮我的臉部肌肉，想要將眼球穩穩嵌在眼窩，別讓眼淚迸出眼眶，烙在我臉上。我必須忘記所有我以爲自己在扭轉和倒立動作中所學到、關於專注力的一切，**現在這就是**瑜伽，我彎成一支湯匙，我變成一座山，移動了河流。

「我手邊沒有這個數字，」我說，「但我會……」

「因為妳很愚蠢。」

「**米契**。」卡莉絲塔說。她臉上一片死灰，我從來沒看過她這個樣子，知道她也很驚愕，有點安慰到我。我盯著文件，我的頭一點點都不能偏，不然眼淚就會流下臉龐，現在對我來說，連試著開口緩頰都不安全了。我知道有些男人會被眼淚嚇到，然後氣勢就消了，但米契可能會將我的喉嚨撕開。無論如何，現在我的肺已經洩了氣，堅硬如塑膠。我讓卡莉絲塔從這裡開始接手，她試著挽救討論，問他**確切**希望銷售專員做些什麼，他提了一兩個片段的說法，但我沒辦法聽進去。小學時，當我爸認為我在搗亂，他的標準作法就是問：「妳到底以為妳是誰啊？是誰啊？」他會一再地重複這句話，直到被這個大哉問嚇得不能動彈的一年級小學生（也就是我）得出答案為止。現在，當我偷偷瞄著米契的臉，也看到了我爸的臉，我的身體也像我以前在家裡那樣又冷又僵硬。

最後，終於結束了。「謝了，各位。」他離開會議室時快活地道別。

下午五點：我在最角落的廁所間裡，將自己對折，坐在馬桶上。女士們來了又走，有些進來上廁所，有些進來補妝，她們等等要去趕巴士或去歡樂時光，我不擔心她們聽見我在哭，因為我沒發出半點聲音，只是淚如雨下。我覺得自己在蛻皮，覺得自己的重量正在減輕。這是一種我們都夢寐以求進入的心流狀態。我手上還握著我的提案，打開後，我看到我寫的筆記只有幾個零碎的詞，像是「糟糕」、「不」、「糟了」、「救命」。

下午六點：我在大廳遇到卡莉絲塔，她看了看我的臉色，便緊緊地擁抱了我。「嘿，我們會想出辦法，看之後要怎麼辦。」她說。

「我知道。」我們搭電梯去停車場時，我說。

「事情會變成這樣，我也有部分責任。我顯然誤判他在這件事上的立場。」

「這太讓人意外了。」我說。我應該對她說，我是從很遠的地方跟她說話，我現在講的東西沒有意義，但這太難解釋了。

「我知道這樣說可能很難安慰到妳，」當電梯到她的樓層要開門時，她說，「但如果他覺得妳無法承受，就不會這樣跟妳說話。他將妳當作一位貨眞價實的領導者。」

「確實。」我說。電梯門一關，我一想到這件事，就狠狠咬下我的食指側面，力道大到會瘀青一個星期，然後我坐進車裡，將手伸到我的鉛筆裙下方，有序地抓我的大腿，一次、兩次、三次，直到抓出一點血痕。現在我可以呼吸了，現在我可以開車回家了。

16——劣等外星人腦

米契在我完全不能展現任何情緒時亂發脾氣，我很憤怒，但我以爲這是羞愧。每天早上我進電梯時都有一點不舒服，彷彿我吃了什麼腐爛的食物一樣，我很憤怒，但我以爲這是腸躁症。雖然我表現最差的員工其實還是很好，但我爲了符合規範，仍必須將她列入倒數百分之十，我很憤怒，但我以爲這是軟弱。我最好的員工緊張不安，她對我的讚賞視而不見，她的眼神散發出不信任，到後來我都半信半疑，覺得自己欺騙她，我很憤怒，但我以爲這是缺乏同理心。我快要加入一群被稱爲「超過四十」的人群行列了，我很憤怒，但我以爲這是身體畸形恐懼症[8]。金錢這種東西已經開始令人習以爲常，不再讓人覺得每天都中了大獎，我很憤怒，但我以爲這是不知感激。約翰抱怨家裡有清潔人員會讓他分心，我解讀爲他說我應該自己打掃家裡；我的辦公室一天到晚都亂哄哄又擁擠，而約翰在一棟大空間的房子裡工作，清潔人員一個月才過來六小時，我很憤怒，但我以爲這是失焦。全食超市在尖峰時段只開四臺收銀機，隊伍都排到貨架中間的走道了，我很憤怒，但我以爲這是無法身在當下。我們一直在流失工程師，但我甚至連原因何在都不知道，我很憤怒，但我以爲這是愚蠢。我過去很享受性愛，但在亞馬遜忙了一天之後，性愛變成不太刺激的活動，就像是字謎遊戲或我在佛蒙特看過的當地新聞一樣，我不知道該怎麼談論這件事，只能認命接受餘生僅剩下無聊的性愛，反正大家都說**四十歲之後**就是如此，我很憤怒，但我以爲這是賀爾蒙的問題。我對一場對話已經有了某種預期，但男人把這變成另一種不同的東西，我很憤怒，但我以爲這是缺乏遠見。我爸問我工作如何，我說：「說實話，壓力很大。」而他的回應向來都是：「嗯，傑夫．貝佐斯是聰明人。」我很憤怒，但我以爲這是心理建設做得不夠。我媽問起時，我說：「我不確定我可以撐多久。」她的回應向來都是：「但如果妳離職，妳要怎麼維生？」我很憤怒，但我以爲這是她的心理建設做得不夠。我也許愚蠢，就那麼一點點，但一點點也已經太多，我很憤怒，但我以爲這是羞愧。米契一直沒道歉，我很憤怒，但我以爲這是他有權這麼做。米契甚至可能不記得這件事，我很憤怒，但我以爲這是我很平庸。我托著我的臉不動，就像用牙籤把臉撐起來一樣，我很憤怒，但我以爲這是擺姿勢。所有寫給女性的書籍都說不要太常微笑或點頭，因此，當我想微笑或點頭，就必須停下來好好想一想這在我的職涯發展中有何錯綜複雜的影響，我很憤怒，但我以爲這是一種否認。有一晚，約翰問我對本地的公投有何想法，我沒有直截了當對他說自己的想法，反而講了一段完全不帶含糊、情緒性字眼與修辭伏筆的話，讓他無法挑我毛病，我發現我現在一天到晚都在做這種事，即便只有我一個人在聽，我還是會將自己的意見翻譯成亞馬遜的說法，我很憤怒、很難過，也許還有一點害怕，但我以爲這只是被同化了。因爲我知道，亞馬遜是需要討好的神，亞馬遜是男人，因此所有男人都是亞馬遜，我很憤怒，但我以爲這只是因爲我的腦袋有問題，我的腦袋是劣等的外星人腦。

17 銀座寂靜無聲

我知道在米契災難之後我會離開他的單位，這並不是因爲我認爲他會踢掉我（他可能在幾天之內就忘記有我這個人），而是因爲我心裡冒出一點小火花，告訴我像這樣對我說話的人的團隊不值得待。此外，雖然我的角色仍有「成長空間」，但米契扼殺了帶動全球性變革的這部分，而留下來負責各種購物季與標題A／B測試，並不會讓人覺得熱血沸騰。這點火花讓我有些害怕，因爲期待做一些有人味的事，並非亞馬遜的作風。我擔心我這麼做是不是像個被寵壞的小孩。*但火花沒有熄滅，因此我決定好好處理。幾週之內我決定離開，我看到書籍封面單位的蘿娜用內部電子郵件別名「women@」發出的電郵，說她掌管的神祕新業務有一個行銷職缺，請大家推薦人選。**

我還是很確定她不喜歡我，但我的好奇心勝出；幾天之後，我搭接駁車從哥倫比亞中心到幾英里外、亞馬遜正在蓋的新園區去見她。幾十年來，坐落在聯合湖尾端地區的大多數都是倉庫和裝卸碼頭，如今，亞馬遜最初的四、五棟中樓層大樓已經蓋好了，以中庭和人行道彼此相連。每棟樓的一樓都有零售店面，但大部分還是空的，也設有標準的便利設施如長椅和單車架，以亞馬遜的標準來看算是奢華了。大樓的大廳挑高，裝配了一家眞正在成長的公司會有的家具，電梯裡有一些運用演算法的小裝置，會告訴你哪一部電梯能最快抵達你想去的樓層。樓上，實際的工作空間仍然很糟糕，但到處都有非正式的會晤空間，還有一些我們可以當作面試場所的小型會議室。⁂一個精挑細選的委員會（卡莉絲塔也在裡面）緊貼著亞馬遜的歷史替每一棟建築物起名。傑夫的辦公室在「第一天」，應和著他的名言：「在亞馬遜，每天都是第一天。」隔壁棟叫做「魯福斯」，一九九四年亞馬遜推出網站時，是由一隻柯基犬用腳掌按下按鍵，牠就叫做魯福斯。我和蘿娜約在「費昂娜」大樓見面，但我不知道這個名稱的來由。只有在費昂娜大樓工作的人，才能進入較上面的樓層，因此我和蘿娜約在大廳外的咖啡店。

「我們要創辦一家出版公司，」蘿娜透露，但這讓我很困惑，因爲亞馬遜已經有Kindle自助出版。「Kindle自助出版是自助出版業務，」她說明，「現在要做的比較像是傳統的紐約出版模式，我們要精挑細選欲出版的作品，透過專業的編輯和封面設計來做書，Kindle自助出版的作者得自己做這些事。」她說，亞馬遜出版和紐約傳統出版模式的差異，是亞馬遜可以使用所有從自助出版書籍蒐集而來的數據，當作廢稿堆[9]，從中找到最好的作品，用專業的手法精雕細琢，聚

* 我明白的，但我眞的擔心。

** 直接用電子郵件別名招聘會惹人非議，因此，招聘經理會請大家「推薦人選」，他們知道大家都會推薦自己。

⁂ 但基於某些理由，許多會議室都是用戶外休閒椅，使得面試變成對應徵者和面試官來說都很奇怪的閒聊情境。

集亞馬遜所有的行銷力量重新出版。「還有，許多作者在傳統出版方面有過很糟糕的經驗，」她說，「除非你是史蒂芬．金或詹姆斯．派特森，否則你會被忽略。我們希望將作者視為一種新類型的顧客，用他們的幸福快樂來衡量我們的成就。」

我立刻就愛上了這個構想的一切，尤其是亞馬遜轉向我們內部尋找新書。「但我要先把話講在前頭，我對出版所知不多。」我對蘿娜說，「我是說，我經常讀書，我以前也是作家，但就只有這樣。」

「這我不擔心。」蘿娜說，「妳知道亞馬遜如何運作，也知道在這裡要怎麼做事。特定的主題事物可以學。」一開始我對於她的冷靜感到很意外，但後來覺得有道理。畢竟，我剛來亞馬遜時也不知道怎麼寫軟體需求、怎麼將人從救生艇上丟下去、怎麼在北京街頭擋在計程車的行駛路線上逼車子停下來載我，也不知道如何用傑夫．貝佐斯的語氣來寫文章。我當然可以學會出版這件事。或許出版是可以讓我真正安頓下來、甩掉恐懼的地方。雖然這樣變換背景脈絡看似隨便，但在亞馬遜很正常。我每認識一個從事單一類型工作、追求一步步往上爬的人，就有另一個在廣泛領域裡跳來跳去的人，像是從零售跳到人力資源、再跳到社群，然後跳回零售。畢竟，亞馬遜有宏大的計畫，而就像蘿娜說的，這需要的是知道如何在亞馬遜做事的人。如果你想要在這裡經營各種不同的職涯，沒有人會阻擋你。

瑪妮和安迪在那個星期五過來一起吃晚餐，我一邊攪著義大利燉飯，一邊跟他們與約翰說起這件事。一開始我先發牢騷，提到新園區比哥倫比亞中心好太多了。「大廳沒有磨損的家具，」我說，「員工餐廳裡的沙拉吧還供應**法羅麥**。我簡直要開心死了。」用科技業的標準來看，那仍是簡樸之地：沒有員工健身房、沒有免費點心、沒有租用單車。在這種地方，能夠吃到全穀物可是一大進步。「我的問題是，」我繼續說，「我是不是瘋了，才接下一個我根本什麼屁都不知道的工作？」

「有何不可？」瑪妮說，「我剛開始這份工作時，也根本不懂電玩遊戲。」她和安迪最近離開了查克的團隊，分別成爲電玩遊戲和小家電的類別經理。「沒問題的，零售就是零售。」

「正如妳所見，瑪妮對這個領域眞的很有熱情。」安迪說。我搞不清楚這兩個人是一起過來，還是他們已經在一起了，這快把我搞瘋了。他們最近確實常常一起出去。瑪妮會說「安迪剛好過來，我們一起去騎單車，就像朋友一樣。」或是「我和安迪一起看電影，就像朋友一樣。」我問過她，他們兩人的關係有沒有涉及特殊的書面約定，還是一起穿著分別印著「我們是」以及「朋友」的同款T恤。「沒有，這代表我們兩人一直都很緊張，期待對方有所行動。」

「我非常希望最終能升職，」現在她說了，「七年了。」大家都知道，領導零售類別是最能確保獲得肯定的路。「約翰，你的工作如何？」

「不壞。」約翰說，「情況很穩定，有點成長。」

「他下週要去銀座的蘋果商店發表演說。」我說。約翰一直輕描淡寫他的事業發展，我開始覺得有點煩了。當有人問他靠什麼維生時，他會說：「我是程式設計師。」彷彿他是初階的網路程式設計師，而不是一家快速發展的新創事業的創辦人。「超級夫妻」的幻想或許使我著迷，或者，也有可能是因爲他拒絕承認自己很成功，讓我在這段新生活中覺得孤單。又或者，是因爲他內在的男性自信心啃食了我。他不需要誇大自己，因爲不會有人想要撕碎他。不管原因爲何，我都希望他別再這麼做了。

「只是跟幾個朋友聊聊。」他說了，並聳了聳肩。

「我還要乘他之便，一起去出差。」我說。我指的是年度的亞馬遜東京辦公室訪查活動，我也安排在同一週。我也許想著要跳槽，但這並不表示這段期間我可以閒閒沒事做，尤其在我很脆弱的時候更不可以。

✦

至少這一次我知道在東京要**如何**做事了；我的一連串世界之旅帶來一個好處，那就是現在我懂一些別人不會說的小事，例如東京有一些對美國人友善的提款機（就在統一超商）；辦公室自動販賣機裡透明無色的液體之中哪些是水、哪些又是嚐起來有米味的冒牌貨（最右邊的那兩種），以及如何避開人多到滿出來的地鐵車廂（你避不了；你只能進化到與壓迫你每一寸的其他人的身體共存）。但我忽略了東京八月時的溼度是百分之百。西雅圖夏季的氣溫如果高於華氏八十度（約攝氏二十七度），本地新聞就會報導，我們也會開始愈穿愈少。但在澀谷街頭，人們還是穿著正式的西裝套裝，有些人把外套摺好掛在手臂上，向讓人受不了的潮溼黏膩投降。那個星期過到一半時，我在連開了十一個半小時的會議之後，晚上六點離開，回到東急藍塔飯店。我走進火車站，挑選我的團隊喜歡的抹茶口味奇巧巧克力，並在衝動之下買了一本筆記本，上面用泡泡字體印了「ROCK CHEER」[10]，下面有一張看起來非常憂鬱的歌手Prince年輕時的照片。約翰一整個下午都在新宿，和當地經銷他公司軟體的廠商開會。我在旅館大廳的傘架旁看到他，他看起來很茫然，而且全身都溼透了。

「Prince看起來很憂鬱。」他和我打招呼時只說了這句。我們站在冷氣出風口下方，沉默地達成協議，兩人都在這裡看著彼此融化就好。

一位微笑著的工作人員過來，在我身旁放了一把小凳子。「喔，非常感謝！」我用日語講，並將我的包包丟在上面。「這是包包凳。」我對約翰說。「什麼？這種東西在這裡很常見，這很正常。」

「**似乎**很正常。」約翰說著，一滴汗珠從他的耳垂滴了下來，「我們上樓去，躺在出風口下，再起來吃晚餐。」

這趟出國探查**應該**算是很成功。我們奮戰三年持續追蹤進度的內容系統終於上線，根據早已滿心挫折的銷售專員的標準來看，他們頗爲滿意。我們把推動行銷活動所需的時間縮短了近乎四成，但我沒有勝利的感覺。是的，我處理了一個棘手的問題，讓情況好一點，軟體不再頻頻找麻煩，銷售專員首次拿下重要指標。我們甚至還讓某些合作方案的大王改變**他們**的作業方式。

但銷售專員仍是一份很糟糕的工作。而且，雖然北美的副總們熱烈回應我的提案，不再讓這項工作像科學怪人一樣，但在重要關頭，沒有人想花錢，我也沒有權力要求他們這麼做。我拉高了銷售工作的層級，減少了煩擾的背景雜音，我也有許多好想法，不斷精益求精，但都沒有累積成一個可讓我升遷的局面，甚至連必要的感謝都沒有。當然，亞馬遜就是如此：我極度渴望的升遷機會是出了名地少，而且也不知道是怎麼決定的。還能有這份工作，就算是公司感謝你的貢獻了。

沒能升職不會讓我覺得很怪。

但確實讓我變得**不像我**。天殺的，我可是能步步高升的人。我可是以這件事爲核心來打造我的人生，但我不知道這個概念放在這裡是如此**模糊不清**。第一年，查克說我走在正道上。第二年，卡莉絲塔說我表現出色，但這份工作本身的範疇要大一點。到了第三年，範疇變大了，但我還沒有辦法完全掌握。如今，在米契事件之後，我們根本完全不談這事。卡莉絲塔竭盡所能替我摒去屈辱，讓我繼續向前，但我可以感覺到她對我也有一點冷淡，我不能怪她，因爲我最重要的專案就這樣煙消雲散了。我還沒跟她說我和蘿娜碰面的事，但我一回國就會跟她說。蘿娜已經邀我正式應徵那個行銷職位，我一送出申請，卡莉絲塔就會收到通知，我不希望她透過這種方式知

悉。她值得我跟她好好談一談，但若她沒有挽留我，我懷疑我會不會感到刺痛。＊

✦

演講開始前半個小時，我們來到銀座，蘋果店面的演講廳已經半滿。「呼。」約翰說。「一場『只是跟幾個朋友聊聊』的場面怎麼會變成這樣？」我戲謔地說，並用我的屁股去撞他。他一直輕描淡寫這場活動，我還以為他的演講多半是游擊式風格，在放著充電器和蓋子的牆邊對著六個人講。

「阿心是如何找來這麼多人的？」他說。阿心是他的日本經銷商，也是約翰今晚的翻譯，她看到我們，從舞臺上對我們揮揮手。

「你去就知道了。」我說，「我去那邊替你找點喝的。」

銀座的大型購物街在週末下午不許汽車進入，此時將近下午六點，多數行人現在已經離開了。我們剛剛從地鐵站走到蘋果商店時，我沒什麼感覺，但此時沉默寂靜向我襲來。我要去對街的美食中心，但走到一半時，我停了下來，獨自站在世界上最昂貴、最知名的街道之一。這是我最貼近《香草天空》裡的湯姆．克魯斯的一刻，而這一刻也自有獨特性，彷彿我凍結了空間與

＊ 她沒留我，我覺得痛。

時間。

我心想著，**桃樂絲，我們已經不在密西根了**。[11]我或許已經學會如何在遙遠的城市裡穿梭，但我不太可能在這些地方長待，這仍讓我嚥下一大團的感激之情。亞馬遜將我丟進廣闊的世界裡，現在我知道我可以靠自己的雙腳站穩。

蘋果的演講廳坐滿了人，雖然聽眾以一股讓人緊張的沉默聽約翰的演講，但之後的見面會人龍都排到門外去了，他們都想要見見他、送他用布包裝的禮物、邀請他去北海道與京都演說。我端著酸澀的紅酒在演講廳的另一側徘徊，看見阿心過來時，我叫住她。「這正常嗎？」我問她，「有這麼多人來？」

「不正常，」她說，「但約翰很出名。」她旁邊的男子用日語講了幾句話，阿心笑了。「浩二說約翰是行事曆軟體界的保羅．麥卡尼。」

「他**知道**自己很出名嗎？」我問。演講廳的那一頭，約翰埋著頭和三個人在講話，他們拿筆記本給他看東西。

阿心聳聳肩：「我想，現在他知道了。」當她去洗手間時，我的手機響了，瑪妮傳訊過來：

我們接吻了！！！！！

超棒

兩小時後，我從地鐵站的洗手間出來時，發現約翰用西班牙語和手持地圖的一男一女講話。

「Toma el metro a Yotsuya（搭地鐵去四谷），」他一邊說，一邊指著接近中心的一個點，「y sale al norte. Uh, creo que sí（然後往北邊走，嗯，我認爲是這樣啦）。」

「Gracias！感謝！」這對情侶說著，便往其中一個出口走去，男生回頭看，以確認走對了方向，約翰大力點頭，並揮揮手。「歐巴馬！」男生道別時還比了個讚。

「歐巴馬！」我們異口同聲回答。

「嘿，親愛的，」約翰說，「我好餓，妳要回飯店叫客房服務嗎？」

「好啊，但先讓我們倒帶回大約三十秒前，你居然能用西班牙語在東京替路人指路？」我問。

「他們從墨西哥過來度假，」約翰說，「他們上星期在首爾。聽起來很酷，我們也應該去。」

而我只是一直盯著他看。「我以前學過的西班牙語就這樣不知道從什麼地方跑回來了。」他說。

「你到底是哪號人物？」我們上車時，我問，「你到底知不知道，你在日本有點……有名？」

「其實不太清楚。」約翰說。我們一屁股坐進車廂末端的座位上。

「全國各地都有人過來。」我說。

「很怪，對吧？」約翰說。我們安靜地坐著，過了兩個站。「這讓我覺得未來某種程度上變得更大了，」他說，「我的意思不是以前我覺得很小，只是——當事情出現變化時，你不見得能察覺。」

「對啊。」我說著，並握著他的手。我心想，我要飛回西雅圖，拿到蘿娜的那份工作。我要跳入一個充滿更多未知的領域，打造一個大局，因爲我知道我可以，因爲我永遠不想再感受到在全媒體指引公司、在安娜堡時被困住的感覺。我要我的世界開闊無比，如果這表示我要砍掉重練，那就來吧。「順便問一下，對於你指給觀光客的路，你多有信心？」

「滿樂觀的？」約翰說，「我對我指的方向滿樂觀的。」

Part 3

沉溺

2011 年至 2013 年

18 女性就業史大事紀

二〇一一年：隨著新園區擴大，大樓的大廳裡出現了傘架（顏色當然是亞馬遜橘）。我原先以爲僅供訪客使用，但後來看到員工也會從上面拿傘和還傘，也沒有人要他們別這樣做，接著，我想到亞馬遜某個地方有人花公司的錢幫助我在雨中也能保持乾爽，差點讓我哭了出來。

二〇一一年：團隊利用便利貼、私人專用縮寫符號、將電話號碼寫在自己手上等方式，來管理爆量的作家聯絡資訊。我們知道Salesforce公司的一些授權軟體可以改變人生，但開發團隊否決了，他們說：**我們不能修改他們的原始碼，因此無法加入新功能**。我們說：沒關係，我們只需要Salesforce的軟體。**但如果有一天我們需要一個他們無法支援的功能，那怎麼辦**？例如什麼？**這就是重點！我們不知道！什麼都有可能！**我們說，我們知道的是**現在**我們溺水了，而且正犯下愚蠢的錯誤。**但如果**Salesforce**公司偷走我們的數據，用來替自己牟利，那怎麼辦**？這種毀滅性的非我所創症候群[1]持續了幾個星期，直到我們先有動作。我們說，我們也接受內部開發的工具，但開發團隊否決了：**我們的發展規畫已經排滿了，這個構想不能改變遊戲規則，程式設計師不會因為做了這麼簡單的專案而升遷**。兩年過了，什麼都沒改變。

二〇一一年：賓州一家報社刊登了一則駭人聽聞的報導，主角是亞馬遜位於理海谷的倉儲：當地的夏季氣溫飆高到華氏百度（約攝氏三十八度）以上，很多員工熱衰竭和心臟病發，亞馬遜的醫護人員隨時待命。在極度高溫下，並未下調生產配額，視線模糊不清的員工因爲無法達成目標而被開除。報導中引述的大多數倉儲老員工，都很清楚什麼叫做工作常態，但他們說，亞馬遜比他們待過的其他職場都還要糟。在其他公司的倉儲，裝卸碼頭爲了通風會敞開大門，但亞馬遜還是把門關起來，認爲這樣可以防止員工偷竊。

我在接駁車上讀到這篇報導，第一個想法是：**喔，耶，我們有倉儲。**＊接著我想到的是：**對，我相信會有這種事。**亞馬遜從來沒有將**我**關進大火爐裡，但我很清楚這家公司拒絕在面臨人類極限時調整生產力要求。之後幾年，特別是在我離職之後，出現更多相關報導，而且是多非常多，例如貨運司機沒有時間停下來上廁所，只好尿在水瓶裡；工傷率高；以及用演算法開除員工等等。虐待倉儲員工與貨運司機，成爲公眾眼中的**代表性**亞馬遜故事。未來會有些坐辦公室的員工決定自行解決問題，開始直接和倉儲員工溝通，看看如何抗爭。但這是二〇一一年，我心想，這根本**對抗不了**；我下了接駁車後，陷入我自己的生產力與焦慮漩渦，倉儲事件就此從我心中消失，有好幾年都沒想起過。

＊ 我知道，我知道。但我的工作與包裝及郵寄貨物到顧客家中的那一塊亞馬遜根本毫不相關。

二〇一二年：今年是大選年，又是時候展開新一輪的「女性：她們是人，或者只是宿主身體？」[2]的主題辯證；今年我們運氣好，還多了另一個主題，討論哪些因素可構成「正當強暴」[3]，密蘇里州的一位國會議員向我們保證，遭到正當強暴的女性，身體會自動防止受精卵著床。在其他地方，知名電臺主持人、作家暨評論家拉什・林博說，法學院學生暨節育運動人士珊卓・芙魯克是妓女，因爲她吃很多避孕藥，衆所皆知，人只有在上床時才會吞避孕藥，就像是和左鄰右舍一邊吃冰淇淋一邊社交之前，先吞一點緩解乳糖不耐症的乳糖酶。十八歲時，我不知道我的基本身體自主權到了四十二歲還岌岌可危，從來沒有人告訴過我，這種事永遠不會停止。

二〇一三年：績效評鑑時，我注意到我手下一個男性部屬，他在組織裡比我低一階，但年薪比我高四萬美元。我內心深處的羞恥感跳出來說服我別說什麼。我對自己說，**妳又不是吃不飽**，彷彿對薪資不滿會坐牢一樣。

我問我的人力資源代表，知不知道這是怎麼一回事。「訂定薪酬時會考量許多因素，」她說，「這很難說。」她建議我直接聯繫薪酬團隊。「但每年這個時候他們都很忙。」等到評鑑週期結束後，我發電子郵件給他們，但從未收到回覆。那名男性非常不適任，我給他的教練指導也改變不了他，每當我看到他時，總是會想起那四萬美元。

二〇一三年：Payscale公司提出一份報告，針對各項因素替頂尖科技企業排名，亞馬遜有多項落後，包括任職期間的中位數（一年）、薪資、工作滿意度，以及女性員工占比（百分之二十六）。反觀「工作壓力大」這一項，僅有特斯拉和SpaceX在我們前面。總之就是如此。在亞馬遜內部，大家比較關注的僅有任職期間。我們會說，因爲本公司成長和招聘的速度太快，這不能當成一個可靠的人力消耗指標，這是眞的。但還是讓人覺得是刻意解釋，反而不太可信。

二〇一三年：戴夫．艾格斯的《揭密風暴》出版了，這部小說講的是一家科技公司寵溺員工，到後來員工身陷像邪教一樣的公司，無望脫離。書評說這本書既驚悚又反烏托邦。

「不好看嗎？」我看到一百頁之後，把書晾在一旁，約翰問我。

「好看，」我說，「但我太忌妒這些員工可以辦派對，還有午睡室。」

二〇一四年：雪柔．桑德伯格的《挺身而進》出版了，有天下午我在翻這本書。「她寫了整整一本書，其實她大可買汽油彈送給美國每個女人一人一顆就好，」我對約翰說，「我永遠不懂她的選擇。」

二〇一四年：微軟的執行長在一場大型研討會中對科技業的女性演說，他叫這些女性別要求加薪，相反地，只要信任系統就好。這是好的因果，他說。

二〇一四年：亞馬遜對上大型出版集團阿歇特出版公司，爭論誰可爲Kindle電子書定價。這不是亞馬遜第一次和出版商吵架，但這一次，亞馬遜把阿歇特出版公司旗下的作家當成人質，*讓讀者很難、甚至根本不可能從亞馬遜網站上買到他們的書。J・K・羅琳以羅勃・蓋布瑞斯為名寫出的懸疑小說新書是最受矚目的受害者，這本書在亞馬遜網站上買不到，而我大伯的書店採取的應變之道，是在新書出版當天早上親送給當地顧客。阿歇特旗下的許多作家陷入兩邊的短兵相接，他們的讀者也無法倖免。整件事拖了好幾個月，媒體說這是一場「大衛對上巨人歌利亞」之戰。阿歇特出版公司是一家跨國大型出版集團，並不是大衛，但我發現自己在三年內第二次有同樣的想法：**這根本對抗不了**。

二〇一五年：西雅圖的亞馬遜男性員工對華盛頓州提出了多項惡意職場環境申訴，指控男用廁間的數目與男性員工的人數相比之下根本不足（他們說的沒錯）。在加州，亞馬遜電影工作室的主管出席一項產業界的活動，他對一名女性電視製作人說雖然她沒要求，但她一定會愛他的老二。此外，他還在她耳邊說了「肛交」好幾次。製作人對亞馬遜提報性騷擾，亞馬遜承諾進行調查。就像大部分的亞馬遜人一樣，我根本不知道有這些事。隔絕在我們之外的，不僅是倉儲而已。

---

* 亞馬遜可能會說是阿歇特把自家作家當成人質，我不認同。

19 亞馬遜會吞下去

二〇一一年五月一個溫暖的夜晚，我在「地獄廚房」區[4]一家飯店的頂樓露臺喝著白蘇維儂，這是我最不喜歡的白酒，但到了那一年、甚至在那個月，我已經愈來愈不挑。「夜晚的紐約眞美。」我對亞馬遜出版事業最資深的策畫編輯文斯說。文斯是亞馬遜的老將，在公司待了十五年，之前負責採購書稿，他的品味及其令人生畏的機智已蔚爲傳奇，站在他旁邊讓我很緊張。我三週前加入這個團隊，他幾乎不認得我，雖然我知道他就是如此，但我非常希望他能喜歡我。然而，我知道，如果表現出來肯定就無望了。

「嗯，那邊是霍布肯[5]。」文斯說的是我們看到的河對岸風景。「但我明白妳的意思。」他回頭看吧檯區，在那裡閒晃的人，大部分還是亞馬遜出版事業同事與Kindle業務的高階主管，大家都在猜想哪些已回覆說要來派對的人會眞正出現。「我眞不敢相信我居然爲了這場派對錯過了《克萊伯恩公園》。」我十幾歲時，有一種同性戀老男人會讓我自以爲已經二十一歲、可以喝酒了，這位自詡爲舞臺劇之后的文斯，是我在亞馬遜見過最接近這類人的人。他每年都會參加出版界的重頭戲美國書展（BookExpo America），並在行程中塞進至少三部戲。「有人要跨越封鎖線了嗎？」話還未歇，電梯門就開了，一群穿著貼身洋裝的女子和穿著運動外套的男子走了出來。下一班電梯又來了另一組分身，短短幾分鐘內，記者、公關和文學經紀人已經讓屋內半滿。

「我想，交友時間到了。」我說，順手將已經空掉的酒杯放在一位路過服務生的托盤上。

文斯拍拍自己的腦袋。「這是爲了確保我有記得把角拿下來，別再好鬥了。」他說著，我們走進人群，行爲舉止合度，一點都不像想要點一把火、燒光所有文學書籍的人。

✦

「忽略雜音。」這是我們的副總朗恩不斷告誡我們的話。埋頭，苦幹，不要理會別人說什麼。但要做到這一點，已經不像以前那麼容易了。其一，我的工作不再只是對內，因此我自然會比過去暴露在更多雜音當中。還有，許多雜音都直接衝著亞馬遜出版事業而來。彭博社刊登了一篇關於我們的報導，插圖是一本正在燃燒的書。《紐約客》雜誌（匿名）引用一位出版界業內人士的說法，將我們的員工比擬爲納粹的同路人法國維琪政權。我在大學時跟一個男人上過幾次床，他現在過著無水無電的生活，靠賣大麻維生，他用臉書發私訊給我，說他不會爲了我在這裡工作而感到不快，因爲「我們都需要有一片瓦遮頭。」

我的感受就是典型的愧疚、防備與懷疑，通通糾結在一起。我理解爲何亞馬遜跨足出版界會被視爲威脅，我的意思是，我們不僅資本雄厚，更**擁有**全世界規模最大的書店。要是我在紐約出版界工作，我也會坐立不安。我不解的是，人們認爲這只是亞馬遜一套惡意大計畫中的第一步。一位部落客說，亞馬遜的目標是成爲全世界唯一的出版商。另一位說，亞馬遜想要有系統地貶低文學，直到所有作家都無償寫作。亞馬遜想要控制流進世界的每一個想法。

我可以從我的座位上看到我們當作出版行事曆的白板，以及每個月都要花掉整整一週用Excel手動計算權利金的基層員工。整個部門有十五位員工，其中一些人有文學碩士學位，有些人是沮喪失意的作家（或是前作家，像我就是這樣稱呼自己），我們都是書蟲。我們通常得靠著積極進取和不完整的資訊來做事，這**感覺**就像是要在露天戲臺上演一齣戲，而我覺得既興奮又有趣。這就是我在亞馬遜工作的理由：完成聽起來不可能的瘋狂之事。一隊正要出征的紀律嚴謹的隊伍，若看見我所見的這些東西，將完全無法動彈。我也不**認為**傑夫有這麼大的計畫，想要控制這個世界可以得到哪些想法。但說實話，如果他眞的有，我又怎麼會知道？什麼都有可能。

✦

儘管我們這個團隊是一支不起眼的雜牌軍，但我知道本次派對是一次招搖過市的布局。亞馬遜參與商展的態度，通常低調又求廉價，但這一次我們買了展場入口處很貴的攤位，而且我們五個人今天花了好幾個小時費心費力才布置完畢。還有，多數出版商只會在自家作家中請一些最知名的出席書展，舉行簽書會、參與座談，但我們傾巢而出，*招待他們住宿的地方也遠優於如果他們沒來，我們自己會入住的旅館。以我的品味來說，這一切有點暴發戶與攀附的意味，但一眾作家看起來很欣喜，頂樓露臺酒吧的歡鬧可能已經逼近引發警報的臨界點，所以說，我又懂什麼呢？

我手握難喝但必要的蘇維儂，腳踩Manolo Blahnik細跟高跟鞋，穿梭在人群中；我很少穿這種鞋，根本顯不出任何優雅。我在找最招搖過市的那個人：亞瑟．阿德勒爾，他是老派的出版巨頭，才剛應聘負責我們的紐約辦公室。亞瑟身在一個身穿手肘有補丁的獵裝外套、手握馬丁尼的世界，我覺得他和亞馬遜是很怪異的搭配。然而，計畫是，西雅圖把焦點放在Kindle的廢稿堆和通俗文學上，亞瑟的辦公室則出版重要、深受好評的原創作品，這大概也表示我們需要他的人脈和魅力。亞馬遜宣布聘用他的消息，今天早上在書展的每日通訊刊物上登了出來，一下子傳得沸沸揚揚，如果馬友友加入澳洲的AC／DC搖滾樂團，我想網路上的反應大概也會是如此。

此時他人就在這裡，穿著藍色西裝外套、端著馬丁尼，一副興味盎然的樣子，聽著Kindle副總裁納特說最近在加拿大班夫鎮滑雪時的倒楣事。我像一般人在派對上那樣悄悄走近，等著對話自然停頓，讓納特用一般人在派對上會做的那樣介紹我。他瞄了我一眼，但繼續一直講一直講。我有點意外，因爲雖然很多人怕納特怕得要命，但他對我而言向來很酷；對我來說他是討喜的那類王八蛋，放在亞馬遜的環境之下，這是恭維之詞，因爲這表示至少他有點個性。但今晚他忽略我的時間太長，已經開始惹毛我。

我思忖著要不要溜走，就當我錯認了納特和亞瑟、其實他們不是我**本來要**打招呼的對象，但此時亞瑟轉過頭來自我介紹。我歡迎他上任，並對他說我任職於亞馬遜Crossing部門**，專營文學翻譯，忽然之間，我得到了他全副的關注。喔，原來我**就是**克莉絲蒂，他耳聞我已久。翻譯會讓亞馬遜出版事業出名，我聽起來是最適合領導這項任務的人。我不懂為何他會這麼認為，甚至也不知道他之前到底知道多少我的事，但沒關係。我理解出版是一種故作熱絡的事業，坦白說，我可能也會運用這種策略。他也很擅長此道。基於某些原因我不想說明細節，但我有一次和前總統比爾．柯林頓的弟弟羅傑聊過二十分鐘，在那二十分鐘裡，我自覺是世界上最風趣、最聰明、最迷人的人；透過羅傑，我認為，如果前總統柯林頓也是如此魅力無法擋，跟他講三分鐘的話可能就會要了我的命。亞瑟不是羅傑．柯林頓（誰是呢？），但他比我認識的任何人都更接近。我們約定好，下星期他在西雅圖時，我們要一起吃中飯，我來這裡的目的也達成了。「納特，很高興見到你。」我一邊說，一邊拍他的肩，「容我告退，兩位繼續聊。」我離開時回頭一瞥，很滿

---

* 當然，這時僅有約五十名，但仍是精銳盡出。

** 我沒有拿到我一開始應徵的行銷工作；蘿娜決定錄取一個之前做過書籍行銷工作的人，她的立場頗為實際，我很難爭什麼。但兩個月之後，她給了我文中所述的職務。我有沒有經營翻譯平臺的經驗？我有考慮過從事這樣的工作嗎？一是沒有，二也是沒有。但這是亞馬遜，而我是我。當然，我接下了這個職務。

意地注意到亞瑟還注視著我。至於他是不是基於正確的理由看著我，那就說不準了。但我確實讓他留下印象，而我會從這裡繼續努力。

我看到蘿娜和一小群人在火爐附近，我走過去找她，此時，一群亞馬遜出版事業群裡的男人和幾個年輕女子從電梯裡奔了出來。我們的作家大多數在我們部門成立之前就已經自助出版過作品，但我們也簽下一些自覺被忽視而主動或被動離開其他出版社的作家，最重要的三巨頭此時正領著剛剛出現的這支歡樂隊伍。卡胡恩是一個在現實中展現什麼叫做不討喜的驚悚小說作家，他在離開最後一家出版社之後、直到與我們簽約之時，靠著自助出版賺了很多錢。杜莫尼光鮮亮麗又油嘴滑舌，明顯把卡胡恩比了下去，專門寫文斯稱爲「飛機上的直男」的間諜小說，他一直把頭髮往後抓。還有賴爾德，他是一名前景看好、但沒那麼知名的恐怖小說作家，幾乎不說話，只是跟著其他兩個人轉來轉去，不管他們說什麼，他都咧嘴笑。

我注意到他們三人大約下午兩點時在大廳酒吧喝酒，到了三點，我們清單上的其他七個男人也進來一起喝，他們一路喧鬧，連大廳櫃檯都聽得到。「他媽的其他出版社都不會這麼做。」卡胡恩慷慨激昂地說，「沒有人帶我來過書展，更不要說替我支付他媽的酒吧帳單。」其他男人全神貫注聽他說的每一句話。「你們知道，除了被幹屁眼之外，還能從其他出版社那裡得到什麼嗎？午餐，**可能**就請你吃一頓午餐。」生啤酒退下，換上威士忌和龍舌蘭。在屋子裡的另一頭，我看到蘿娜在吧檯上開著筆電工作。「我們要擔心女孩們嗎？」我問。「女孩們」指的是擔任作家關係經理的女性，她們多數很年輕、很資淺。大家都知道其他出版社的作家會抱怨，沒有這種人專門負責接他們的電話或回答他們的問題，於是我們出新招，爲亞馬遜出版事業增添競爭優勢：設置專職幫助作家計算權利金報表、記住他們最喜歡的雪茄並在出版日送出、安撫作家讓他們別展現焦慮性的攻擊行爲，或者在他們的作家自我很容易不安的業界活動上陪著他們社交。

「我會叫一點食物，讓他們解解酒。」蘿娜回答我，她的眼睛完全沒離開過電腦螢幕。

「這些傢伙**真的**醉了，」我說，「米姿是不是還坐在卡胡恩的大腿上？」其他的作家關係經理或許年輕資淺，但她們都知道在職場派對中如何自保。但米姿在上班時會抱怨自己宿醉，而且講得讓人覺得她還滿得意的，這讓我很緊張。我當然不覺得米姿**準備**和某位作家上床，但我也不確定如果某位作家想上她的話，她處於什麼樣的狀態。當我看著那三人組，便自動將他們帶入大學兄弟會派對的電影裡，卡胡恩是和醉死的女生上床的那個，杜莫尼是那個說「嘿，老兄，這不酷」但不做任何事阻止對方行動的人，賴爾德則是在角落安靜地看著，到死都深感愧疚的人。

「我想，當這些男人做了什麼事讓她們不舒服時，她們會說。」蘿娜說著話，繼續打字。蘿娜和我年紀相仿，我們都比那些作家大了至少十歲。她們**會說嗎**？我想問她。妳二十八歲時，**妳**會說嗎？但她顯然專注於其他工作，她在圖書這一行已經做了很多年，而我才三個星期。也許出版業的慣例不一樣，也許我應該好好享受。

接近午夜時，露臺上，三傻和他們的隨從醉到一種喝醉本身就是主要主題的境界。「我搞砸了。」像貓頭鷹一樣的賴爾德說話了，證明他有講話的能力。杜莫尼在溫暖的五月底仍披著黑色的軍用防水大衣，從吧檯後面跑出來，手指間拎著四杯馬丁尼。這整群人、米姿和另一位作家關係經理也還在一起，經過蘿娜身邊。

「超強的，」卡胡恩經過時對她說，「有史以來他媽的最棒出版商。」

我不想變成修女**再度**叨念我的顧慮，所以我什麼都沒說，跑去跟蘿娜和另外兩個也屬於管理團隊的女性一起，這兩位是我第一天進亞馬遜就認識的人。貝絲是作家關係經理的主管，是個能力絕佳、開朗樂觀的南方女子，我在亞馬遜擔任第一個職務時就聘用她來取代喬治；另一位是莎莉，現在是收購部門的主管，書籍業務的每一個單位她幾乎都待過。「我聽說那個團隊又要合體了！」當蘿娜正在組隊的事情傳出去之後，大家就一直這樣說。我們都是有經驗的老將，但在這個新的業務領域**還是**碰上了麻煩。然而，能再度一起工作仍是很有趣也很舒心的事，我們也很興奮（同時很訝異）居然能成為一個全女性的領導團隊。

「大家都來了！」我過去時，貝絲對我說，並拿起她的酒杯和我碰了碰。

「真的來了！」我說，「他們人都好好！」

「這部分就怪了！」莎莉說。蘿娜搖搖頭，彷彿她不懂我們在說什麼，但她在微笑，而我突然有一絲感覺，我想像（或者說我希望）現在她覺得什麼都對了，她知道，她和朗恩從一本中世紀奇幻小說開始，做出了一份讓大半個曼哈頓完全為之瘋狂的事業。**我們**或許剛開始，但她已經走了好長一段路。

「有沒有人悄悄去看一下女孩們？」莎莉接著問道，對著一群在閒晃的人的方向點點頭，他們與泳池的距離近到有點危險。米姿和賴爾德在玩一個大聲尖叫好讓某個東西不要靠近的遊戲。

「我不希望那些男人將女孩們當成小老婆。」

「我想沒事的。」蘿娜又說了，「她們知道我們在這邊，有需要時就會叫人。」但我想起全媒體指引公司的色情密室、賭城的色情密室，以及其他我已經忘記我去過的色情密室或類色情密室。我不知道我有可能**需要**叫人，甚至不知道可以這麼做，那她們又怎麼知道？

✦

隔天早上吃早餐時很安靜。蘿娜、莎莉和我輪流招呼這麼早有辦法下來吃早餐的作家，並交換著各自看到的名人。她們兩人都比我早來兩天，在城裡各處和經紀人開會，這也讓她們享有不公平的優勢。莎莉在東村看到了演員喬・漢姆。「他說『嘿』，還輕輕揮了揮手，」她一邊說一邊比，「這真是一次劃時代的經歷。」

蘿娜說她在巴博餐廳遇到克里斯多夫・麥當勞。莎莉問，哪個克里斯多夫？我和蘿娜異口同聲說：「《末路狂花》裡的達瑞爾！」

「喔，天啊，達瑞爾，」莎莉說，「妳們覺得達瑞爾再婚了嗎？」

「會，而且**很快**。」蘿娜說。

「爲什麼大家都假設兩位女主角泰瑪和露意絲一定是死了？」我說，而她們兩人都用同情的眼光看我。「怎麼了？我們又沒看見！全劇終之後可能發生意想不到的事。」

「喔，親愛的。」莎莉說。

「我只是說我們又不能確定。拜託，這就容我自己去想像。」我說。

貝絲端著大杯的外帶咖啡走過來，一臉憔悴。「唉。昨天晚上後來更糟，」她說，「那些男人在派對散場後喊餓，我們有些人就去賈維茨會展中心裡那家可怕的餐廳。我們占了大概四桌，那裡很吵，後來整個安靜下來，剛剛好讓我聽到卡胡恩對米姿和珍說的話，但我不確定我在妳們面前說得出口。」

「說吧。」蘿娜說。

貝絲壓低聲音。「他說：『其他出版商吐出來，亞馬遜會吞下去。』就當著她們的面說。」

「什麼**鬼**啊。」莎莉說，「這樣不行，我們得採取行動。」

「我有。」貝絲說，「我馬上對他說我認爲這種話粗魯又難聽，他根本沒聽我說，沒人聽我說。」她的蛋送來了，她拿起叉子，然後又放回去。

「基於某些原因，這種事我根本不放在心上，」蘿娜說，「我沒差。」

「嗯，以我**個人**來說，我也沒差，」貝絲說，「但我不希望他那樣對我的員工講話。」

「嗯，**我**也可以應付，但我們可能會門戶大開，收到很多申訴惡意職場環境的案子。」莎莉插嘴。

「我也擔心。」我說，「我很確定**我們**都處理過比他說的話更糟糕的情況，但法律上來說，我們有風險。」我們三個X世代的女子拚命要把話說清楚，昭告天下**我們**並不會爲了無傷的職場呑精笑話搞出風波，但今天那些女孩還是孩子，她們很柔弱，我們得保護她們。

「我想我可以說點什麼。」蘿娜說。

「我不認爲他們會聽女人講，」我說，「我們應該要叫朗恩去跟他們講。」

「我們可以。」蘿娜說，但她重複說著「可以」而不是「應該」，這讓我知道，如果蘿娜拒絕出手，我們也不會越級報告請副總站出來。我們會做我們向來做的事：先移動身體，踩進那個不管我們喜歡還是不喜歡的世界，然後力求鎭定。在我們有必要時，冷眼看著卡胡恩和他那些傻兄蠢弟，讓他們知道：我知道你知道我知道，我可以毀掉你，但因爲某些無可逃避的理由，我讓你逃過一劫，這讓我非常痛恨自己，差不多就像我恨你一樣。

20

這裡沒有輪子

早上六點半：恐懼地醒來。打一杯神奇綠果昔已經不再讓我覺得那麼神奇了，現在我每天晚上至少喝掉一瓶酒。「現在還不到七點，但我已經吃掉兩份超級食物了。」經過約翰的辦公室時，我還是吹了牛，然後才發現他開著擴音在講電話，聽到電話的聲音，我醒悟到我剛剛跟一群澳洲人講了我早餐吃什麼。

早上八點：棒棒棒棒棒。五號州際公路大塞車，這讓我悄悄鬆了一口氣。這表示我有更多時間整備，以便好好面對大混亂，更別說我可以好好享受這部ＢＭＷ，這是去年我生日時約翰給我的驚喜。我一向喜歡好車，但也不是什麼愛車人，直到我第一次開這部車。這可能有點像是不太介意有沒有小孩的女人初次見到**自己的孩子**，然後第一眼就愛上了。車子很重、很穩、很安全，就像有了一個好老爸。

早上九點半：亞馬遜出版事業以超光速招募新人；我今天的第一場面試，是這週以來的第五場。應徵者名叫凱特琳，是本月第三位凱特琳，我從Instagram上得知她三十歲，和新婚一年的丈夫以及他們養的波士頓㹴犬住在紐約布魯克林區。我從莎莉的電話面談篩選附注中得知，凱特琳一畢業就進了禾林出版集團，但她想要更快速發展事業並降低生活費用。＊「妳能不能舉例說明，妳僅有不完整資訊就要據此快速做出決定的情況？」我問她。

「好問題。」她說完，然後就沒反應了。在我稍加催促之下，她終於想出一個她要在最後一刻替老闆訂機票的例子，但那已經是七年前的事了。

「有比較近期的例子嗎？」我問，但她搖搖頭並道歉。「沒問題，我們繼續。」我說。有些人發現對方顯然不適合時就會縮短面試時間，但我強迫自己不可以這麼做，特別是，她在許多方面都是很有實力的候選人。但在我心裡，這場面試已經結束了。錯可能在禾林而不在她，但如果她不能在沒人協助之下飛快做出艱難的決策，她在這裡就完蛋了。

早上十點半：要開朗恩的雙週員工會議。蘿娜和她的全女性團隊坐在會議桌的一邊，另一邊是「盡享人生樂活家」。盡享人生樂活家是我私下取的名字，指的是亞瑟．阿德勒爾和另外兩

＊ 錄取紐約人和舊金山人很有趣，因爲他們的觀點不太妙，他們認爲西雅圖很便宜，第一年時，他們會到處說「我三十九歲了，這是我第一次不用找室友一起住！」和「我眞不敢相信我的房子有院子！」這類的話。

個直接向朗恩彙報的男人。這三個男人出身於紐約出版界，他們似乎將那種生活風格一起帶來亞馬遜——花很多時間享受中餐、訂出虛晃一招的目標、穿著西裝外套。我們這些女人則風也似地跑來跑去，一手拿著查核清單，另一手握著蛋白質能量棒。我不是說盡享人生樂活家什麼事都不做，只是我們不知道他們到底做了什麼。

今天我們要審查貝絲寫的一份新聞稿和常見問答。新聞稿與常見問答是亞馬遜最新流行的文件風潮；模擬新聞稿，可以促使團隊**先**想像他們該如何告訴這個世界他們做了什麼，然後再跳下去做。這很適合用來找出盲點和缺點，但也眞的很難寫。盡享人生樂活家一號（據我所知，他從來沒寫過半篇新聞稿或常見問答）一直埋首於筆電；盡享人生樂活家二號晚了二十分鐘才飄進來，把腳擱在會議桌上，提了一個在這份他幾乎沒瞄過的文件中早已提過也已駁回的選項，然後說：「拜拜囉，孩子們，我還得去北京一趟呢。」然後就走了。「他媽的他爲何要去北京？」我傳訊給莎莉。「他媽的誰知道。」她回傳。

亞瑟是盡享人生樂活家三號，他開著擴音從紐約發言，他主要的貢獻是警告我們，如果西岸這邊不開始多付一點預付金給高知名度的書籍，我們整個業務就會完蛋了。不管要討論的議題是什麼，亞瑟在每一場會議說的都是同樣的事：我們用來買書的錢不夠，我們做實驗找黑馬、而不是去找家喻戶曉的大作家，這實在瘋狂。誰知道呢？他可能是對的。亞瑟的紐約團隊支付高額預付金給名人的回憶錄，以及詹姆斯·法蘭科[6]長達七百頁的小說，在此同時，我們已經有一些懸疑小說和愛情小說紅了起來，作者都是之前默默無名的作家。亞瑟前一份工作的自主權很大，我想他已經忘記了有主管或被拒絕是怎麼回事，我相信那一定很讓人氣餒，但同樣讓我氣餒的是，他進公司已經超過六個月，除了我們付的錢之外，他對於其他面向的業務完全無法提出建言。這在亞馬遜是行不通的，但如果你是盡享人生樂活家的話，可能例外吧。我並不是說這些盡享人生樂活家都是壞人，他們人都很好，或者說，至少他們很有趣，只是比起我們，他們活在一個更好的世界裡。

早上十一點半：我路過廚房，把我在一整個早上到處帶來帶去的午餐放進冰箱，不管我離開家之後滋生了哪些細菌，希望冰箱都能幫忙殺光光。有些人警告，把酒混合某些藥物會有問題，但我**不太**相信這對我個人會有影響，我也常忘記我的身體是會遭受感染的。蘿娜正在廚房倒咖啡，問起我面試的事。「坦白說，這些應徵者都開始混在一起，變成同一個想要『撼動出版界』的年輕有爲布魯克林孩子。」我說。

「我這邊也一樣，」她說，「他們都很好，但是很難讓人分出誰是誰。」

「我甚至在還沒看到他們之前，就開始討厭起他們了。」我說。

「我也是。」我們討論是否要請招募單位稍微放慢速度，還是繼續推一把，以便趕快抵達終點。就現在來說，我們會繼續推。

中午十二點：早上九點時，我的行事曆上寫著中午有兩場會議，到了現在變成四場。我傳訊給我團隊裡兩位資深同事，問問他們能否代替我，但他們自己也身兼多個會議，所以，我選擇去開我知道朗恩最關心的那個會議：腦力激盪找出使用Kindle數據的方法，幫助作家設計他們的作品變成暢銷書。比方說，從幾本最暢銷的懸疑小說綜合出數據，可能會指出最完美的設計應該有幾章、篇幅多長、每一句話的理想字數或書寫到哪裡時，就應該發生第一樁謀殺案。

以我還剩下最後一點的心思來想，我認爲這是全世界最糟糕的點子。跟作家說寫到三分之一的地方就要出現第一場謀殺，才會變成暢銷書，我想不出來有什麼比這更讓人喪氣。現在的我已經變成了前作家，但我仍記得感受到整個人進入題材裡、慢慢地揭露整本書的走向，是多麼暢快。如果我能想到**更好**的作法，我會說出來；但我唯一的想法是「**不，不，這太噁心了，住手**」。這會讓我站在朗恩願景的對立面，可能也會讓我聽起來像是個自負傲慢的人，因此我閉緊嘴巴。

下午一點：我針對上星期的其中一位應徵者做簡報，這人又是另一個凱特琳。我很想錄取這個凱特琳，她負責過幾本頂尖愛情小說的編輯工作，在壓力之下也做過幾項棘手的決策，但抬槓者（這次是一位Kindle營運經理）非常反對。「她承認她不知道如何使用Excel的vlookup功能，」他說，「我不認爲她在亞馬遜會成功。她到這裡工作對她來說是不當的安排，對我們來說也是。」

「我聽到你的意見了，」我說，「但她會不會用vlookup功能其實根本**不重要**，我們需要她簽下與編輯愛情小說，就這樣。」

「**現在**可能不重要，但如果她幾年後想轉換工作，那怎麼辦？」抬槓者一直在講這種事，說我們找來面試的應徵者都不是可以**跨領域**的人。這是從我們還是零售商時就留下來的想法，一般認爲，如果我們無法想像某個應徵者在亞馬遜至少可以擔任三種職務，就不應錄取此人。我明白這對他來說很難理解，但他不能否定我選定的凱特琳。*

「我的重點是，」我說，「她在亞馬遜或許**做不了**別的。她要麼替我們簽下並編輯愛情小說，要麼就替其他出版商效命，她可能一輩子都在做這件事，這就是她的職涯發展路線。」

我講重話，他臉色發白。「妳不能從內部找一個愛情小說的**書迷**嗎？找一位對這個領域有熱情、也有分析能力的人。」

「不能。」我說，「我們需要的是專業人士，不是書迷，而且她也有分析能力。她知道書稿哪裡寫得不好以及爲什麼不好，她可以去磋商合約。這些都是分析，分析不是只有**數學**。」

我看得出來我大概說服他了。「我只是想要重申，不會用vlookup這一點讓我費解，這是很基本、很基本的東西。」我想坦承我也不知道怎麼用vlookup，但現在時機可能不對。

＊ 還有，不管怎麼說，我也懷疑我一開始看起來有多麼能跨領域，但看看現在的我。

下午兩點：我穿過中庭，要去和佛瑞茲喝咖啡，他是從紐約辦公室過來拜訪的編輯。我們之前沒有一對一交流過，一群人相處時，他看起來通常很不高興，還有一點瘋狂。還有，他邀請我喝咖啡的電子郵件主旨欄寫著「一團亂」。

下午時分，亞馬遜裡任何一家咖啡廳都是亂糟糟的一大群人，但因爲他的領結和他的公事包，我一眼就看到他。「嗨嗨嗨！西雅圖待你可好？」我刻意興高采烈，因爲愛抱怨的人會激起我內心的抗拒。

「這裡就像是可愛寂靜的村莊，各處在九點前就會關門。」他似笑非笑地說。

喔，好傢伙，他就是這種人。「你說話眞是道地的紐約客。」我說。

「我倒不是。」佛瑞茲一邊說，一邊玩著他眼前的空糖包，「我在馬里蘭出生，兩歲才搬到紐約。」

「但你之後就住在紐約。」

「喔，對，住了三十五年。但只有在紐約出生的人才能眞正說自己是紐約客。」

「呼，」我說，「我在西雅圖才住了六年，但此時我已經認爲自己是個西雅圖人了。」佛瑞茲聳聳肩，彷彿在說：**喔**，西雅圖，**誰知道在這個晝行性北歐小村莊裡有哪些奇風異俗**？

我**絕對**可以針對他的居住地規則問更多問題，但這場會議的主題是一團亂，因此我覺得我最好拉回重點。「這部車的輪子正在脫落。」他說，「我現在要做的書，是我以前在皇冠出版集團時的兩倍。我們仍然沒有明確的購買書稿策略，因爲亞瑟的注意力無法連續維持十分鐘。出版流程本身就是一場**惡夢**，有很多寫手的工作，還要投入很多人力。輪子正在脫落，克莉絲蒂，**輪子正在脫落**。」

一個小時前，我必須說服一位擔任抬桿者的老亞馬遜人，要他去想像一個正在改變的亞馬遜，現在我必須對一個新亞馬遜人自打嘴巴，告訴他有些事可能永遠不會改變。「說起來，亞馬遜這裡並沒有輪子，」我說，「從來就沒有。你經歷到的，就是這裡的運作方式：完全一團亂。」

「那妳要怎麼把事情**做好**？」

「通常很困難。」我以爲他以厭惡的眼神看著我，但事實上他瞇著眼看的是我身後那隻無人陪伴的雪納瑞犬。「喔，牠叫罌粟籽，」我說，「簡稱小罌。牠媽媽就在窗邊。」小罌的媽媽對上我的眼睛，我們交換了眼神。「妳的新短髮好可愛！」我大喊。但這一切似乎沒有讓佛瑞茲覺得好過一些。如果我可以告訴他，罌粟籽是土生土長的紐約客，他可能會比較有賓至如歸的感覺，但我不知道狗兒的出生地是何方。

「事情**必須**有所改變。」佛瑞茲說。

「那麼，我誠心的建議是挑出行不通的部分，然後開始帶動變革。」我說，「寫個一頁的企劃，提議新的流程作法。」

「我不想當只會說『這不是我的工作』的那種人，但這不是我的工作。」

「讓這個以爛木棍組成的屋子黏合凝聚起來，是每一個人的工作，」我說，「你會習慣的，我

是說，你必須習慣。」我猜他最多再過三個月就會離職。＊

下午三點：我和佛瑞茲在等紅綠燈要過梅瑟街回我們的大樓時，他正讀著一張亮黃色的傳單——幾週前，附近的電話亭上開始出現這些東西。上面有一個小測驗，測測看你是不是所謂的「亞馬遜混蛋」（Amhole）。「這是什麼？」佛瑞茲說，「我可沒有報名請世人來**恨**我。」

「佛瑞茲，你來自**圖書業**，」我說，「你怎麼會不知道大家有多恨亞馬遜？」

他嘆氣。「我想我不認爲那股怨氣會衝著個人而來。」他說，「我也會習慣這點嗎？」

「不見得。」我說。此時綠燈了。

下午四點：今天我第一次走回我的辦公室，我在走廊和一群同事擦身而過，他們顯然還繼續聊著剛剛開會的話題。凱西是我團隊裡的資深產品經理，她對我揮了揮手，稍微把頭往右擺，右邊站的是亞瑟，他這週也從紐約過來，此時正摟著群裡的一名作家關係經理肩膀。我自動檢查那位作家關係經理的表情：中性，沒有覺得受傷，也沒展現出高興的樣子。我很難從中找到什麼線索。

凱西十分鐘後過來，並把門帶上。「他這個星期常常**動不動**就動手動腳。」

我嘆氣。「他又對妳這樣？」

「喔，那是當然。」她第一次碰到這種事是三個月前，那時她跟我說了，我有問她想不想舉報。「我不確定要舉報什麼。」她想了一分鐘之後回答，「我是指，他的動作比較算是討人厭，但還沒到嚴重行爲不端，而且都是在公衆場合。我甚至認爲他並沒有想到性那方面。」

我自己的想法跟她一樣模糊不淸。他常對不同的女性動手動腳，碰過的人大約有半打（我沒有），他的行爲並沒有到**很可怕**的地步，但也不代表可以接受。每當我想要跟蘿娜講這件事時，就會想起她對三傻一副無所謂的態度，導致我判定可能是我自己太過敏感，尤其是我的下屬又不那麼介意，不想使事情曝光。

「妳有說什麼嗎？」我問凱西對最近一次對方不請自來的摩娑有何反應。

「什麼都沒說。我連頭也沒轉過去看他，只是把他的手從我肩上撥掉。」

「簡潔流暢又優雅。」我說，「眞希望我親眼見證。」

「喔，我會記得在績效評鑑時把這件事寫進去。」她說。

下午五點：招募單位給「不會做vlookup的凱特琳」的錄取通知草稿送到了，完整實在，我確定她會答應，但我仍在煩憂抬槓者的疑慮。我們是給了她一份工作嗎？還是一個讓她徹底失敗

＊ 他撐了四個月。

的機會？當她覺得某一本愛情小說初稿述說了一個推力很強、很有吸引力的故事，但營運單位說第四季愛情小說的比重高了百分之四，行銷部門則說重大轉折應該發生在Kindle讀到第四三二三行、而不是四六五一行時，誰贏？我提醒自己，這是一種「**能帶動生產力的緊張**」，能帶動生產力的緊張是好事。畢竟，如果工作不是一個毀掉你人生的機會，那它又算什麼？「看來很好。」我回覆，「我們就發給她吧！」

今天下班前，我的醫生發送了年度血檢報告給我，她說一切都在理想範圍內。我猜我應該開心，但我的第一個想法是：如果我還在理想範圍內，那或許理想範圍也沒那麼理想。也許健康的標準太低了。或者，也許我的醫生沒監督運轉的輪子，她打瞌睡了，因爲我的身體裡有點蠢蠢欲動的**什麼**快要浮上檯面了，如果醫生有認眞看，她一定會看到；任何人都看得到。

21 亞馬遜混蛋小測驗

佛瑞茲看見的貼在電話亭上的自我檢測如下：

如果你在以下問題中有一題或多題答「是」：賓果！你就是亞馬遜混蛋。

一、你認為此地是因為你到來才發展起來的嗎？

否。

二、你會不會和六個人並排在人行道上，一邊走一邊聊亞馬遜的爛事，而且不會讓路給別人？

否？我的意思是，我在亞馬遜園區走路時，通常只會和一位同事一起，我們有時候確實會談亞馬遜的事，因此我想這一題有一部分答案是「是」，抱歉，以後我會先列出走路時要聊的主題清單，比如甜瓜、電動車之死、星期天晚上要做什麼（噁心作嘔）等等。

三、你是不是幾乎會忍不住彈指，用輕蔑的態度對待服務員？

這就尷尬了，但我真的不能彈指嗎？我從小就試著學彈指，但可能只有百分之五的時間能成功做到，翻觔斗也是。所以答案是：否，我不會對服務員彈指或翻觔斗。所謂的服務員，我假設你指的是餐飲業的服務生，一年裡，他們在我的午餐時段總共會出現三、四次。綜合來說：最終的答案是否，由於技能與機會有所衝突，我想這題我僅能貢獻一小部分。

四、你是否認為刻意的休閒風穿搭、傲慢的態度、講起話或聞起來像二手車銷售員，就稱為性感？

嗯，否。但我也認為某些刻意的穿著打扮和能言善道的天賦，並不是亞馬遜男人身上最糟糕的特質。我是指，當我試著思考哪些人會追求本題中所說的那種性感，我的心靈之眼就封起來、無法運作。事實上，亞馬遜是我待過最不性感的職場。幾年來，我對職場上的任何人都不曾有過一定程度的迷戀，更別提想要聞一聞誰的味道；我得說，我還滿懷念有可能心蕩神馳的那種感覺，但我也明白，任何會衝向想入非非器官的血流都已經被重新導向，目標改為每天先想辦法活下來再說（你懂的），我不能說這種優先順序設定有問題。所以，回到問題上，我的答案是否。但我很愛聞一聞好聞的頸子。

五、你難道不明白現在的東家是新版的席爾斯百貨[7]，你難道不應該自我檢視？

我必須說，這種寫法比較像是批評，而不是問題。還有，你是從古代穿越過來的嗎？亞馬遜還有Kindle電子書、網站代管、書籍出版等其他業務。但如果你問我知不知道人們可以付錢給亞馬遜，請亞馬遜寄東西給他們？是的，我知道，我猜，我也因此更加戒慎恐懼。

六、你是否有一秒鐘相信過，你在亞馬遜的企業機器裡，並不是一顆隨時都能汰換的小齒輪？

否。

22——裝出一副沒事臉的天才

現在是午夜，我早上六點要搭機飛往紐約，代表亞馬遜出版事業參加一場翻譯文學慈善晚宴，但**某人**認爲我不應該去，可能是因爲我剛剛才從一場嚴重的食物中毒事件中恢復，膽汁侵蝕了我的聲帶，正要奪走我的聲音。「妳不一定要去。」約翰說。

「我**一定要**。」我在電視間裡裹著一條毯子說，「那不只是大拜拜而已，我還要去開會。我不能無緣無故放大家鴿子。」

「無緣無故？妳昨天病得很嚴重。」

「對，但我現在正在好起來。」我一邊說，一邊又吃了一片蘇打餅，證明我眞的正在穩定好轉，約翰只是瞪著我。「這麼晚才取消，很不負責任。」我又補上一句，這麼說並不會讓他瞪視的目光柔和一點，只是讓我內在那個金牛座小孩又鑽得更深。

「『負責』是好好照顧妳自己。」約翰說。

「喔。」我承認，「但今年是我的年，約翰。我終於在對的時間找到對的工作，有望升職，我不要給他們**任何**猶豫的藉口。這次我一定要把這件事他媽的一次搞定，我不要因爲我**曾經**得腸胃炎而冒上任何風險。」

「眞是瘋了。」

「對，」我說，「你沒說錯，這眞的是太瘋了，但我還是要這麼做，我要去。」

「好吧。」約翰說了，但他搖著頭表示反對。

✦

我是說眞的。今年二〇一三年，是我進亞馬遜以來的成就巔峰，嗯，雖然我還不知道，但這可能也是永遠的頂點了。其一，我任職的Crossing部門最近成爲全世界最大的翻譯文學出版商。如果你認爲這一定代表我們出版了**千百本**翻譯文學書，哈哈，並不是。以英語書來說，從其他語言翻譯而來的書不到百分之三；光是出了二十九本，就讓我們成爲業界領頭羊。這自然讓世人爲之瘋狂。部落格界說我們用機器翻譯書，不管程式翻出什麼東西，全部照登，但事實上我們聘用的自由譯者和其他出版社差不多，也讓他們用原本的方法做事。倫敦書展上有一個座談會，一位備受敬重的譯者說我們是很好的工作夥伴，聽衆席裡有男人對著她大喊「叛徒！」，我和凱西從會議室後方監督局面，知道我們不管講什麼都會讓情況更糟。我知道逃不了汙名，但要優雅地承受這一切，也愈來愈難。當我新認識的人知道我在哪裡工作時，有時候我會發現自己刻意進行角色扮演，演出一個有血有肉的人，加倍展現微笑與溫暖，因爲我假設他們會先看到汙名。

但即便如此，經營Crossing這個部門還是**很有趣**。那一天歐巴馬接受了Kindle獨家專訪，在朗恩的鼓動之下，我們於一週內就將訪談翻譯成八種語言，並在八個國家發布，這全都是出於賭賭看我們辦不辦得到。德國、冰島和西班牙的作家在寫作生涯中第一次發現，原來英語系的讀者有這麼多。蘿娜在我的績效考評中寫道，她已經準備好要認眞討論應該怎麼升我。

除了我的成就達到巔峰之外，這一年我在亞馬遜的快樂也達到巔峰。這是非常亞馬遜的快樂，很平淡，有點愧疚感，而且要看喝了多少酒；酒伴可能是作家、同事，也可能是在我需要忘記九小時後還要起床一切再來一次的夜晚和自己喝。在一家備受憎恨的公司工作，卻感到如此開心，是很詭異的事，覺得開心也讓我擔心自己是不是不夠細心，以致沒有看到自己的不適任，或我的這些無能之處終將帶我走向失敗。但我並不賭。我在工作上表現得很好，能一直待在亞馬遜就是最快樂的事。如果當時我能預知未來，我會做足更充分的準備，以面對接下來發生的事。

✦

我還沒到機場，就眞的失聲了。我只能用脣形回應美國運輸安全管理局官員對我說的「早安」，這讓他很不高興。我的鄰座向空服員開玩笑說我不想跟他講話，這也未必全是假話。到了提領行李處，我已經完全啞了，於是我選擇搭長途火車到曼哈頓，不像平常一樣搭計程車，免得要應付司機追問爲何像我這般貌美的女子沒有小孩，以及我是否認爲耶穌基督是救世主。我訂的旅館離精品超市Eataly很近，我通常會去那裡吃晚餐，但登記入住之後我有點發燒，因此改叫客房服務，從二十三樓搭電梯下來到大廳，拿菜單給禮賓人員，一邊比著我的喉嚨，一邊指著雞肉沙拉。他看起來很困惑。他當然有資格困惑，而**我也從來**沒患過這麼嚴重的喉炎。我之前得過幾次，只是讓聲音變得很難聽，這一次則從難聽直接變成根本**發不出**聲音，就像是壞掉的打字機色帶。

我之前都不知道人的聲音會變成這樣；在這週之前，我也不知道嘔吐會害人患上喉炎。我不知道的還有老劇作家愛德華·阿爾比仍在人世，但願其他人在美國自然歷史博物館的**暴龍標本**下介紹我倆認識時，我這張默劇臉上沒有太多的訝異。我們握手時，我盡力講出「喉炎」一詞並指著喉嚨，因此，他知道不用期待我會對他講出珠璣妙語（其他時候我或許會）。這是很棒的時刻，雖然我不介意自己快要病死了，但我很開心他還活著。

小學五年級時，我們班去看一齣由大學製作的阿爾比的戲《海景》，戲中有一對夫婦在海邊做日光浴，最後與兩隻如人一般大的蜥蜴進行深入對話，談的主題我不記得了，好像跟社會有關之類的。劇裡有蜥蜴已經先讓我不安了好幾週，我知道他們只是穿戴綠色道具服的演員，但聽起來還是令人害怕，我很擔心會不會有哪一隻衝進觀眾席吐黏液包住我。「妳不一定要去。」我媽說，但我一定要去；如果我不去，我知道我心裡會愈來愈怕這兩隻蜥蜴。因此，我在極為狹小的劇院裡焦慮地等著，直到他們終於出現在第一幕的尾聲，而我看得出來，他們只是穿著綠色彈性緊身衣的人類。

此時此刻，我穿著愚蠢的宴會服參加筆會（PEN gala）翻譯文學晚宴，頭昏腦脹又發著燒，試圖營造當年看著蜥蜴那種感覺。愛德華・阿爾比只是穿著西裝的普通人，他旁邊的另一位劇作家東尼・神經兮兮・庫許納亦然。小說家法蘭欣・普羅絲是平凡女孩，從托盤上拿了一個香檳杯，同爲小說家的童妮・莫里森則是共乘族媽媽，她正在欣賞某個人的耳環。我或許領導了全球規模最大的翻譯書事業單位，但這裡是他們的地盤，我則是從亞馬遜腐土裡爬過來的蜥蜴。我的喉嚨被膽汁侵蝕，而失聲也有好處，如此一來，知道我來自亞馬遜的人又更少了。

✦

等到我們就座用餐時，我已經恢復很多，足以想起雖然這整件事壓力很大，但也很酷。我想到，**我正在紐約市一處知名博物館內站在恐龍的脖子下**。讀高中之前，我從未越過梅森—狄克森線[8]，而我一直到了三十八歲才來到紐約。不管是桌邊放的藤椅，還是從小在我心裡就代表極致奢華的大型活動專用標準室內家具配備，都讓我覺得紐約的一切充滿魅力。我向對面的珍（她是亞瑟辦公室的首席編輯）、還有穿著燕尾服的盡享人生樂活家二號揮揮手。我和盡享人生樂活家二號認識得比較早，可以追溯到我在零售部門時，當時我覺得他的無憂無慮很迷人；他讓亞馬遜變成一個輕鬆愜意、沒什麼大不了的地方。但這一次，他看起來眼睛紅紅的，而且整個黏在一起都睜不開了。每次我碰到他牽著狗散步，他都介紹牠是「我成功維持最久的關係」，第一次聽到會覺得很可愛，但現在聽起來呆板又感傷。還有，我已經厭倦聽他說「我還沒有完整讀完文件，但是……」，接著他心裡想到什麼就說什麼，完全偏離討論方向。有可能是他的魅力已經退化，也有可能是我已經不像過去那麼容易受人迷惑。

亞瑟和他留著金髮鮑伯頭、穿著香奈兒套裝的妻子南西坐在我右邊，一如以往，每次看到亞瑟都讓我感到既親切又深深疲憊。紐約辦公室是他的王國。朗恩已經告誡他不要插手西雅圖辦公室的買書稿業務，這表示，他**一直以來**都在介入。有個經紀人（這是一位有著菸嗓的女子，我曾經在她身上分別數到七個凡賽斯的獅頭標誌）似乎特別能無情地掌控他，總是要他提出更高、更高、更高的價格去買書稿。對我們來說，很不幸的是，她代理的許多愛情小說作家都是西雅圖這邊正在磋商的出版對象。她和亞瑟約午餐時，都會根據愛情小說編輯已經開出的豐厚預付金和奢華行銷配套要他加碼，使得我的編輯白費心力。當然，財務部總是堅守應盡的職責，駁回過度誇張的條件，但亞瑟從來不是會撤回條件的人，要打電話解釋的反而是編輯。凡賽斯小姐會對我們的無能與不專業大吼大叫，我隔著一條走道都還聽得到。「他爲什麼不能**罷手**？」一位編輯問我。她坦承，要打電話給獅子頭小姐，讓她一整天都胃痛，「爲什麼他不能在加碼**之前**至少打個電話給我，讓我可以做好我的工作？」

亞瑟幾十年來都如此隨心所欲，這就是理由。「我是亞瑟的主管。你別管雜音，讓我來擔心他。」每當有人抱怨亞瑟引發的混亂時，朗恩就會用他興高采烈、信誓旦旦的好老爹語調回話。我相信朗恩**確實**對亞瑟感到心煩，但不確定他是否針對這份煩惱**做**了什麼。每當亞瑟挾持朗恩的員工會議，開著擴音逕自說著冗長、離題的獨白，朗恩就縮進自己的手機裡，直到蘿娜（有時候是莎莉）跳出來重新導引對話。亞瑟或許是朗恩的直屬部屬，但他是我們都要處理的對象，而我們都失敗了。

我非常希望亞瑟（呃，你懂的）離開亞馬遜、永遠不要回來，但我也同樣**喜歡**他。他對上我的眼睛，使個眼色，隔著他太太，伸過手來拍拍我的手，我馬上就覺得好多了。亞瑟是笑容滿面、帶著父執輩慈祥的人，他誇我出色機靈又能鼓舞人心之類的，都是我心中那個寂寞女兒最渴望聽到的話。只要他在這裡（此時我也想不出誰敢叫他走人），我就願意爲了他扮演激勵人心、積極向上的角色，特別是，這也代表了他替我的升遷背書，讓我得到我認爲我終究、真的、確實可以邁向下個階段的副總之位。

「克莉絲蒂是密西根校友。」他對南西說。亞瑟和南西於大學時就在密西根大學相遇，他還常用「Go Blue!」[9]來結束我們的對話。

「太好了！」南西說。我很喜歡她的軟呢外套，我想現在我自己也買得起香奈兒了，但我和已經擁有、並穿著香奈兒的人之間的差距，感覺是無法消弭的。

「只有研究所。」我沙啞地說，「我拿藝術創作碩士學位。」

「喔，妳是作家嗎？」她問。

「以前是。」我說，「但後來我發現我更擅長幫助其他作家發表作品。」我對自己一次又一次說這種話，但尚未因此成真。

「很少人能做到。」南西說，「妳畢業之後就來西雅圖嗎？」

「事實上，我畢業後在安娜堡待了超過十年。」

南西瞠目結舌看著我。「但**為什麼**？妳爲什麼要這樣做？」提到綠意盎然、充滿自由氣息的安娜堡時，人們通常不會有這麼驚恐的反應。「因爲我喜歡那裡？」我只能這樣回答，而這也剛好是事實。

「妳**真的**喜歡嗎？」我是不是無意中說出我在排水管裡住了十年，而且我很喜歡那裡？我想我沒有，但我現在發燒中，而且正在喝第三杯酒。

「我想，妳並不喜歡？」我微笑著說。

「嗯，那不是一個**該待下來**的地方。」她說。

幸好，演講開始了，我不用解釋爲何我待在一個不該待的地方。我的新朋友愛德華・阿爾比發表了一段簡短演說，逼得亞瑟流淚，讓我很感動（該死的，爲何我這麼**容易感動**）。接著是東尼・庫許納發表專題演講，他講了**五年**。我們還住在地獄入口安娜堡時，我和約翰在《天使在美國》巡迴演出時，一天內花了七小時看這部戲[10]，是我生命中見證偉大藝術的其中一日。我試著重溫那一天，但他正不停地談論言論自由所面臨的危險，直到聽衆開始**鼓譟**要他結束。坦白說，我不懂在正式的高檔場合中怎麼會發生這種事。

接著，他點名亞馬遜就是危機之一，全場有一半的人轉過頭來盯著我們這一桌，就算其他人可以躲避關注的目光，但亞瑟太有名了，無法不引人注目，而有些人也開始噓**我們**。這不太妙，亞瑟看起來很震驚，盡享人生樂活家二號跟隔壁桌的人聊天，沒有注意到情勢發展。我則搬出我在亞馬遜第一年學到的和善中性表情：放鬆肩膀和眉頭，嘴角微微向上。不防備，不感到丟臉，不要有風度地笑，只要……什麼都沒有就好。我已經成爲裝出一副沒事臉的天才。

事情最後收場了，我和亞瑟以及南西一起走出去，轉向計程車招呼站，但那裡沒有任何計程車在排班，只有別人請來的黑頭車。「妳知道附近哪裡還有別的計程車招呼站嗎？」我啞著聲音問南西，盡可能表現出滿不在乎的樣子。此時已過了午夜，我發著燒，還有一點醉，站起來走路之後，我才想起這雙鞋的鞋面把我的腳向前擠得發疼。我盼著要摔進後座，讓車子載我回飯店。

「嗯，我們已經叫好車等著了。妳要去哪裡？」南西說。我說，切爾西。「喔，太不巧了，」她說，「我們要去上城。如果妳在哥倫布大道等的話，我確定隨時都會有車過來。」

「小事。」亞瑟說著，並親親我的臉頰，然後他們就走了。

好刻薄，我心想。他們載我一程眞的有這麼難嗎？但我還是順從地碎步走到哥倫布大道，整整二十分鐘看著收班的計程車呼嘯而過。紐約總是有地鐵可搭，但那是還沒有智慧型手機的年代，我根本不確定地鐵站在哪裡，而且當時已過了午夜，我可不樂見自己穿著緊身黑色洋裝獨自坐在車廂裡的畫面。當我想到我可能得開始徒步三英里一路找計程車時，一部還在載客的計程車開了過來，但一個穿著專為人類步行而設計的好鞋的男子快步上前截胡，我倏然停下，看著地面，告訴自己不要哭出來。

「嘿，」他喊著，「妳要一起嗎？」

我抬起頭。「好。」我做出嘴型，大力點頭以彌補沒聲音的落差，一手指著我的喉嚨。「謝謝，謝謝。」

✦

一小時後，我躺在床上，又捧著一杯酒（當你生病時，凌晨一點鐘這麼做很正常，好嗎？），然後發電子郵件給約翰。「筆會晚宴是驚奇之夜，」我寫道，「很累，但身體好多了。愛你。」我需要讓約翰認為我來這一趟是值得的，如果這代表我得騙他，那就這樣吧。我不能讓他現在放掉「克莉絲蒂要升職」這個案子，在終點可能終於在望的此時不可以。

發完這封信之後，我又發了一封給蘿娜和朗恩：「我只是要說一下筆會晚宴大成功，更別說這振奮人心地提醒了我們，翻譯的力量可以破除文化的鴻溝。你們可能會看到媒體提及亞馬遜這桌受到非難，但這只是晚宴快結束時的一段短暫插曲，整個團隊都從容以對。下週我回辦公室後，樂於再提出更詳細的報告。」我設定早上八點時發出電子郵件，以免顯得我**太**瘋狂，之後我就昏睡過去。

✦

根據蘿娜對我的績效考評，她認爲我已經準備好認眞討論升遷之事，因此從紐約回來一個星期之後，我就和朗恩見面，試探他的反應。「嗨，你好，」我在約定的時間出現，用精心調整過的平淡語氣說話，並把我身後的門關上。「感謝你撥出時間。蘿娜建議，我們開始來討論這件事可能是個好主意。」

「我非常同意！」他說，一如以往讓人如沐春風。

「你有空快快看一下我昨天發的文件嗎？」我問。我花了一個週末，根據人資部對於第八級員工開出的正式條件，針對我的技能與經歷寫了一份自我評鑑。亞馬遜的升職提案是塞滿數據的厚重文件，必須納入升職的論點與**不**升職的理由。我在自我評鑑裡採用了相同的方法，但願我有將自己的弱點與有助於我改進的專案連結起來。

「好！」朗恩說，「做得好。」

「太好了！」我說，「正如你所見，我已經表達了我的想法，說明我有哪些地方已經可升職、哪些地方還有待努力。我希望能聽聽你的看法，讓我可以將正確的成長機會放入我來年的目標。」

「很簡單，」朗恩說著，大手一揮，「改變世界就好了。」

我從我的速記本上抬起頭，「抱歉，什麼？」

「改變世界。」他覆述，「等到我要向滿屋子的高階主管推薦妳時，那就會很容易了。」

部門裡才剛升職的幾個男人的臉，快速掠過我心頭，他們多數看起來都能幹得不得了，但我不知道他們做了哪些**改變世界**的事。畢竟，就算想要發明 Kindle，機會也就這麼多而已。「你有想過以我的職位而言，**具體來說**是什麼事嗎？」我問，「比方說……我們要怎麼知道我做到了？」我們已經成爲全世界最大的翻譯書出版社。我們用來管理翻譯的專屬軟體，就我們所知，是全球首創。我們現在正在規畫，要將業務範圍擴大到另外八種語言配對。如果這些都還算小事，那我需要人幫幫忙，告訴我什麼才叫做格局夠大。

「當別人帶著**滿坑滿谷**的錢來找我們時，我們就知道了。」他說著，露齒而笑。

朗恩此話之意，是指我會在一個童話世界裡升職，但那是一個我不知如何去的地方。有那麼一秒鐘，我想搧他耳光，把他那張沾沾自喜、自鳴得意的笑容打掉。**如果你根本沒有真心要和我談，幹麼要開這個會**？我想大吼。但過了一會兒，羞愧占滿了我的心，擠走憤怒。我心想，問題可能在我。我也許應該要學學盡享人生樂活家那種人，優雅地走進來之後說：「大好人，也該輪到我上位了。」而不是提出一份土氣的亞馬遜式文件。或許我應該成爲浪子俠客，而不是駑馬。說實話，此刻我什麼都不知道了。

「好的，」我說，「改變世界！我猜我有一些該怎麼做的想法了。」我很少像此刻如此劇烈地感受到我是個女人。原本應該任由海風吹拂我的髮，但我卻如此拘謹，如此溫順。

朗恩已經半轉過去看他的螢幕了。「我深信妳一定能辦到。」他說。但我唯一深信的，是在未來很長一段時間裡，我都不會再跟任何人談升遷的事了。

23 —— 無可奉告

我或許不再提起升遷的事，但我變得有點執著於證明我可以改變世界，讓朗恩刮目相看。人類出版書籍已經有幾百年的歷史，但如果Kindle可以在你翻頁時傳送出老書本的氣息，那會如何？倘若機場有按時計費租賃的小型亞馬遜私人書房，裡面有躺椅、咖啡機和壞脾氣的貓，那會如何？假如我們可以將某一本科幻小說變成實境角色扮演遊戲，然後讓全世界百萬玩家都一起玩，那會如何？兩百萬人呢？**七千五百萬**人呢？如果我們可以將文字敘述直接灌到讀者的腦子裡，那會如何？最後一項可能眞的做得到，但我不知道從何開始，比方說，如何解釋我需要聘用一個道德面有彈性的神經學家？我必須證明我有瘋狂的構想，但又不會讓自己看起來很瘋。

我開始擔心我變成卡莉絲塔以前警告我絕對不可變成的人物：太過急切想升遷的人。「他們在妳身上聞得出來，如果他們聞到了，就不會給妳。」她說，「這不公平，但確有其事。」我得假裝外人的認可只是一點點可愛的附加紅利，能夠持續創造改變世界的偉大成就、爲亞馬遜謀利，本身就是一種獎勵。但我在這裡認識的每一個人都試圖爭取升遷。沒錯，我們多數人從小到大都是超優秀的人，亞馬遜並未激發我們想要獲得認可的欲望，但他們利用這一點追求最大報酬，將飼料放在看得到、吃不到的地方，再對每一隻看起來很飢餓的白老鼠蹙眉。

七月，蘿娜被派去參加長達一週的異地領導力發展培訓，* 最後一天她從回園區的巴士上傳訊息給我，問我下午要不要一起喝個東西，聊聊某個讓她很興奮的想法。蘿娜不會輕易用「興奮」這個詞，她不太常這麼說。「好！」我回。但願，發動一個有趣的自主專案，可以把我的昂首闊步帶回來。我比預定的時間早幾分鐘先到勇馬小酒館，點了一杯里奧哈紅酒，然後坐定，看起來一派輕鬆，但也已經準備好要永遠改變地球上所有的生命。

「最近我一直在思考接下來該做什麼，」十分鐘後，蘿娜說，「我盤算著要申請有薪休假一年，去文學性的非政府組織工作，可能去拉丁美洲。但前幾天，我有個不同的想法。」她的酒送來了，她喝了一大口。「我想亞馬遜出版事業也該成立國際辦公室了，我想要成爲成就這件事的人。因此，我暫時性的計畫是搬到倫敦住一年，在所有歐盟國家設立辦公室並招募人員，然後回來西雅圖看看我之後想做什麼。」

「那我們可以去買外語原創作品？」我問，她點頭。「哇，那對Crossing部門來說是一件大事，可以從歐洲各地買進尚未出版的書稿。我在想，我們得認眞思考要承擔多大的風險。」Crossing部門現在只收購原文版賣得很好的書，雖然這不保證譯本也會賣得好，但可以減緩風險。「我會確保我的編輯團隊可以和妳的密切配合，因爲有兩個獨立團隊在書市裡做出版的話，可能會有點混亂，但是，哇！這眞的很讓人興奮。」

「嗯，這就是我要先跟妳談過、再去向朗恩提案的理由。」蘿娜說，「因爲我的計畫是帶上Crossing部門跟我一起去。」

「喔！這表示**我**要跟妳一起搬到倫敦嗎？」我努力不要表現得**太**亢奮，但我愛倫敦，我願意爲了搬去那裡編出任何藉口。

「不，」蘿娜說，「我會在妳之上再聘請一個人，負責經營亞馬遜出版事業國際部，裡面會包括Crossing部門。」

「喔，」我又開口了，「我確定妳一定想過了，但妳知道，就像我們之前聊過的，我正努力推薦自己**成為**那個人。」**聊過**。提到和我自己那天殺的事業有關的對話時，我爲什麼就是不能用「討論」一詞呢？爲何我一定要說得這麼不經意？

「妳終究會的。但我想要今年就開始做，馬上行動，我需要的是一個可以立刻投入的總監層級的人。」

---

* 我和瑪妮前一年去過，那二十四個人裡，僅有我們兩個是女性。

「好的。」我說。

「妳在Crossing部門的表現很好。」

「嗯，謝謝妳。」我說，「我能不能請問妳認爲這對我的下一步動向來說代表什麼？我是指，這聽起來像是我的工作要不見了。」

「我不知道這對妳的未來而言代表什麼，」她說，「我沒辦法看這麼遠。首先，我需要讓朗恩接受我的全盤計畫，所以，此時此刻很重要的是，妳先不要告訴任何人有這個可能性。在我們有確切的消息能告知大家之前，我不想引起騷動。」

我可能不算是「大家」，因爲蘿娜剛剛就在我心裡引發了他媽的騷動，而且她看起來一點都不在意。我感受到一股微微的痠麻從我的脖子滑過上背部。「當然好。」我說，「一字不漏。我還可以幫上什麼忙，讓妳跟朗恩做出計畫？」

「我想目前沒有。」蘿娜說。

「好。」我又說話了，裝得一副若無其事的樣子，「嗯，這對我來說顯然是一個令人不安的消息。我很樂於經營Crossing部門，或者，更廣泛一點來說，是我很樂於待在亞馬遜出版事業，因此，我衷心希望這裡能留個位置給我。」她不動聲色地微微點頭。「我猜，我只能等待，看看什麼時候能有更多資訊，對吧？」

她點頭。「謝謝妳這麼有耐心且考慮周到。」

「妳有沒有設定什麼時間表，讓我知道何時能得到更多消息？」

「還沒。可能需要幾個星期。」

之後，在開車回家的路上，我在腦子裡重複播放我在亞馬遜參與過的幾次大驚奇。偶爾，我要負責告知某個人要轉換工作或轉換主管；有時候，我是被告知的人。但無論如何都會有明確計畫，有時候，甚至連告知當事人的時間點都會精準到小時，讓我們可以透過正確順序得到消息，將流言蜚語減到最少。從來沒有人叫我坐下來之後跟我說：「嘿，妳的工作可能會不見，基本上這就是我能告知妳的所有消息，我們不會讓妳參與規畫過程，還有，這件事是機密。」即便在亞馬遜，也不會這樣待人。

我對自己說，這代表的或許是一種尊重，就像米契說我很蠢時，卡莉絲塔卻說這表示他知道我承受得了。也許蘿娜認為，像我這樣的專業人士，就算沒有備用方案，也沒看到她表現出任何在乎的樣子，仍然可以面對自己的事業被她弄得一團亂。或許這代表我在她眼中是真正的領導者。畢竟，偉大的領導者永遠將組織的利益放在自己之前。如果我說出心裡話（我很緊張，我需要蘿娜保證她支持我），可能會讓我看來很軟弱；反之，我讓自己看起來堅毅又冷靜。

這是我說給自己聽的獨白，我接受了這番話，就像我接受了那款受到吹捧的新抗老精華露一樣：其實不太相信，但會抓牢任何有可能避免崩塌的東西。

或許，藉由裝出一副酷樣，不說出我想說的話（**這種事很糟糕，而且妳應該也知道這麼做**

很糟糕，但妳甚至連假裝妳很在乎這件事會對我造成衝擊都免了），我證明了自己值得她尊重。感謝老天，我沒有講出我真正想要什麼，如果說了，我會看到我的整個事業在眼前畫上句點；而且，如果連我的主管都不在乎我，那麼，亞馬遜裡的其他人想當然耳也不會管我。

我決定要求自己接受這番代表尊重的說法，我也決定要讓約翰接受。「蘿娜計劃用大規模的組織再造來面對她的中年危機，」我回到家時這麼跟他說，翻著白眼的同時，也灌下一大杯酒。「Crossing部門可能會搬到海外，但沒有我。」

「呼，」約翰說，「這聽起來很糟糕。」

「我能理解。」我說，「但這不過是另一個亞馬遜版的抓字母拼字遊戲，他們會替我找個好位置。」我痛恨自己騙他，也痛恨他這麼好騙。但是，一定得如此。同情就算只有一個字，都會讓我崩潰。他從冰箱裡拿出豬排時，我又替自己斟酒，酒瓶差不多空了。「嘿，把另一瓶夏多內白酒放進去冰。」我說。

兩個星期過去了，然後四個星期又過去了，仍然沒消沒息。有一陣子，我會在我們一對一的週例會上向蘿娜打聽。「我還沒有任何能告知妳的資訊」是她不動聲色的標準答案。她不會多說，就算我施壓，得到的也只是換句話說：「很多事都還沒定案」或「目前還沒有具體的訊息可說」。我開始連問都覺得尷尬，怕自己像是一個時時刻刻需要他人保證的重度黏人精。**組織為重，我提醒自己，要當一個領導者**。

約莫在此時，我也注意到瑜伽已經不再能緩和我的工作焦慮，就算是在大休息式或需要全神貫注的體式時也一樣，有一部分的我會一直想著下個月還有沒有工作。顯然，這是瑜伽的問題，我要做更困難的體式，嘗試那種稍一不注意可能就會**死**的練習。突然間，一切都變得非常明顯，原來我待了很久的瑜伽教室適合的是不想努力工作的悲傷懶惰之人。我得展開一趟戰鬥之旅，在城裡尋覓其他瑜伽教室，把掌管恐懼的神緩緩注入我心裡，掃除我的失業恐懼。

但你難道不知道嗎？結果我發現，大西雅圖**每一家瑜伽教室**收的都是怯懦的娘兒們。「我的身體會隨著這種大家都做得到的程度的指令而**墮落**。」我對約翰說，而他很明智地不和我爭論。我在想，我從八年級就開始逃避的跑步，能不能爲我帶來一點痛苦，讓我分心？喔，天啊，我還眞是想對了。一開始我一週跑三次，追求崇高的痛苦。但如果跑三次很好，那跑五次應該只會更好。很快地，我的右小腿開始有點**發抖**，但我不管。

到了第二個月，我已經不再問我會怎麼樣，改成瘋狂地證明我的多才多藝與知識淵博。在以技術爲焦點的會議中，我提出的問題讓大家想起我是一位專案經理，我很懂軟體開發流程。在購買書稿的會議上，我更常提到編輯想買的非Crossing部門出版的書，展現我的聰明才智不僅限於自己的領域。我也從來沒有浪費任何一個可以大讚Crossing部門成績的機會，不管是簽下名聲斐然的譯者，還是我們某一本書的顧客評鑑平均得分拿到五顆星。就算沒戲唱了，我要離開這裡時，也要讓大樓裡的每一個人、每一隻狗，都知道我在這份工作上表現出色。

某個週末，我和瑪妮一起去買她和安迪結婚要穿的衣服，她確認了我心裡的想法。「我只能當一朵嫻靜的花朵嗎？」我一邊問她，一邊懶懶地試著她換掉的頭紗，「我是指，我應該**樂觀**看待整件事嗎？」

「不應該。」她的聲音從更衣室門後傳出來，「這麼久都還沒定案很不正常，換成我的話會瘋掉。」

「我一直告訴自己，她這麼做是因爲她知道我撐得住。」我說。*

「亞馬遜就希望妳這樣催眠自己。我不知道妳應該怎麼辦，但我只想告訴妳，我確定這糟透了。」

最後我還是崩潰了，並跟約翰說我有多憂心。「她只是一直說著同樣的話，類似錄事巴托比[11]那樣，」我說，「我從她嘴裡問不出**什麼**。她本來應該幫助我在亞馬遜創造未來，卻一副事不關己的樣子。」

「他媽的，」約翰說，「在這種情況下，妳還**想要**留下來嗎？」此時我們人在第一大道的一家俱樂部裡，等著湯匙樂團上臺表演，我用塑膠杯喝白酒，這是爲了說服自己，我還沒累到不能待在這裡。

「我有得選嗎？」我說，「我有什麼？我六年內換了四個工作。我沒有心力在亞馬遜從頭開始。我需要某種穩定。」我一直在瀏覽內部的徵才板，但貼文裡充斥著「堅忍不拔」、「堅毅不倦」和「執著不放棄」等字眼，而且把足球比賽和週二啤酒日形容得太誇張了。對於一個咕嚕咕嚕喝營養液代餐的大學男生來說，這或許很刺激，但我不會根據哪一家公司提供最好玩的生存遊戲來做我的事業決策。

約翰搖搖頭。「我指的不是在亞馬遜找新職。這個城市裡到處都有好工作。」

「約翰，除了亞馬遜之外，沒有人會用我。多年來，我在這個古怪、亂搞的公司裡做了很多古怪、亂搞的事，我的職涯發展故事說起來**很瘋**。」我把重心換到另一腳。一週跑步五天讓我被診斷出右小腿有「輕微的適應性問題」，現在正一陣一陣地在刺痛。

約翰嘆氣。「別這樣。妳的職涯發展故事訴說了此時此刻妳是一個出色到要命的特種部隊。幻想妳在亞馬遜以外找不到工作，簡直是瘋了。」

「我聽說諾斯壯百貨已經不再聘請從亞馬遜離開的人，因爲我們這種人帶著一副無所不知的態度進人家公司，就像個王八蛋。」我說。

「對，妳跟我說了有三十次了吧。」約翰說。

＊ 雖然，事實上我根本撐不住。

「我還聽說星巴克針對我們這種人訂出**正式的排毒方案**，因為我們到職時的樣子太糟糕了。」有那麼一下子，表演好像就要開始了，但事實上只是巡迴演出管理員在播放更多的錄音帶。

「所以妳需要接受排毒！如果眞的有這種事的話。」

「聽好了，事實是我承受不起離開亞馬遜，」我說，「**我們**承受不起我離開亞馬遜。」目前為止，股票在我的獎酬中占了三分之二，由於從我分到股票之後，股價根本是狂漲，我的年收入目前已經遠高於市場上的薪資水準。

約翰又嘆氣了。「我們有**很多**錢，我的公司去年成長**一倍**，妳的新工作也會支付妳高薪。」

「但可能不像亞馬遜這麼高。」

「誰在乎啊？如果妳可以不用忍受在亞馬遜工作，妳眞的需要賺亞馬遜的錢嗎？」

這是一個價值百萬美元的問題。「這個包包的價格把我先生嚇死了。」莎莉上週告訴我，她想了幾個星期之後，終於下手買了一個 Marc Jacobs 流浪漢包，「但如果妳在亞馬遜工作，不時就要給自己買個禮物。」我認識的每一個在亞馬遜工作的女子，都有同樣高成就的配偶，但因為漲瘋了的股票之故，我們每個人賺的都比配偶多。約翰從未因此表現出一丁點男性自尊的不安，多數人的先生也是；他們都已經進化了，而且很聰明，只會覺得十分幸運。但很難向他們解釋的是，我們並不**覺得**自己坐領高薪。就算亞馬遜一個月存一百萬美元到我的支票帳戶裡，我還是會覺得，**對，這是應該的，看看我們面對什麼樣的恐懼、混亂和醜陋的環境，還有永無休止、不斷**

提高的要求，而且根本沒有人會對你說一聲謝謝。

「我現在就是不能思考離開亞馬遜，」我對約翰說，「這已經超過我的腦袋所能負荷的量。」

「好吧。」他說，「不要再嚇唬妳自己說妳沒辦法。妳隨時都可以離開，但妳選擇留下來。」

他不懂。他**沒辦法**懂。幸好此時湯匙樂團正要就定位，所以我不必做無謂的努力試著解釋給他聽。

✦

在煉獄邊緣待了三個月之後，我和蘿娜雙雙趕赴德國參加法蘭克福書展，這是國際出版專業人士的大型聚會，大家在這裡談公事也開派對。「今天要一起吃午飯嗎？」有一天早上，我們分頭趕赴會議要過馬路時（以我來說很痛苦，因爲現在我連走路都痛），她問我。喔，我想，她可能有什麼消息要告訴我了。一點鐘，我們帶著事先做好的盒裝沙拉到展覽大廳，看到了書展上的奇蹟，宛如看到雪豹一般：一張空的長椅。「太扯了。」蘿娜說。

「這是什麼惡作劇嗎？如果我們坐上去會被電擊嗎？」我問。

「我願意冒險。」她說，於是我們坐了下來，沒有觸電。「我來這裡很多年，我敢說，我每一餐都是坐在地上吃的。」

「全媒體指引公司派我去日舞影展那年，我也常坐在大廳地板上吃飯。」我說，「有一天我往左邊看，看到蒂妲．史雲頓和她的朋友也坐在地板上吃東西，那是我人生中最偉大的一刻。」

「不會吧，」蘿娜說，「蒂妲．史雲頓？」

「我對天發誓。」我說，「她的姿態就像一隻異國野鶴，穿著一件充滿野性的摺紙大衣。」我打開希臘沙拉的沾醬，看起來是純芝麻醬。

「妳的書展到目前為止狀況如何？」蘿娜問我。很好，我說。想要更詳細地說明書展很困難，基本上這比較像是和本來都靠遠端聯絡的人面對面聊聊，做計畫來計劃下個月要做的交易，當下沒有實質的業務好談。她說她那邊的情況也很好，之後我們便靜靜地吃起塑膠餐盒內的食物，我明白了，她不會向我提起我不久之後是不是就會沒工作這件事。別問，我對自己說，多聊聊蒂妲，喔，或者跟她聊聊妳在空蕩蕩的大廳碰到約翰．麥倫坎普，他對妳說「嘿」，然後妳也對他說「嘿」，這可是一則傳奇，她會愛的。但我控制不了。當我們把剩下的午餐倒進滿出來的垃圾桶裡時，我說：「來到這裡，讓我在想，關於我們夏天談過的那些變動，不知道妳有沒有新消息？」我講得非常隨意，彷彿只是因為身在全球最大的國際出版展覽當中，讓我想起了這件事。

「我沒有新消息，」她說，「抱歉。」

「沒事的！妳能不能讓我知道妳的看法？一件事就好。」我問，「我應該在亞馬遜出版事業之外的地方找新工作，還是妳認為在內部也可以？我不想到頭來失業，我相信妳一定明白。」

「我明白。」蘿娜說，「我希望內部也可以，但我還不知道。」

在剩下的午休時間，我覺得我的臉、甚至連我的下巴都被滿滿的淚水拉長了，但我不能承受公開失態的風險。我離開展場，大步走，躲進最近的地鐵站旁一座空蕩蕩的公園。我不能讓自己如身體所願、肆無忌憚地嚎啕大哭，但我確實任憑眼淚傾洩而出，就如下水道堵塞倒流的水一樣滿出我的眼睛。我看著鴿子成群地轉來轉去，心想著這世上有這麼多地方，最後我怎麼會在**法蘭克福**（這可能是一個適合居住的地方，但你可能不想來觀光）的一座展場走來走去，一次又一次代表這個對於我的希望和恐懼根本無動於衷到荒謬地步的主管，說著「久仰大名」這種話。隨著我把腦袋裡的眼淚清愈多出來，我就愈冷靜。我判定，這太超過了。我要離開亞馬遜出版事業單位，甚至可能乾脆離開亞馬遜。我在很多公司裡都有人脈，我明天就會開始試著探詢他們，相信總會有某個地方的某個人願意冒風險接納我，這次，我要找一個生活沒那麼嚴苛的地方。我擦擦眼淚，看了一下時間，三點三十分，或許正適合去旅館的健身房運動。我踽踽走向地鐵站，在我的晚餐約會之前先去跑步機上跑個幾里路。

回到西雅圖一個星期後，蘿娜把我拉進她的辦公室，提早十分鐘跟我說一些事。她說，她的簽證問題已經解決，很快就會公布她在倫敦的新職，莎莉會升上蘿娜原本的位置，擔任發行人。她問我要不要接下莎莉的職務，負責西岸購買書稿的業務？「哇！」我說話了，時間太過倉促，而我也真的是太意外了。我腦袋裡有個聲音說：**就是這個工作。現在掌理的是六個單位，而不只是一個了，影響力變得極大，這是妳真正能留下名聲的大好機會。**但另一個聲音說：**不要，離開**

才是明智之舉。到目前為止，妳已經受夠了恐懼和憤怒，大家都看得出這個工作只會讓妳瞎忙，妳只會從中得到更多難熬的日子。去他媽的這個爛地方，救救妳自己吧。

「當然好，」我說，「這個機會太棒了，很榮幸妳想到我，我很開心。」

24 —— 愛的大樓

我驚恐地盯著文斯的簡報投影片，聽見他的聲音從走道盡頭傳來，於是我決定要親自去找他本人。他在他的辦公室隔間裡，正在給新來的行銷經理看他一九七四年的高中畢業紀念冊。「這是演出合唱音樂劇時的我，這是參加法國俱樂部的我。你看得出來，我收集很多讓人驚豔的襯衫胸襟。」當他看到我時，戲劇性地將畢業紀念冊闔了起來。「喔，又是**她**，**這次**又是什麼事？」

「你爲了這次經紀人峰會寫的簡報，」我靠在他的隔間牆上說，「非常……繁複。」

「嗯，這不就是簡報要達成的唯一目的嗎？針對簡單文字檔上的資訊做一些愚蠢的花俏招搖設計？」隔壁隔間裡的查理王小獵犬麥茜走了過來，文斯捧起牠的臉。「我真愛這張邪惡的小臉。」他說。

「我的意思是，你到底是從哪裡找來這種字體？是你**委外製作**的嗎？爲什麼這裡要加動畫？爲什麼書籍封面要斜放成這麼得意洋洋的角度？文斯，你討厭我嗎？」

「我超愛有明顯襯線[12]的字體。」他說。他的笑聲迴盪著，有點粗啞，是我最愛的聲音之一。

「聽好了，在一家不常用簡報投影片的公司裡任職的人，突然被迫要做投影片，就會發生這種事。我們都瘋了。」

「我知道，我知道。」七年來，我在亞馬遜寫過或看過的簡報投影片用兩隻手就數得出來，但我一點也不懷念。然而，文學經紀人和亞馬遜人不一樣（而且是大不相同），我們慢慢才懂（速度簡直是慢到難以饒恕），如果我們要跟他們打交道，就得用他們的語言說話。因此，我要求文斯和其他向我彙報的單位領導人都要做一份平實基本的簡報，凸顯出他們當年度最重要的書，並針對每一本書給我一份簡短扼要的銷售說詞。我找來一支筆，在文斯的白板上寫了起來。「懂嗎？只要方框和線條就好。乾淨、簡單、枯燥。」

文斯另一邊的隔間坐的是愛情小說部門的主管可可，她抬起頭來。「嘿，妳看過我的投影片了嗎？」我說還沒。「很好。別看！我現在正在寫一份新的要交給妳。」她笑著說道，但可可是我在亞馬遜遇過最麻煩的自我鞭笞聰明女子，我知道她現在很確定我想要炒了她，等一下她大概就會來敲我的門，問我是不是不相信她有能力把工作做好。我跟可可說過好幾次，在我的所有直屬部屬中，到目前為止準備最充分、可以接手**我的**職務的人就是她，但有時候，保證和讚美感覺上只是使問題更嚴重。如果我說沒什麼好怕的，她會認為我只是還沒抓到她的短處而已。如果我說我永遠都會罩她，她會認為是某個高層要拿她開刀了。有時候，當她來敲我的門時，我的胃會反射性地抽筋。

「我們能不能同意這一點，做這種事根本就是瘋了？」文斯說，「飛去紐約和經紀人開兩小時的會議？他們根本輕輕鬆鬆就能看到我們公司的網站。更何況，妳還跛腳了！」他指指我腿上的黑色足部固定器，我至少還要再穿六個星期。

「我沒有**跛腳**，」我說，「只是可能有一點**蹣跚**而已。」

「妳就像是小提姆[13]。」

「我沒事。」

✦

沒事？我才不會沒事。表面上當然是。我以前只負責Crossing這一個部門，現在要負責六個*，這是我職涯發展中最大幅的躍進。在我手下工作的人，個個聰明、風趣又和善。我們的工作是出版那種讓飛行航程變得愉快、讓人們熬夜閱讀、使他們情不自禁地想再讀一章的書籍。不管何時，都會有人要我衡量某部科幻小說系列的潛力，或是針對勢均力敵的投票結果仲裁，決定某本愛情小說的封面露點是不是過頭了。作家都感激得不得了：他們感謝我們給他們的第一次或第二次機會，感謝更高的權利金，感謝他們在網站上得到的曝光。他們會送我們杯子蛋糕、鮮花或其他禮物，讓我們知道我們改變了他們的人生。

* 還是五個？七個？六個半？說實話，這項數字每個月都會變。

唯一的問題是我其實**做不來**這份工作。後來發現，我的職責範疇一夕之間膨脹六倍，沒有過渡期、培訓或小量導入，並不像我那顆已經偏向亞馬遜思維的腦袋想像中簡單。當我接下莎莉工作的同時，她也接下蘿娜的工作，她已經忙得暈頭轉向，試圖掌控局面，無法花太多時間協助我適應。而且，我們都在亞馬遜待很久了，已經習慣跳進讓人困惑的新職，所以我想她也跟我一樣，不認爲我的工作範疇**擴成六倍**有多麼困難。莎莉會帶著記事本到處走，上面有一張包括工作、問題和疑慮的不斷變動清單，在我們一對一開會時，她會從第二頁翻到第六頁，再翻到第一頁、第九頁，尋找她要問我的事寫在哪裡。她的手動來動去的樣子，讓我想起心臟病這類的撲克牌遊戲，我的心也開始跟著她的雙手動來動去；我覺得我對她的態度就像可可對我一樣，亞馬遜的女人之間彷彿有一條無盡的鎖鏈，往上鉤在前一個人的牛仔褲褲腳上，渴望得到對方的保證。當我告訴她，我覺得自己快要撐不住、做不來這份工作時，她說：「這是因爲這份工作就像沙子一樣從妳的指尖滑落。」她的意思是問題在於這份工作，而不是我。但我要如何才能讓這份工作不要像沙一樣流動？我不知道，而且我覺得問她很丟臉，因此我沒問。我只是努力地一天一天將事情搞清楚，但這就像拼拼圖時，每次拼第三片就會不見，而且底圖每天晚上還會改變。上任六個月，照理說應該要全速前進，但我還在嘗試從破破爛爛的紙片形狀當中拼出一個樣貌。

在我少有的幾個回顧時刻，我看清了這家公司裡的女性光是要撐著不崩潰並管理好自己的工作，就已經用盡心力，我們少有時間或精力像過去那樣協助彼此。莎莉沒有給我所需要的，我沒有給可可她需要的，可可或許也讓她的隊友失望了。俗話說，**你要先替自己戴上氧氣面罩再去幫別人忙**，但我們自己的氧氣面罩在這一路上要不是掉了、要不然就是壞了，而亞馬遜根本毫不在乎。「朗恩說他的工作就是一直丟東西給我，直到我跟他說我快被工作淹死為止。」莎莉對我說，「我們為何一定得這樣活著？」莎莉就像亞馬遜戰士一樣堅守戰場。當她出口抱怨，事情早已非同小可，但她也擋不住層層落到我們身上的工作洪流。

我也接受了這份工作之所以會如此，純粹是因為很多問題都開始來到緊要關頭罷了。現在每一位編輯每年都要監督上百本書（在一般的出版社，工作量比較接近十二或十五本），而且他們能用的只有拼湊出來的工具和手工作業。銷量不斷下滑，行銷光是要應付這些書的基本作業就已經陷入困境，更別說要特別關注需要額外增援的書。「你們的工作就是找到暢銷書。」朗恩一逮到機會，就會用開玩笑的恐嚇語氣對我的部屬這麼說，天知道我們有多努力了。在此同時，整個團隊瀰漫著失敗的感覺，這讓編輯不斷猜測自己做的到底對不對，因而手足無措，連帶導致我們更難挖掘到轟動大作，這表示朗恩又有更多機會發表演說，大談我們有多需要暢銷書，而且**馬上就要**，如此循環不已。文斯是非常有才華的編輯，功力遠遠比莎莉深厚，當他告訴我，期待已經高到不合理時，這表示我們真的搞砸了。身為主管，我的工作是讓編輯能將他們的工作做好，但我找不到能讓整個局面緩和下來的線頭，而我也開始一點一點地將這些事往心裡放，變成了一塊難以穿透的灰色大石頭。多數夜晚，我要喝掉一瓶酒加兩顆安眠藥才能入睡，早上醒來時，我會覺得這一天已經完蛋了，因爲終究會如此。

✦

文斯說去紐約出差簡直是瘋了，他當然是對的，但我也當然無論如何都得去，踏著我的足部固定器在華氏十五度（約攝氏零下九度）的風洞裡踽踽獨行，而且，因爲我忘了三千里外的天氣可能不一樣，所以我只穿著輕便的外套，也沒戴帽子與手套。我和經紀人開會，他們看起來非常不悅，之後我去了有著「Love」標誌的大樓，探望紐約團隊，但他們看來同樣很不悅，事實上該說情況更糟糕：他們看來**很沮喪**。他們的書也賣不好，出版名人回憶錄代表要忍受非人的待遇，那些由女演員變成導演的人會在密閉的計程車裡點菸，也不管旁邊大腹便便的宣傳人員，瞄到她的腹部時，還假裝是第一次看到，輕描淡寫地說了句：「喔，妳懷孕了，嗯，我才不管咧。」然後將菸吐到她臉上。他們都在燒錢，他們都知道這是很嚴重的大問題，但他們也不知道要如何扭轉乾坤。**我們要做什麼，才能讓局面不這麼混亂**？他們想知道答案。**朗恩希望我們做出什麼成果**？**莎莉希望我們做出什麼成果**？**為什麼亞瑟可以這樣為難我們**？**朗恩為什麼不約束他**？

對於這些問題，我只能說「我不知道。」**如果連妳都不知道，那我們真是完蛋了**。嗯，對。我沒說，因爲我不用說。我腦海裡閃過之前在銷售部的事，那是最後一次有人眞的需要我幫忙，而我拚盡全力；羞愧感像一把熱辣辣的刀劃過我的腹部，我甚至連抗拒都不想了，因爲我沒用，沒用的人應該感到羞愧。

這天結束時，我回到旅館喝光了一整瓶酒，看著電影裡海倫．杭特爲一個靠著鐵肺（負壓呼吸器）過日子的男人當性愛治療師。喔，對了，世界上還有性愛這回事。和約翰上床曾經是我發洩日常煩憂的可靠方法，但最近我得喝酒喝到夠才會想要，即便到那時，我都要靠推撞或擠壓我的膝蓋才會有感覺。如果我高潮時沒有繩索的痕跡或瘀青，那還算是性愛嗎？電影裡那個靠鐵肺維生的人讓我雙眼淚水滿溢。**我也被阻絕了**，酒精形成的迷霧讓我這麼想，而我的自艾自憐讓自己感到噁心。

那天早上，我忘記在下床前先套上靴子，我小腿上細如髮絲的裂痕痛了起來，但即便如此，這種感覺也比一團混亂的宿醉好一點。反正，這就是我在做的事：讓局面好轉，然後往右轉一大圈，情況又變得更糟。

25——專業協助，修訂版

白天我學習亞馬遜的知識，晚上我會去找一些關於女性在商業世界的文章、條列式短文和TED演講，希望有些祕訣、技巧或隨便什麼，能幫助我表現得更好。我就是這樣才學到，若要表現溫暖的姿態，坐在椅子上時要往前傾身、坐得足夠靠近，但又不能露出乳溝。我坐著的時候，兩邊的肩胛要抵住椅背，雙腳要著地。我站著的時候，雙手要貼住大腿，雙臂不可交抱。眼神接觸至少要持續兩秒，但不可超過五秒。看男人時，要看他的前額和雙眼（這稱為商業三角），但不可以看鼻子或嘴巴（這叫做社交三角）。傾聽時要殷殷熱切，但不可以頷首或把頭歪一邊。講話時自然就好，但結尾音調不要上揚。說話要果斷，但不要插話。如果有男人插話，我要堅持先講完我的想法，但態度要迷人，對方才不會覺得他自己犯了錯。不要自願寫會議紀錄，因為那會讓我看起來像祕書，但也要自願寫會議紀錄，因為那是唯一能確認我的貢獻有被列入的方法。要談判爭取更高的薪資，但不要讓金錢變成我的動機。要擁護職場上的女性，但不要著眼於我這個單一的職場女性。永遠都要為了自己的成就居功，但也要讓我的成績不證自明。自願接下新任務以**樂於助人**，但不要急切。穿著打扮要擁抱我的女性魅力，但不要凸顯我的胸部、肩膀、腰身、臀部、雙腿、嘴唇和頭髮。要微笑，但不可太過，少一點，再少一點，對，就是這樣。現在，請維持住。

任何坐姿都好，只要能讓你不去想自己的身體就好。進入一間房間時，若桌子旁和牆邊都放有椅子，要選桌邊的位置。照你原本的說話方式說話。你天生的說話聲音讓你拿到這份工作，自此之後，也沒有出什麼戲劇性的大亂子。放好你脖子上的頭，愛怎麼擺就怎麼擺，如果是斜的，那就斜的。你站得很好，你走得很好。要考慮一下三寸高跟鞋的力量，必須是很穩、讓你可以邁開大步的那種，但你隨時都可以不穿。不要因爲你賺到錢或者你想要更多錢而道歉。不要因爲做了決定而道歉。不要因爲你借力使力做出成績而道歉。不要因爲無法馬上有答案而道歉；要說你會找到答案，然後去做。不要因爲提問而道歉，但盡量不要重複問同樣的問題。將你學到的東西寫下來，之後消化並整合，讓這些東西引導你提出下一個比較高階的問題。當你**真的**需要道歉時，要誠心誠意，只需要道歉一次，就繼續往前。不要聘用你不願意在其手下工作的人。不要聘用完全不比你聰明的人，至少要有一個重要面向勝過你。如果你在會議前會緊張，就在索引卡上寫兩個你要提的重點，讓你可以在桌子下偷偷拿出來看。將最多的時間花在你最好的員工身上，如果你拖著不去處理表現最差的員工，你得知道最出色的那些人會看在眼裡，他們等著你做點什麼。要開除別人時，請記住這件事對於對方來說，一定比對你來說糟糕**無限多倍**。一定要想辦法讓其他女性多多參與，但得當心發展出不受控的自願心態：你沒有義務為了協助女性向前邁進而出席每一個委員會。挑一個，並推薦男性參與其他的，不要覺得過意不去。反正若沒有男性加入，所有推動女性前進的方案也會變成封閉迴路，絕對無法觸及真正的權力層級。不要太擔心自己有冒牌者症候群（人人都有這個症頭，就連男人也一樣），更重要的是克服它，並採取行動。學著如何聊運動，或者如何不聊運動。對於漫威世界表示意見，或者不表示意見。**千萬別說任何人蠢**。還有，幫幫忙，穿你自己愛穿的衣服。

26——榮耀莓果

如今我隨時隨地都想要喝酒。我想著今晚要開哪一瓶，我要用什麼招數來阻止自己灌掉一整瓶，但我壓根兒明白反正我一定會全部喝光光。我想著以前多麼有趣，現在卻半點樂趣都沒有，眞是太怪了，但我居然還是繼續做相同的事，彷彿我簽了合約之類的。我想著喝這麼多會不會讓我短命，但我可能並不在乎。我非常渴望不要再一直想著喝酒，不只因爲想這件事讓我疲乏，更因爲我多花一分鐘想喝酒這件事，就少了一分鐘好好思考如何在工作上表現得更好。**停下來吧**，我對自己說——我是指不要胡思亂想了。接下來幾個月，我試著成爲一個更隨興、不想這麼多的飲酒人，但翻來覆去的想法從沒停過，還有，雖然我在工作上的表現沒有更糟，但也沒有變得比較輕鬆。

六月的某天晚上，約翰出門一個星期不在家，我和我們家的黃金獵犬一起坐在戶外，想著要不要進廚房再開瓶酒，但我知道喝了一定會讓自己更心煩，此時，我第一次想到還有別的方法重新贏回我自己的心理領土，不要再花心思擔心喝酒這件事，你知道的，那就是：別再喝了。這個想法讓我大爲惱火，但其實很有道理。那天晚上我還是喝了，乾掉一整瓶再多加一點，但當我隔天早上睜開眼睛時，我下定決心：如果戒酒可以幫助我跳脫羞愧與後悔的輪迴，那值得一試。當我做出決定後，體內的某個東西就放鬆了，彷彿渴望這一天已久。然而，思考要如何創造更快樂的未來太讓人害怕，反之，我只是想著，**最後我一定會在工作上表現傑出**。

✦

五天後約翰回家，此時的我已經處於一種脆弱的興奮狀態。我的生理系統裡少了化學性鎮靜成分，這可能有影響，也可能是因爲我睡得比較好，但最大的原因應該是**成功**所帶來的愉悅。一天不喝酒，就是贏了一天，目前爲止我已經大勝五次。我已經很久、很久都沒有感受到這種成就感。我的亞馬遜腦想要貶低此事，說任何人都應該做得到，但我知道這種想法很危險。「還記得我們在訓練萊諾斯上廁所時，每一次當牠記得要去外面尿尿，我們都要卯足勁讚美牠嗎？」我問約翰，「現在的我就是萊諾斯。就算我只能做到這麼基本的小事，我也要把自己當成征服天下的大英雄。」

約翰很替我開心，這就是我非常想看到的結果。我無法忍受他眞的把我當成征服天下的大英雄的壓力。雖然我說他不用顧慮我，但他馬上也不在家裡喝酒了。我不經意地跟瑪妮提起這事，她用同樣的態度回應，這對我來說是一份很棒的禮物。除此之外，我只把這件事放在自己心裡，這在工作上有點難度，因爲出版這一行很嗜酒，我們這層樓總有某個臨時起意而形成的酒吧，大家在那裡乾個杯或共度歡樂時光。但我盡量躲著，並讓自己分心、不受誘惑，幻想著可能會有某瓶酒破了，某位同事意外踩到玻璃而必須送急診，那時我就可以跳出來當指定駕駛人。或者，我下班回家的路上可能會有警察因爲車尾燈破了之類的事對我攔停，並問我有沒有喝酒，而我會說：「警官，我上一次喝酒是在十天前。」而他會慢慢地聞一聞，然後說：「女士，我爲妳感到驕傲。」我在市中心跑步的路線途中，常會有一個散發酒味的男人倒在第一大道和詹姆士街的路口，叨叨絮絮對著等紅綠燈的人碎碎念。我通常戴著耳機不理他，但有一天晚上，我想到我們很像，結果我還給了他半個微笑。我從不知道我會同時湧出既尋常又激動的感受。

但過了四個月之後，我在工作上的表現也沒有比較好。我變得比較冷靜、比較敏銳、睡得比較好，也比較相信自己有優點，我做到了一件我以爲做不到的事。但這代表亞馬遜出版事業爛透了。我們的年度目標每一兩個月就改一次。上頭先是要我們多買點書稿，之後又說少買一點。朗恩要求我們提出文件，討論成立新單位與新方案的可能性，之後又改變心意。情況愈來愈棘手，因爲其他出版商已經追上來了，跑到我們的網站上尋找成功的自助出版作者簽約。等一下，我們想到，如果我們可以從網站上找到**還沒有**大發、因此尚無人注意到的書，那會如何？我們向其他團隊借來一位統計學博士幫忙，開始利用演算法計算有哪些默默無名的書在幾週或幾個月之後會走上大突破的路。*我們將這個專案暱稱爲「海底」方案。朗恩發現可以在另一座金礦之下挖到一座全新的金礦，自然興奮無比，他對莎莉說，他希望今年買進的書稿有七成五都是出於海底方案；這是好事，唯一不好的是演算法推薦的書大多不太好，**真的**很不好。

即便是跟買書稿無關的業務也很難做。我們的行銷總監米亞說，亞馬遜出版事業早年買到的某些系列已經「來到自然生命週期的盡頭」，意思是有四、五套書的銷量大跌，而我們也沒辦法讓它們起死回生。這些瀕死的系列在我們的清單上占很高的比重，但我們也無法用過去創造暢銷書的手法炮製。「我要宣布整個部門火燒眉毛了，」朗恩這麼說，因爲他只有兩種緊急狀態，一種叫做「還好」，一種叫做「大災難」。「我們**現在**就需要暢銷書。」我的團隊要負責找到新品，這沒問題，問題是要出版一本書需要**很長的時間**。就算已經有完稿，也還需要簽約、編審與校對、封面與頁面編排、印刷，凡此種種。多數出版社至少需要九個月，我們拚拚湊湊，想辦法縮到六個月。要快一點，朗恩說，就三十天。

與目前的時程相比，這縮短了百分之八十四，我會知道答案，是因爲我聽到這個指令時驚慌失措，我得自己量化。

在此同時，朗恩加了愈來愈多購買書稿的標準，直到決策樹變成這樣：

本書能不能在六個月或更短的時間內賺回預付款？**

我們能不能取得英國、法國、德國、西班牙、義大利、日本、中國與巴西的出版權？

本書在英國、法國、德國、西班牙、義大利、日本、中國與巴西有商業潛力嗎？

亞馬遜電影工作室有興趣開拍嗎？

能不能改編成漫畫或圖文小說？

本書是同人小說（fan fiction）友善的書嗎？

可以用現有的自動方案做行銷嗎？

本書完全只能歸於某一種類別嗎？

能不能改編成音樂劇？

那木偶戲呢？

能不能帶動一股熱舞旋風？⁂

喔，對了，這是一本好書嗎？

---

* 對，我們試著用演算法預測未來。對，這很瘋狂。

** 一般認爲只有約四分之一的書能賺回預付款。

⁂ 後面三條也許加入了我的想像，但其他條都是眞的。

朗恩不明白買書稿的速度爲何這麼慢。「我絕不懷疑團隊可以幫我們找到對的書！」他一邊說，一邊如同往常微笑，看著一屋子編輯戒愼恐懼的空白臉龐。

在倫敦和東京的尖峰時段，有時地鐵車廂會擠到不得了，我根本抓不到握把或扶手，這時我就會玩一個遊戲，運用我的核心肌群撐住，在列車啟動或停下時不要倒向其他乘客。最近當我試著守住中心時，我的腹肌也同樣感受到痠痛；我現在守的這個中心就像熔岩燈裡的泡泡，會一直變動，還會製造出其他一模一樣的泡泡，害我的神經突觸全部糾結在一起，也一直將注意力放在不對的地方。至少有半數泡泡都是失敗的泡泡，當我錯以爲那些是正常的泡泡並碰觸它們時，泡泡就破掉了，還汙染了水。

✦

就在這些焦頭爛額當中，有一天，我拿著沙拉快步從員工餐廳走回來時，遇見一個至少五年、甚至更久沒見的同事。她是法國人，臉上除了紅色唇膏之外未施脂粉，披著絲巾，面無表情，彷彿在扮演一九七〇年代的女管家，我覺得她散發一種無可言喻的魅力。「碰到妳眞開心！」我說，但當下我發現，我根本不記得我們一起做過什麼。

「我也很高興看到妳！」她說，之後我們就站在那裡對著彼此微笑，我才想到她可能也不記得了。最後，她指指她餐盤裡的壽司，對著梅瑟街的方向點點頭，「嗯，我正要去湖邊吃中餐。」

等等，什麼？我抓著塑膠餐盒站在那裡，看著她遠去。我是說，我知道過了對街就是聯合湖，但我從沒想過我可以**走到那裡去**。嗯，我心想，她是法國人，也許所有法國員工都在那裡碰面，在天鵝船上吃午餐，一邊喝著保樂茴香酒，一邊大聲朗誦巴爾札克。法國什麼事都有。

當我和朗恩針對一份六頁文件做第九次的來回修訂時，我在行事曆上排好了明天十一點半要「去湖邊」。等時間一到，我一副有什麼正當的告退理由似地走出大樓，穿過有著六條車道和地面輕軌的梅瑟街，站在聯合湖的西南端點。這天陽光燦爛，小小孩在感應式灑水器之中搗蛋，每次被噴到就尖叫著咯咯笑。廣場正對面是歷史與工業博物館，又是另一個我從沒想過要造訪的地方；博物館後面就是小艇碼頭和一小片沙灘。我身旁都是人，多數是觀光客，也有稀稀落落、脖子上戴著亞馬遜識別證的人，有單獨的，也有成雙成對的。

我慢慢走向沙灘，兩手空空（我忘了這個行程中的午餐部分），看到我的一位編輯在草地上躺成大字形，正在讀一本書。我看到她時就轉身往另一個方向去，這並不是因爲我擔心她看到我出現在這裡會小看我，而是怕她會擔心我小看**她**。

博物館另一邊是約翰很喜歡的地方，名叫木船中心，結果只是幾個維修亭，還有，你知道的，有幾艘船。我不特別在乎船，也不關心船是用什麼材質製造的，但此時此刻我人在這裡，看見這些船美麗又纖弱，與小艇碼頭裡的纖維玻璃船艙遊艇相形之下更顯特色。我想，**我猜我也喜歡木船**。有一艘船是焦糖色的，就像我的髮色一樣，我在想，不知道在陽光下是不是一樣都讓人覺得很溫暖。往下走幾步是一座有頂的船塢，旁邊只繫了一艘閃閃發亮的柚木小船，甲板上有一張摺疊桌，放著十二個小罐裝紅透的小草莓，一張牌子上手寫著「三美元」，就用晒衣夾夾在一個放滿了一美元零錢的紙盒上。

我被一股想要吃草莓的欲望淹沒，但我身上一毛錢也沒有。因此我只是看著，想著種植、採摘、包裝與運送這些草莓是某個人要負責的**案子**，而我永遠敬佩有專案在身的人。以前當我試著做個節制有度的飲酒者卻失敗時，我會努力自己找些案子來做，比如編織、烘焙、看標準收藏公司發行的每一部電影，但專案與節制總是一起完蛋。現在我或許也能再找個專案來做，前提是我找得到要做什麼。我對自己說：**看看妳現在的樣子，居然對著草莓在哭**。我揩去眼淚。**妳撐過來了，妳如此生氣勃勃**。

✦

幾天後，我們這二十五人的團隊齊聚一堂，召開每星期的提案例會，擴音器上*還有十個人從紐約、倫敦和慕尼黑連線進來。我是會議主持人，但朗恩也開始來開這些會議，我假設這反映出他對編輯的能力沒有信心，不相信他們能找到他知道就近在眼前的所有暢銷書。一如往常，我在活潑輕快的氣氛下就座，胃裡充滿了胃酸。

我們有個好的開始，愛情小說團隊要提案的是一本講女人與男人魚的愛情故事（在後《暮光之城》時代，愛情小說作家開始將範疇拉得很遠，找尋各式各樣可以做愛的神祕生物）。行銷團隊覺得這很好賣，亞馬遜電影工作室會喜歡，可以拿到全球版權，從同人小說面向來看也很穩。

「我愛！」朗恩說，並用他的手機查資料，「這是從海底方案挖出來的嗎？」

「不是。」編輯說，「我每週查閱了八十到一百本海底方案所撈出的書，但目前沒有東西跳出來。」

「嗯，別忘了我們訂下的七成五目標。」他說，一副好像有誰會忘記的樣子。

接下來發言的是科幻小說團隊的傑瑞德。每個人都有點羨慕科幻小說部的編輯，他們的書最有可能滿足製片廠、圖文小說、同人小說等各項要求。傑瑞德眼光犀利，總是能找到最典型的宇宙史詩類作品，讓這類型死忠書迷垂涎。然而，他今天看起來有點緊張。「我今天要提案一部原創的處女作。」他開始說。這可以解釋他爲何緊張：「處女作」表示這位作者沒有任何銷售紀錄，我們無從檢驗，而「原創」代表這還只是一份手稿，不是一本自助出版的書，所以也不算在那七成五的目標裡。「我知道這不是我們目前的重點，但這本書眞的很特別，是我多年來讀到最好的書，可以想成是英國奇幻小說家柴納．米耶維加上美國小說《修正》。」

我心裡同時掠過兩個想法：我非常想讀一讀這本書，以及，這書絕對不會大賣。太過文學，

＊　我講的眞的是擴音器；據我所知，亞馬遜直到二〇一三年都沒有視訊會議科技。

太過跨類型，太未經測試，太**新穎**。

行銷部門裡負責科幻小說的傢伙說：「很棒。」但之後他發言時看來一臉痛苦：「我眞心喜歡這本書，我願意一讀再讀，但這本書絕對比較偏向文學，我們很難在這個領域推出超群絕倫的書。」

「但這是很**易讀**的文學。」傑瑞德說。

「如果我們不能有效行銷，易讀也沒什麼用。」米亞說。我知道她只是克盡職守，保護她自己已經超過負荷、疲憊不堪的團隊。但她拒絕的方式有一種油嘴滑舌的氣息，每個星期都讓我更氣一點。

「了解。」傑瑞德說，臉色也跟著緊繃，「我只是想指出，就算這本書一開始不是暢銷書，但我認爲很適合角逐雨果獎與星雲獎，若獲得提名，**將會**很容易在行銷與公關宣傳上勝出。」

「銷售、銷售、銷售，」朗恩插話，「我們想要能夠**得獎**的**暢銷**書，世界上沒有任何一個團隊比我們更具優勢，更能挖到寶。」

「好。」傑瑞德說。從他臉上的表情來看，謝天謝地他沒有多說什麼。

我的手機響起，莎莉傳訊息給我，她坐在長桌的另一頭：「傑爲什麼提了一份還沒出版的手稿？他應該要從海底方案裡找。」

「他有在找，」我回覆，「沒有太多選擇。」

「怎麼說？」

「寫得不好，無法達到可供編輯校對的程度」是傑瑞德就他最近期從海底方案中找出的選項對我說的評語，我也抽取了足夠的樣本親自確認。「那些作品都低於最低品質標準的要求。」我回傳訊息。

「爲什麼演算法沒有篩選出比較好的書？」我們已經一再討論過這個問題，但現在和莎莉相處的情況就是如此。她因爲上呼吸道連續嚴重感染請了很多假，等她回來上班，朗恩又交給她很多自主專案，加起來已經是第二份、甚至是第三份全職工作了。我們之間的關係，已經精簡成我告知她上週就已經說過、但她也已經忘記的壞消息，然後她回答：「我們得馬上修正這個問題。」彷彿我還沒有死命去做，彷彿我們在這個上級不斷替我們設定新目標與業務模式的地方還**可以**修正什麼。

「我們每週都用演算法做實驗，」我回覆，「情況並沒有好轉，但我們不會放棄。」從我們早在零售部門相識以來，莎莉一直都是我所知最貪心的領導者。她跟我一樣，也在大學教文學，一直到食衣住行和醫療保險的需求勝出。*我一分鐘都不相信她眞心認爲演算法可以拯救我們、或者放棄需要多一點行銷關注的好書是聰明之舉，但她現在就是這麼做，因此我也必須這麼做。過

* 有時候，我會想像美國人民不必根據能否取得醫療照護來進行事業發展決策，但可能性眞他媽的傷透我的心。

去曾有一段時光是我跟莎莉可以花一個小時暢談我們愛的書，我很懷念。

我們開完會後幾乎駁回了每一件提案，這是連續第二個星期了。我關上辦公室的門，期待有那麼一陣子不會有人來敲門。我不知道該和傑瑞德說什麼。如果可可進來，又啟動新一輪的「**我會被開除嗎**？**我知道我會被開除**」，那怎麼辦？我擔心我會發火，我從來沒有在亞馬遜發過火，現在也不打算這麼做。

蘿娜已經發電子郵件給我，主旨欄什麼都沒寫，還把副本抄送給莎莉。「這是我這麼**久**以來開過最讓人挫敗的會議，」她說道，「為什麼我們的決策變得處處受限？我們該有哪些具體作爲，以便改善情況？」她明明非常清楚問題在哪裡，也知道朗恩的影響力跨越大西洋兩岸；自她搬去倫敦之後，她跟我說最多話的就是這一次了，她的話馬上讓我沉浸在羞愧感當中，這是一種小孩等級的羞愧感，和我在幼稚園把字母作業著錯色那天感受到的羞愧感沒有兩樣，在我的上脊椎和喉嚨裡擴散開來。眼淚從我的胃部被壓了出來，像是嘔吐一樣，一波又一波，每次循環都往上多推一點。我的哭聲蠕動著。我無法止住，也不能冒險在這種狀態下衝出大廳的門。我只能彎下腰俯在膝部，盡可能無聲地啜泣，並對自己小小地喊話：

妳很丟臉。妳軟弱又猶豫不決。妳沒有膽量，沒有骨氣。妳每天都讓團隊失望，因為妳不夠強壯、不夠聰明、不夠勇敢，不適合待在這裡。不要假裝妳一直不知道會有今天，每個人最後都看得出來妳不屬於亞馬遜。現在這套系統要開始否決妳那悲哀、心思遲鈍又可鄙的自我了。公司不會今天就把妳踢出去，甚至今年都不會。妳在公司裡累積了很多假功勞，這種事不會這麼快發生。但妳終究會不再重要。大家終會對於寄託在妳身上的希望失望，最後妳會跌下來、被別人取代，一個有骨氣、能發揮作用的人，一個不需要討好但會討好的人，一個絲毫不在意共識、感受或細心度的人，一個做起事來不像該死的沒用女人的人。這些都是妳活該，因為妳是個庸才，一開始根本就不應該踏進門。

嘔心嘔肺的強大力道止住了我的淚，我善用了這陣暫時性的緩和，戴上太陽眼鏡，在街角走了幾圈，我的心非常平靜，足以讓心底的想法傾洩而出，那是我一整個早上都在抗拒的念頭：

也許我應該再開始喝酒。

我知道我不會眞的去喝。到了現在，就算只是把酒倒進嘴裡這個想法，都讓我發自內心覺得反感、甚至詭異，就像要我喝下稀釋過的抗凍劑。但想喝的衝動還是鋪天蓋地襲來。我和一群二十幾歲的男孩一起穿越梅瑟街，這些初階的開發人員或踏著滑板車，或踩著漂浮滑板。我來到船塢，開始沿著小艇碼頭散步。**妳要怎麼辦**？我問自己。妳不能做一份讓妳想喝酒的工作。

我可以離職，這個念頭讓我一驚，彷彿我從來沒想過。我甚至可以**現在馬上**離職。我可以開車走人，永遠不回頭。約翰不在乎；如果說他會有什麼反應，也只會是開心。我想，**我失敗了**。

但這個詞忽然之間看起來微不足道。**好，假設妳尖叫著逃跑，成了一個失敗人物。妳在乎嗎？如果妳……就讓自己失敗呢**？想到**決定**讓我自己失敗這個念頭，幾乎讓我笑了出來。雖然聽起來很怪，就像生理上我不可能願意把自己淹死一樣，但這個想法現在已經在我心裡扎根。

大家都會知道我失敗了，我接著想，**如果我可以在完蛋之前離職就好了**。**那會怎麼樣呢**？**且讓我們假設將有兩百人認定妳是失敗者；但在此同時，妳可以很清醒、不酗酒，也不會隨時都在啼哭，這將會是一次值得的取捨嗎**？

我不知道。「失敗」一詞又開始顯得很嚴重，我必須躲開。但我將「我需要的或許正是失敗」這個想法放進心底。我把這個念頭加入心中的清單，當我發現草莓攤並領悟到我在乎的其實是我自己那天起，我就在編列清單了：妳喜歡木船和片狀鹽，也喜歡在桌子旁放大理花。有時候，妳在跑步時會對自己講一些惡毒的話。妳在午餐時間出去走走的話，會讓自己冷靜一點。如果妳某天晚上睡不好，隔天通常就能睡好。手邊有一整套懸疑小說系列可讀，會讓妳覺得安心。妳總是認為自己不夠強大，但妳很強大。妳真心相信失敗會變成某種永久紀錄。妳非常醉心於清空抽屜。妳非常努力要將妳其實不想做的事做好。妳從未問過自己是不是應該別做了。

27——去做一次我們認為能讓自己開心的事

我沒有馬上尖叫著逃跑，我想要堅持到我得到下一個職務，所以我需要穩定做好這份工作，替自己爭取一點時間。接下來這個月，我爲了會議做了超過百分之百的準備，只是這通常根本沒用，因爲反正等到開會時，朗恩就會對我們要做的事改變心意。亞瑟過來時，我會體貼地聽他抱怨預付款的事，並用一句「Go Blue!」回他。蘿娜從倫敦回來已經兩週，我試著不要遇到她，因爲我覺得如果她冷淡地待我，這一次我眞的會崩潰。至於我的直屬部屬，我都扮出一副冷靜地提供協助的模樣。我想文斯知道出問題了，因爲他在我們的一對一會談時間唱起他自行改編的音樂劇《星夢淚痕》裡的〈輪到蘿絲了〉鞭笞我。「我有個夢／我對妳有個夢，克莉絲蒂！」但其他人看來並未起疑，沒有察覺我已經宣告自己是個行尸走肉的女子，沒看見我將辦公室收得乾乾淨淨，所有東西只需一個托特包就裝得下。再也沒有小玩意兒，再也沒有三雙備用鞋，肯定也沒有作家送來的酒，只剩下一個塗著亮漆的收納盒、一副耳機、一個咖啡馬克杯，和我出生那天別人送我媽的木製旋轉木馬音樂盒。我可以十五秒鐘就打包走人，明白這一點，足以讓我目前留在這裡。

但工作之外則有別的躁動：我貪婪地對身邊的所有事物感到好奇。草莓—木船時刻現在常常重現。我在電視上看到現代舞者，猜想最早是何時開始區分哪些是人們隨興的動作、哪些又是舞蹈。全食超市的香料貨架使我著迷，我買了四種不同的鹽回家，強迫可憐的約翰跟我一起做味覺測試。「如果你追根究柢去想，到底什麼才是鹽？」我問他。約翰現在也已經不喝酒了，而我不太相信這和鹽的味覺測試有什麼太大的關係。我想起兒時迷戀的事物：美人魚、貼紙冊、少女偵探崔西·貝爾登系列——那個穿著印有「來自歐克星的莫克」字樣的吊帶褲、頂著一頭凌亂的捲髮、愛書成痴的笨拙偵探女孩，後來怎麼了？她是不是還在這裡的某個地方，就躲藏在所有試算表、一絲不苟的打亮粉和精心挑選的口紅之下？（這雙唇看起來正像是，嗯，我的嘴唇？）我不想再度完全變成她，但也許我們可以取中道。

某個星期六下午，我在家裡閒蕩，開始思考我從四歲到二十八歲，爲了想成爲作家所花費的那些年頭，更精準一點來說，是我眞正花在**寫作**上的那些年頭。詩詞、三幕劇本、寫了三分之一的小說、短文、兩本完整的短篇故事集。客廳裡有兩面牆是內嵌式書櫃，我在其中一櫃的底層放了幾本刊登了我的文章的小雜誌。我坐在地板上，抽出一篇在文學比賽中被作家艾米·亨佩爾選爲亞軍的文章。

我讀來都有點不好意思了，雖然有些空泛，還雕琢過了頭，但寫得眞的還不錯。我開始注意到，若可以的話，我會改寫其中幾行，接著又注意到結尾之前的一整段，這段很棘手，我無論如何都寫不好。**我想著，喔，我知道要怎麼改了**。我已經超過十年沒有從事創意寫作，但我在工作上與私底下都讀了**很多書**，我猜我也可以妥善運用一些幫助作品成功的知識。改文章這個想法聽起來**很有趣**。我的身體覺得像是在遊樂園坐我喜歡的遊樂設施：我很清醒、全神貫注，而且只有讓人開心的那種緊張。

我還有很多關於寫作指引的舊書，我帶著其中一本走進附近一家安靜的咖啡廳，還帶著筆記本和筆。我的態度有點**鬼祟**，很怕被抓到，但我還是迅速翻閱整本書，直到我找到一個很喜歡的指引提示，然後寫了一頁的故事，內容是一男一女在分手當天一同被大雪困住。我花了幾個小時才寫出這一頁，因爲我已經忘了所有該考慮的地方，例如句子的韻律、在對的地方開始對話，以及要說清楚時間地點等等。我要做的決定有一百個，後來發現很多東西我還記得該怎麼做。我想，也許我可以去學剩下的，我的心靈之眼的光圈轉成了廣角模式。

✦

亞馬遜徵才板裡沒有一項激發出我的好奇心，雖然我已經開始回覆獵頭公司的電話，但要整個從頭再來的想法仍然讓人疲憊。有一天，負責我的高階主管培訓靜修研習專案的布萊恩・賽門斯，發出一封大宗電子郵件給所有參加過的學員，說他手上有一個資淺專案經理的職缺，工作內容是負責他這套專案的後勤操作與簽約事宜，問問我們有沒有好的人選，而這封信讓我有了一個想法。

我和約翰去瑪妮與安迪的新家吃晚飯，那是一個以鋼骨和玻璃打造的箱子，閃閃發亮，宛如小型機場的飛機庫。我沒跟安迪說我在戒酒，但當我們抵達時，他正在用自家製的大黃糖漿和某種煙燻木頭的浸泡液體調製無酒精雞尾酒，讓我大爲感動。約翰和他擠在遠遠的另一頭（我的意思是眞的**很遠**），讓我和瑪妮在桌子這一頭講我的想法。「如果我去布萊恩那邊工作，會顯得很瘋嗎？」

「不會，我們參加那套專案的最後一天，妳跟我說，妳希望有一天能回去做。」她一邊說，一邊把韭蔥切成小圈圈。我什麼都沒說，她抬起頭。「妳難道不記得了？」

「**完全**不記得。」

「嗯，妳說過。」她說，「所以，如果妳還想做，也沒那麼神經吧？」安迪給了我們馬丁尼杯，裡面裝著粉紅色液體，嚐起來像煙燻味的金巴利香甜酒。「我們有事情要宣布。」瑪妮說，我馬上就在想她是不是懷孕了。他們的婚禮還要再等幾個月，但我知道他們想要小孩，而大家也不年輕了。

「我們要搬去舊金山。」安迪說，他們兩個看起來開心得不得了，所以我猜我不能任性地發脾氣大吼。

「哇，爲什麼？」我的語氣聽起來傳達的意思可能也差不多。

「因爲舊金山一年有兩百六十天晴天，西雅圖是一百五十二天。」瑪妮說。我等著她給我更多理由，但我猜，就這樣了。

「妳確定嗎？」我說，「妳也知道的，那裡有霧，還有，請記住惡毒的馬克・吐溫是怎麼說那裡的天氣，他通常是一個很正面的人。」

「馬克・吐溫？」約翰說。

「怎麼了嗎？」我說，「他認爲舊金山是一個不適合人居住的地方。」

「他只有說那裡很冷，沒有說那裡很黑。」瑪妮說，「妳也看到我是怎麼熬過來的。我以前需要度一次陽光燦爛的假期才能熬過冬天，後來是兩次，現在是三次。度假愈來愈貴了。而且，從這裡搭飛機兩小時就到舊金山灣區了！我們會有一棟附全套衛浴設備的客用小屋，你們來就有地方住了。」

「你們兩人都要調職嗎？」約翰發問，而我拿出手機，想要謹慎地反駁舊金山不會比西雅圖更晴朗。

「不，那又是另一回事了。」安迪說，「我們兩人都要離開亞馬遜。」

「我們慢慢有一個想法，認爲在亞馬遜工作是一種拖磨。」瑪妮說，「我要攻讀社會工作碩士學位，成爲治療師，服務那些任職於有毒職場的女性。」

「我還不知道要做什麼，」安迪說，「但那裡有成千上萬的新創公司，如果他們想要擴大規模，可能會聘用從亞馬遜出來的老員工。」

谷歌已經確認了日照天數那件事，那是因爲谷歌太爛了。「但你們**才剛剛**買下這棟房子。」我努力嘗試。

「對，賣掉可能很不值得。」安迪說。

「但換句話說，誰管他啊？」瑪妮說，「我們要去一個有陽光的地方生活，而且不再爲亞馬遜工作了。如果妳想的話，妳應該去布萊恩那邊。我們爭輸贏還撐得不夠久嗎？也該去做一次我們認爲能讓自己開心的事了吧？」

當晚回家，我發電子郵件給布萊恩。「你開的職缺對我來說顯然太過初階，但你認爲用其他方式聘我怎麼樣？」

他十分鐘內就回了。「妳明天早上能和我碰個面嗎？早上九點？」

✦

五個星期之後，就是我在亞馬遜出版事業的最後一天了。我和約翰要去奧勒岡度假，之後我們要去接艾拉——我們領養的一隻十週大的黃金獵犬，將成爲萊納斯的妹妹。之後，我的辦公室會搬到兩棟大樓之外，開啟我在布萊恩團隊的首任領導力發展研究員的兩年任期，這是我們在一次相約喝咖啡時發想出來的職務。以職涯發展歷程來說，這可說是相當曲折的變化。這顯然代表我有兩年的時間都會脫離升遷之列，但誰在乎？我只想學些新東西，擁有機會重新去感受自我價值。我也想要得到善意。我的團隊成員都是老員工了，以平常心看待這次的變動，就算有人感受到我非常想離開，他們也沒明說。倫敦的蘿娜什麼都沒說，朗恩也什麼都沒說，因此我要求最後一天短短碰個面，當作道別。

「這是大改變！」他說。

「是的！」我說，「我眞心想要感謝你之前給了我這麼多機會，這三年我學到非常多。」我覺得喉嚨在發抖，也竄出一股挫折感：都已經四十四、五歲，卻還沒學會如何不要差一點哭出來。

「很高興聽妳這麼說！」他咧嘴笑道。此時此刻最適合他回過頭來感謝我展現了足夠的彈性與勇氣，在三年內接下三份不同的工作，而且至少在其中兩個職務上表現出色。但他只是坐在那裡微笑。

「如果容許我對未來提供一些建言，」我說，「我會說我認爲或許能善用一些再激勵手法，這恰好也是你擅長的。」我現在眞的開始顫抖了，因此最後幾句我說得很快：「我認爲大家需要更常聽到他們做的事是對的，我認爲這會讓局面大不相同。」

「很棒！」他說話的語氣，彷彿我在大力恭維他，「我一定會考慮。」

「嗯，謝謝。」我喃喃地說，以稍感羞愧的寄居蟹躬身姿態溜了出去。十年之後，當我想起這一切如何開始、如何結束以及我從來沒能取回的尊嚴時，我的身體仍記著這股羞愧。

Part 4

乾涸

2014年至2015年

28 新聞稿暨常見問答

亞馬遜的老員工克莉絲蒂．寇特爾加入高階主管發展部門，成為首任領導力發展研究員

寇特爾將向公司高階主管傳授亞馬遜的商業管理理論與實作！

西雅圖二〇一四年一月十五日訊：亞馬遜資深員工克莉絲蒂．寇特爾加入該公司高階主管發展部門，成爲首任領導力發展研究員，向本專案的主管布萊恩．賽門斯彙報。在這兩年的任期內，寇特爾要以全球爲範疇，協助發展並傳授亞馬遜的管理理論與實務，造福世界各地的亞馬遜高階主管。

亞馬遜高階主管發展培訓專案是一套爲期六個月的計畫，匯聚公司裡的高潛力領導者，一同參與一系列異地靜修培訓、模擬、三百六十度回饋、個人教練指導，以及同儕協作。每位學員都會帶來自身推展亞馬遜業務時所遭遇的眞實挑戰，作爲學習的素材，並根據亞馬遜的可複製、自我進化機制，與發展部門成員及其他學員設計出解決方案。

「親自歷經完整的高階主管發展培訓專案，是我在亞馬遜事業發展中的一個亮點，讓我成爲更好的領導者。」之前擔任亞馬遜出版事業西岸編輯總監的寇特爾如是說，「從各方面來說，我任職於亞馬遜出版事業的期間滿懷喜悅，眞的讓人走不開，但我無法抗拒這個機會，我要善用我在亞馬遜的業務經驗，爲公司出色的領導理論與課程規畫盡一份心力。」

常見問答集（＊僅供內部使用＊）

問：對寇特爾來說，這算是事業發展急轉彎嗎？

答：亞馬遜很榮幸能營造出良好的企業文化，讓員工可以探索各式各樣的興趣，善用他們天生具備的所有優點並發展出新長處。寇特爾十分樂於回到原點，發揮她所有的技能與知識，以造福亞馬遜的領導者並間接嘉惠他們服務的亞馬遜顧客。

問：能否更詳細說明她爲何做出如此大的改變？

答：寇特爾的生活近來有一些個人面的變化，喚起了她的渴望，她想要為過去投入於亞馬遜出版事業的技能與心力設定新的使命，導向新目的，加入高階主管發展團隊為她提供了絕佳機會。「我想不到還有什麼更能讓我感到滿足。」她說。

問：這是眞的嗎？她眞的想不到還有什麼事更能讓她感到滿足？

答：被問到這一題時，她點點頭並微笑，表示確認。

問：爲何是現在？

答：寇特爾努力戒酒七個月了，她突然意識到，如果是一份不會被焦慮和絕望淹沒的工作，將比較容易保持清醒。「我戒酒之後看得比較清楚了，也花了很多時間反思，」寇特爾説，「透過那些反思，更顯而易見的一點是，亞馬遜出版事業根本是一場喧鬧吵嚷的大亂鬥，有生之年我不想多花一秒鐘待在那裡。」

問：喔，所以這是亞馬遜出版事業的問題囉？聽起來相當缺乏勇於自我批評的精神。

答：不，當然不是亞馬遜出版事業的問題。那份職務不適合寇特爾，她本性不適合飛快地做出很多決定，但這份工作必須要這麼做。從負責一個單位一躍成為六個，讓她吃不消，出版事業所屬的更大業務單位快速改變策略與目標，有時候也會打亂她的平衡。還有，亞馬遜出版事業是「一場充斥著混亂、訊號漏失以及父權的狂歡會」，一想到還要和這個部門繼續周旋下去，她就想要在街上躺平。

問：寇特爾過去一直將焦點放在亞馬遜出版事業，想藉此獲得她長久渴望的晉升。她曾想過爲了達成目的硬撐到底嗎？

答：在她被告知晉升的條件是要「改變世界」之後嗎？「沒有。」寇特爾說。

問：他**真的**這麼說嗎？

答：「他確實說了。」寇特爾說。

問：但她還是留在團隊裡。

答：這不是一個問題。

問：等等，現在是克莉絲蒂在說話嗎？公關去哪兒了？

答：對，是我。我問了公關人員，聽說傑夫剛剛買下天空，不知道是不是真的，他們跑出去找答案了。

問：之前妳爲何還留在團隊裡？

答：我以為沒有別人要我。

問：戒酒是否讓妳改變想法？

答：對，我一直以為戒酒代表最終我可以直接面對自己無能的黑洞，但我反而體會到我喜歡自己，我值得在好一點的職場工作，不必像是在生鏽的旋轉圓盤上演出雜亂無章的戲碼。

問：很合理，但我還是要問，爲何突然轉向一個全新的領域？

答：如果你有注意到的話，便會知道轉入新領域就是我在做的事。還有，我參加高階主管發展專案的那兩個星期，是我覺得在亞馬遜最受重視的時候。感覺上我變成一個充滿長處和優勢的人，而過去是一個有著人形、但其實只是一條用任務和缺點繩結做出來的悲傷編織繩。根據我經歷的面試過程，我認為布萊恩和其他新同事值得我付出時間與心力。

問：他們值得你付出時間和心力？我注意到這裡缺乏一絲**謙卑**。

答：（笑聲。）

問：妳爲什麼笑？

答：因為你居然覺得我會在乎。

29——主動休息

「試著將沉默的時間拉長一點。」學員於上午休息時間一哄而散時，布萊恩輕聲說，「下一次妳在問學員問題時，多拉長五到十秒鐘，再跟他們說妳的答案。」

「我有**感覺到**我太快跳進來了，」我說，「我會覺得打破尷尬的沉默是我的責任。」布萊恩是有著鏗鏘有力男中音的高大巨人，即便我已經穿上五．九英寸（約十五公分）的高跟鞋，他跟我講話時都還要彎下腰，彷彿是一棵好心的大樹。但我已經慢慢習慣了。

「大家都會。」他說，「嘗試新作法，看看會如何。」

十分鐘後，人群重新回到宴會廳，我又站在他們面前，指著大螢幕。「休息之前，我們正在談當領導者在管理全球性的規模時，有哪些是他們通常未能充分利用的管理手段，」我說，「我們現在來看另一面：在你的經驗中，你看過哪些被過度使用、或者你自己過度使用的方法？」我看著二十四張無所謂的臉孔，其中二十二位是男性，只有兩位女性，跟五年前我和瑪妮當學員時一樣。情況很清楚，他們絕對不會開口說話，但我等待。爲什麼他們當中就不能有些人至少擺出明顯在思考的樣子？我等久一點。布萊恩從教室後面的攝影機那裡對我眨眼，我心想，**天啊，我**

真恨這傢伙。我的答案已經讓我的肺都脹了起來，但我還是多等了五秒。

「我想，我會說組織架構被用過頭了？」一位來自雪梨辦公室的產品經理大膽嘗試，點了點頭並低聲說話。「尤其是組織重整。有時候有必要，但有時候我認爲我們把這當成萬靈丹。『我們』包括『我』。」

我微笑著讚許他的坦白，私底下也讚揚自己的小小勝利。「我將組織重整稱爲亞馬遜版的抓字母拼字遊戲，」我一邊說，一邊模仿搖動字母盒的動作。「你知道終究會有一個位置，但在此同時，整個過程喧鬧又充滿震盪。」這逗笑他們了，我也不再覺得教室裡只有我孤單一人。

晚餐休息時，我逗留在教室裡，這裡實際上是睡美人度假村裡的豪華石梁宴會廳，此地是一處靜修勝地，從西雅圖開車過來要兩小時。史蒂文斯山口這一邊有積雪，外面林木蓊鬱，充滿田園之美，像是老牌的庫里爾艾維斯版畫公司描繪的西北太平洋風光。「說起來，這可能是我在整個亞馬遜職涯中聽過最有用的回饋意見。」最後一個學生離開後，我對布萊恩這麼說。

「這部分妳再多說一點。」他說。每當有誰說了什麼，他至少有一半的時候會這麼回答，這是培訓講師的習慣：一旦對方開口說話，就盡量讓他們一直說下去。

我思考。他等著。「嗯，這很務實，」我說，「你提出的建議是我**做得到**的，你不只是說『在導引學員發表意見這方面要表現得更好。』而且很即時，我可以馬上就試試看。現在我試過了，要再做一次的話，我也不會緊張。這對我來說眞的很有幫助。」

布萊恩笑了。「回饋意見都應該要像這樣發揮作用。」他說，「順便一提，從妳提問到丹尼爾回答之間只有十秒鐘，我有計時。」

「眞是瘋了，」我說。

「時間久了就會這樣。」

✦

我一定要說，有時候我覺得布萊恩太瘋狂了，或者至少可以說他很不像亞馬遜人。亞馬遜大致上是有太多會議要開的地方，各個層級的會議有相當多的規定，也有明確的議程，而排定的會議時間很少超過一小時。但領導力發展是一條安靜的死巷，布萊恩可以安排四小時的會議，基本上是自由發揮的閒聊會議，唯一的議程項目是「課程改善」之類的。如果他順道走到我的座位問我：「有空嗎？一分鐘就好。」他可能眞的只需要一分鐘，也有可能兩小時之後他還在開心地閒聊，討論我們第二週的星期三下午三點要教什麼。在他眼中，這份工作的每一項要素都同樣重要；我看過他滔滔不絕地針對管理理論中的一個要點講半小時，也看過他花十分鐘談我們手邊的白板筆夠不夠，而且語調一點都沒變。在布萊恩手下工作，有時候像是跟災難片結尾會出來解釋一切的嘮叨教授綁在一起。他在亞馬遜非常適合這份職務，但我也很確定，他去做其他職務會崩潰並過勞。

他也很愛他自己的思路。我發現我會要求自己對他的構想進行「壓力測試」，但每次都只是讓他判定他到頭來永遠是對的。有一天，我們脣槍舌戰了二十分鐘，討論「創新」一詞的定義。布萊恩堅稱，在這個世界上，不管是任何新東西，除非啟動了自主持續的改進循環，否則都不能算是眞正的創新。我認爲這太苛刻了，根本已經到了瘋狂的地步，而且那時已經是下午兩點半，我急需喝下我平常下午兩點要喝的咖啡；對局面發展至此有點不甘心。「根據這個定義，如果現在的電視還像我們小時候那樣，是一個附天線的大箱子，那就不能視爲創新了。」我說，「如果輪子沒有裝在車子上，那就只是一個圓形物品。如果心臟手術仍是機器人無法執行的任務，那我們也不會認爲是什麼大不了的事。」

「都是好論點，」布萊恩說，「但我認爲妳說的是何謂創新的特質，而我講的是創新這回事。」

我接下來合理的論述就是：**布萊恩，那是什麼鬼**？**這是什麼喪心病狂的吹毛求疵**？但就在這時，我想到其實我也沒那麼在乎。我已經知道我不能讓他改變心意；在對布萊恩的想法做壓力測試時，我的任務是施加足夠的壓力，讓他可以安心地確認這些想法。我已經做到了，現在我累了，準備繼續往前走。我翻了翻白眼，但帶著微笑，表示這眞的好有趣。「布萊恩，你分析用詞到**非常**細微的地步，但我還沒有從這個角度想過。也許我應該花個一兩天好好沉澱一下。」

這是我用我的方法提醒他，我是一個內向的人，在某次一對一的會談中，我提過這是我的一項致命缺點，之後我們也多次觸及這個面向。那次他問我有沒有哪些發展領域特別需要他幫忙，這是我之前從來沒被問過的問題。「我猜應該是我很內向這件事吧？」我說，「我認爲內向讓我比較無法進行大型的公開辯論，也難以在慌亂之中快速思考。因此，我覺得我至少要裝得外向一點。」我告訴他，在亞馬遜出版事業時，我得到的同儕匿名回饋意見之一，是說內向（對方指的是廣泛來說，而不單指我）與出色的領導並不契合。

「嗯，這是很荒謬的同儕回饋意見，」他在椅子上稍微坐得高一點，「亞伯拉罕．林肯是糟糕的領袖嗎？羅莎．帕克絲呢？華倫．巴菲特是差勁的領導者嗎？比爾．蓋茲如何呢？伊隆．馬斯克呢？」

「馬斯克還眞的滿糟糕的。」我說，「但其他人是很好的範例。」

隔天早上，他放了一本談內向的書在我桌上：蘇珊．坎恩的《安靜，就是力量：內向者如何發揮積極的力量》。那天晚上我一口氣讀完這本書，極爲訝異地發現很多我視爲弱點的特質（比如需要一個非常安靜的時刻來處理新資訊，或是在吵嚷的群組討論時覺得驚慌失措），都可以重新定義成「不一樣、但同樣好」的行事風格。「你知道我有多痛恨突然改變計畫嗎？」後來我在床上問約翰，「這並不是因爲我墨守成規，而是因爲我內向！你知道有多少次家族聚餐時，我會暫時覺得很好，但之後就希望老天乾脆殺了我算了？我並不是眞的痛恨**所有**親戚，我只是內向！你知道我工作時根本沒辦法在現場胡謅亂扯嗎？我其實並不比那些舌粲蓮花的人笨，我只是內向！」

「寶貝，我眞的爲妳感到開心，」約翰說，「但我現在要往內轉去睡覺了。」

布萊恩接收到我現在發出的提示。「嗯，我很好奇，想要知道妳的思路會將妳帶到哪裡去。」他說。我當然沒有眞的計劃去思考這件事，我的計畫是走開，就讓布萊恩維持是對的。雖然我心裡那個盡責的女子認爲我應該對此感到愧疚，但我完全無感。如果我可以坦承需要時間和空間，才能眞正好好想一想，那我也可以承認我這一年需要的是每個跑步者所說的主動休息，或者說，就算我可以強迫自己跑起來，我也要用走的。主動休息是爲了康復，我正在做某種復健，而且不只是一個方面，而是許多方面。

✦

布萊恩下午要講課，他要介紹我們用一整週的時間所打造的業務模擬。我因爲要用電話進行抬桿者簡報而遲到了幾分鐘，於是我用跑的，卻因爲小屋外的一攤冰而滑倒。除了幾個熱情的滑雪愛好者之外，我和這一群裡的每個人都一樣，穿的衣服和鞋子非常不適合眞正的冰天雪地。我從大型石造壁爐旁的門進去，布萊恩剛好在請學員舉出幾個偉大的領導者。

「邱吉爾。」我進去時，有個傢伙說。邱吉爾總是很快就被點名。

「巴頓將軍。」另一個穿著紅藍條紋毛衣的傢伙說。他的穿著讓我聯想起某個東西，但我想不起來名稱。

「當然啦。還有呢？」布萊恩問。

「麥克阿瑟。」一個魁梧的禿頭傢伙說了，「格蘭特將軍。」

「肯定是。」布萊恩說，「有沒有任何**非**軍人的例子？」是**厄尼**！我想到了，那件紅藍條紋的毛衣是《布偶歷險記》裡的毛衣。

「我知道她有點爭議，但我要說瑪格利特．柴契爾。」其中一名女子說。我心想，**喔，得了，不要先否定自己的選擇**。

「柴契爾犯了很多錯。」說邱吉爾的那傢伙發言，「很多。」**彷彿邱吉爾就沒犯錯一樣**？我想要提問，但我或許不該一開始就責罵自己的學生。

「我們舉例就好，」布萊恩說，「不用討論他們。」

沉默。接著，一個來自印度清奈、培訓開始前幾小時才抵達的傢伙說：「我應該成爲那個說『傑夫．貝佐斯』的呆子嗎？」大家都笑了。

晚餐時，我這桌的對話主題是睡美人度假村是否是一個太過舒適的地方，不適合亞馬遜使用。「我是指，我正在吃小羔羊燉飯，」剛剛提到巴頓將軍的傢伙說，「菜色很棒，但我覺得**不對勁**，感覺上我們可以將這筆錢花在強化顧客體驗。」整桌的人都點頭。

有一類亞馬遜人很愛批評任何非屬清教徒的環境。我們位於南聯合湖畔的新大樓大廳，不會比任何公司更富麗堂皇，但我還是聽到有人呱呱叫，彷彿裡面的配備是奢華按摩浴缸和珍稀白老虎，而不只是不會下陷的沙發和當期雜誌。想念舊大廳裡像大學宿舍交誼廳裡的椅子，有時候我覺得是一種無傷大雅的懷舊，但有時候我會覺得我們已經迷戀上赤裸裸的醜陋，和西雅圖蔚爲流行的混合健身房與斯巴達障礙路跑競賽相映成趣。有些員工或許很愛這種醜陋風格，和他們東岸五房豪宅裡的訂製花崗岩流理臺、儲酒櫃以及兒童遊戲室形成對比。

重點是，睡美人度假村根本也沒那麼豪華。我毫不懷疑，與這些人在加拿大班夫和夏威夷可娜常住的度假村相比，這裡只是升級版的夏令營而已。房間很基本，食物全都是自助餐式，健身房顯然是將某人的一九八六年地下室整個搬過來。這裡就是**舒適**而已，其設計是讓人們可以好好休息、吃飽，以便在剩下的十二小時裡專心進行爲他們規畫的活動。我甚至不確定這些抱怨有多少是眞心、有多少是演的，這是一場愚省奧運賽，富有的男人爲了彼此登臺競技，就像他們今天下午一個接一個將戰爭領導者拿出來講一樣。「你知道，這裡其實有上下鋪的房型，」我說，「我想一間可以睡十二個人。萬一你們想要聽著彼此打呼的話，可以試試。」

晚餐過後，有一群人要去睡美人度假村的石窟酒吧，有個人問我：「要來嗎？」我自己當學員時的記憶很溫馨，在那家酒吧喝了很多酒，放蕩地與娛樂部門裡一個有點像演員傑夫・高布倫的自大高階主管調情。如果是爲了維繫感情，去酒吧喝點酒也沒問題，但我戒酒九個月了，還是會擔心其他人看到我不喝酒就知道是怎麼一回事，我會看到（或我認爲我看到）他們臉上閃過的快速評估和調整，接下來不管他們刻意表現得多麼友善或多麼不經意，追問的問題都會讓我覺得被冒犯。如果我去了，到頭來會覺得自己更不屬於這群人，而不是更融入。

因此，雖然晚上八點要和布萊恩開會彙報當天狀況，讓我有點生氣（說眞的，難道不能等嗎？），但我很樂意拿這當作擋箭牌。我們帶著低咖啡因的咖啡、從傳奇甜點吧拿來的奶油烤布蕾，在咖啡廳的角落坐了下來，我對他說起節約恐慌症這件事。

他搖搖頭。「總是有這種人。」他說，「如果有幫助的話，我也樂見他們睡在巴士上。」

我們做出總結時，他問我要不要去石窟酒吧，我搖搖頭。「我不喝的時間還不夠長，還沒有辦法自在地待在酒吧裡。」我還沒準備好將「戒酒」二字大聲說出口，這種拐彎抹角的否定句，是我現在最好的說法。

我說出口時有點臉紅，但布萊恩只是點點頭。「好，那早上見。」他說。他並不知道，但我在這件事上也利用了他。

✦

隔天早上七點五十七分，我回到辦活動的那棟樓，這一次是在可以俯瞰大廳的階梯上，看著這群人湧入一樓。有些男人在手機上打字，有些人翻閱他們昨天晚上收到的一堆垃圾郵件，有些則可憐兮兮地說起酒吧之後的宿醉。在遙遠的角落裡，那兩名女子熱切交談。

布萊恩從我身後的教室出來，穿著他在玻璃工廠模擬日當天向來都會穿的紫色襯衫。「我非常、非常好奇，很想看看這會如何發展。」他一邊說，一邊交握著他修長的手指，「順帶一提，妳身上有點泥濘。」

「因爲雪的關係。」我說。我從小屋走到大廳時，牛仔褲褲腳沾到了。「等等，你怎麼沒沾到泥濘？」但現在已經是早上八點，布萊恩該施展他的小招數，讓一大群分散各處的人安靜下來：他會把手舉起來，然後沉默不語。等到他這麼做，我也會舉起我的手。一個朝向我們這邊的男人看到我們舉手，他也跟著舉，在他附近的其他男人也舉起手，不再出聲，就這樣持續下去。十五秒內，室內所有人都靜下來，舉起一隻手。

「早安。」布萊恩用低沉的聲音說，「透視玻璃公司高階主管年會馬上就要開始了。請用平常的方法做事，根據你自己的想法經營這家公司，六小時之後，我們會再回到這裡集合。」

學員立刻進入新的小組，之前已經分好每個人在哪個部門，現在他們圍在預先準備的椅子和白板旁，而他們昨天選出的高階主管團隊，則進入我們身後樓梯平臺上的會議室。「我想我會從那裡開始。」布萊恩對我說，「妳呢？」

「我要去盯一下車用玻璃部門，然後可能會去ＬＣＤ部門。」我一邊說，一邊揮手告別。

每一組都在抱怨模擬經營玻璃工廠很愚蠢，他們說，亞馬遜做的事可比生產玻璃複雜多了。有時候，他們會主張**全世界**沒有任何模擬會像眞實的亞馬遜情境。但這是故意設計的，目標是要觀察他們在壓力之下的本能行爲，而不是他們彼此如何超越亞馬遜。以我個人的經驗來說，我知道，假裝是玻璃工廠的主管會讓人覺得很生硬又愚蠢，但過了十分鐘後，這一群人就會忘了這不是真的，他們在亞馬遜怎麼做，在這裡就會怎麼做。

接下來幾個小時，我四處走動，看著對話進行並消散。正如我的預測，大家完全放下了疑慮；這些可憐的傢伙奮力經營這家他媽的玻璃工廠，彷彿他們的人生都靠它了。有一個人分享了鈉鈣玻璃的現價數據，那是大家都不知道的資訊；他想必是那種每個小組裡都有、在模擬前一天自動自發查資料、成爲玻璃萬事通的人，根本不管我們已經說過不需要這麼做。（「我假設你們是在耍花招，故意讓我們準備不足。」這種人在事後會這麼說。我們已經保證過不會耍花招，也不會有心理戰，但有些人認爲此番聲明就是更大規模心理戰的一環。）

室內的另一頭，有三個男人蜷縮在折疊椅上，我走過去時，他們只瞥了我一眼，但這一次，他們本來就應該對我視而不見。我知道任何人都不能質疑我爲何有權在這裡，也不能將我拉進去討論，我高興插進哪裡就插哪裡（這股權力講起來很有情色的意味）。我在這裡的價值是觀察，而我可以自由運用觀察，檢視人們的臉龐和肢體語言，細看到我在現實世界裡絕對不敢的程度。

就在午餐之前，我看見那兩位女子和一個男人（他是從哥斯大黎加來的客戶服務駐站經理）在靠近自助餐廳的一張桌子旁。當我走近時，我心裡很確定：對了，多元委員會就是如此。在討論這次模擬活動的電子郵件裡，一直有人吵吵嚷嚷，提到關於基層的多元組成，但沒有人出來號召，也沒有指定誰規畫接下來的行動。某些小組沒有人出來彙整；布萊恩說，有的話，幾乎總是女人。

但你知道最近是誰**沒有**多做一點嗎？是我。我只做常態工作，雖然這個工作量仍多於一般正常的一人工作量，但對亞馬遜人來說游刃有餘。我放下的很多工作，都是情緒面的。自從進入亞馬遜以來，這是我第一次不用管理任何人，這也表示，十年來，這是我第一次不必試著勸服某位出色的女子，她並不是一個可悲的失敗者。我原本不知道，不須擔心其他女性的自我厭惡，能夠在園區內自由來去，將女性的身心健康變成其他人的問題，居然讓人感覺這麼棒。我猜我應該在乎，但我放棄了。放棄感覺起來是最明智的選擇，至少現在是。

✦

模擬活動在下午兩點結束，此時這群人已經目光呆滯、只想用單音節回話，但議程上沒排休息時間，於是我們把他們帶到各處的分組討論室。我有一個組別被分到一間叫做「五子雀」的房間，很迷人、很舒適，但很小。「哇！」我們這一組八個人擠在一張比較適合六個人的桌子前，一位身材高大、長得像雪貂的技術總監對旁邊的人說，「小心那隻腳，不要逼我提出性騷擾申訴。」模擬活動已經讓大家頭昏眼花了，我也不在乎他講的爛笑話，但身爲房間裡唯一的女子，我知道我的任何反應都會被人放大。因此，我沒有跟著那些男人笑，也沒有寒著臉刻意**不**跟著笑，反而是假裝我的全副心思都放在手機上。「避讓」是女人最好的朋友。

十分鐘後，他又來了。「當心手肘，老兄，這裡可不是讓人覺得很安全的環境。」這一次，我用冷冷的、平視的眼光瞪著他，其他人都在輕聲笑。到了第三次，我瞪視的目光擴及很多跟著笑的人。我倒不是期待有人出來說教，指稱性騷擾不是可以拿來開玩笑的事，但可不可以至少有**一個**蠢貨不要加入這個行列？最善良的解釋，是他們認爲騷擾只是，嗯，一種**概念**，而不是實際會發生在一個與他們相距一公尺半的女人身上的事。但性騷擾不會因爲他們從未做過或未曾見過就不存在。或者，他們已經習慣像我這樣的女性會努力將自己變成混種，而他們下意識地假設我的觀點和他們相同。或者，他們根本就沒看到我。

不管是什麼理由，這種行爲都不妥。不妥，是因爲這些男人被困在自己的腦子中，不把桌子對面的女人視爲在職場上會實際受到騷擾的人。晚上休息時，我快步離開小屋，快到布萊恩來不及找我去做另一次彙報；我直接從天橋往建築物的後面走去。我將欄杆上的積雪推開，把手肘撐在上面，於黑暗中倚在那裡。我知道我該做什麼，但我眞的、眞的不知道我想不想做。

✦

隔天一整天是要根據模擬活動中的表現提出同儕回饋。我們重新分組並帶開，遵循一套名爲「情境、行爲、影響」的正式標準來進行。「情境、行爲、影響」的設計，是爲了避免語焉不詳、無法化成行動的回饋，比方說「你經營玻璃工廠時的表現爛透了。」反之，提出回饋意見的人可以說：「湯姆，在我們討論重新改造工廠的那個情境下，你對於玻璃是一種人造材質顯得很意外，你說你認爲玻璃是某種形式的魔冰。這種行爲的影響是，我質疑你是否具備經營玻璃工廠該有的知識，或者，事實上你眞的不擅此道。」接收回饋的人回答時唯一能說的話是：「感謝你的回饋意見。」我們會讓大家傳遞一臺手持錄音機，一個接一個錄音，讓接收回饋意見的人之後可以重播，也許在他睡覺時不斷回放。

輪到那個性騷擾傢伙聽取回饋意見時，他隔壁的男人先發言。「丹恩，」他說，「我要講的情境是白天的團隊查核，你建議我跟車用玻璃的行銷總監談一談我計劃要自己做的工作，你的行爲帶來的影響是讓我減少重複做白工，並少犯一些錯。」

「感謝你的回饋意見。」丹恩說。

下一個傢伙說：「丹恩，我的回饋意見和你在工廠合併會議上擔任的領導角色有關。情境是傑夫提議我們放棄自己的實體工廠，和他的合併。當我表達疑慮時，你打斷我，說我們可以之後再回來談這個問題。但你並沒有回來談，這造成的影響是我覺得我講的話沒人聽，也擔心我們沒有適當地實質審查就做出決定。」

「感謝你的回饋意見。」丹恩說。

錄音機傳到我手上。我試著深呼吸，但也別讓我的肋骨或肩膀顯得我在深呼吸。

「丹恩，」我說，「我的回饋意見和這個房間裡發生的情境有關，和模擬無關。你的行爲是，你有多次針對受到性騷擾和被控性騷擾開玩笑。這些笑話聽起來是隨口講講的，我也不覺得背後藏著惡意。」我知道若我不事先除去他的惡意，他可能連聽都不聽。「但在工作上遭人騷擾是女性的共同經驗。我被騷擾過，這讓我更難做好我的工作。影響之一，是這些一再出現的笑話讓我覺得被排擠。」到目前爲止都還好，現在我要講重點了。「還有，人很容易下意識假設其他人的生活經驗和自己相似。如果你做的假設排擠了你的員工和同事，他們就不會信任你，這可能會減弱你的領導成效。」

我身體裡的每個細胞都想停下來，謝謝他聽我說話或是說如果我讓他覺得不舒服，我道歉。但我忍住了，什麼都不說。

整個房間一片沉默，但感謝布萊恩，現在我知道怎麼忍受了。之後丹恩說：「感謝妳的回饋意見。」其他男人盯著自己的手，但布萊恩除外，他的臉上有微微的笑容，看著我的眼光彷彿我剛剛在他眼前變形了一樣。

「不客氣。」我說，並將錄音機交給左手邊的人。**現在**我的心臟開始激烈跳動，皮質醇儲藏庫潰堤。我一般的模式是這樣的：冷靜撐過需要勇氣的時刻，之後馬上崩潰。但總是比反其道而行好。

當天結束時，當這些男人安靜地走出去後，我和布萊恩坐了下來。最後一個人離開、把門帶上，布萊恩轉過來面對我。「眞是可惜沒有錄影，」他說，「那可是勇氣與釐淸的**典範**。我眞希望我可以爲妳重播，讓妳看看自己。」

「不會太嚴厲嗎？」我問。

「**不會**。」布萊恩說，「將這個想法從妳的腦袋清掉。妳的作法無懈可擊，而且妳的重點是指出這會造成領導上的限制。這也可能變成他的職涯發展限制，他需要聽。」

但他真的需要嗎？我昨天晚上用手機查了一下丹恩。他的十二個直屬部屬都是男性，**他們的**四十幾個直屬部屬，除了兩名女子之外，也都是男性。他的主管是男的，他團隊裡的所有同儕也都是男的。無法同理女性，可能不會對丹尼的職涯造成一丁點損傷。但無論如何，我很珍惜這一刻，在我二十年的職涯中，第一次有人說我有勇氣。

日落時分，我去跑步，與團體中另一個從對向跑過來的成員擦身而過。「剛剛幹得好，」他轉過頭說，「很有膽。」

隔天早上，開玩笑的那個人和我同時走到了早餐吧。「司康是我的致命傷。」他說。

「這些司康很好吃。」我說，並將這段對話當成我們和平的象徵，雖然我很訝異地注意到我根本不太在乎。

30——裹在塑膠布裡

我就說吧。我警告過布萊恩，如果這群人會因爲有個舒服的地方睡覺而義憤塡膺，那麼，本專案第二部曲水上飛機之旅，可能會讓靈魂經歷完全的暗夜。「你們如何判斷私人飛機的成本與巴士相比之下的合理性？」一個和我一起在肯莫爾航空聯合湖窗口等飛機的人一邊問我，一邊搖動他口袋裡的零錢。這是六月初，歷經了一個潮溼陰鬱的春天之後，透過玻璃帷幕照進來的陽光讓人覺得新奇又奢侈。

「很簡單，」我說，「搭巴士到阿德布魯克要八小時，搭水上飛機只要四十五分鐘，我們可以省下整整兩天的交通時間。」

「有道理，」他同意，「但形象不太好。」

我把手掌張開，當成天秤來用。「壞形象，或浪費高階主管超過三百小時的時間。」我說。

「挺合理的。」他說，而我們重新盯著外面的湖。「我可能是焦慮吧。」一分鐘後，他說，「我以前從沒搭過這麼小的飛機去任何地方。」

「我小時候搭過水上飛機，」我說，「一開始有點可怕，但之後就好了，不用擔心。」事實上，那是一次**十足十恐怖**的經驗，當時我十歲，我們要飛到巴哈馬，途經魔鬼三角洲[1]，此地是小報文章和影集《尋找》提到飛機和船隻神祕消失時的主角，我在整段航程中一直在等著永遠被吸到時間與空間之外。即便是現在，坐進大小和我祖父的別克轎車差不多大的飛機，也不會讓我**超級**興奮。但身爲這個部門的人，我想我不應該和一個緊張的學員說這些，雖然他和我差不多年紀，但我還是得代行親職之類的吧。

登機時，我發現學員分別搭乘兩架十二人座的飛機，而我們四個工作人員則同搭我們自己的小飛機。「這很奇怪，」當我們跟著機師走下機棚時，我若有所思地對布萊恩說，「如果我們的飛機失事，還有誰能教課呢？」

布萊恩用一種狐疑的眼神看著我。「妳覺得如果只有**一半**的工作人員死在路上，我們還是能如常運作？」

「我猜我是有點這麼想。」我說。

「不論好壞，妳還眞是貨眞價實的亞馬遜人。」他說。

我們上機時，機師問誰想跟他坐前面，那是一幅我之前從沒想過的恐怖景象。「這個人。」我說，並用手指布萊恩。

我調職一年了，已經知道我不適合在這個團隊久待。有些方面一開始很吸引我，比如懶洋洋的步調和象牙塔般的氛圍，雖然令人愉悅，但也讓我覺得從高高在上跌落到陰暗的下層，彷彿來到影集《火線重案組》裡的地下室辦公室。多數學員都是總監級的，我敏感地察覺到我正在教的都是有辦法升遷的人，而那是我努力了十年都得不到的結果。還有，亞馬遜已經改變了我的DNA。我不**介意**這種懶洋洋的生活，但我知道我注定要回去做一些「卽便眞的做到、也讓人覺得不可能有這種事」的事。

四月，我和約翰去灣區拜訪瑪妮、安迪和他們剛出生的兒子。有一天傍晚，晚餐後我們坐在他們家的露臺上，我問他們有沒有想念過亞馬遜。

「從來沒有。」瑪妮說。

安迪現在經營一家數位新創公司，他搖搖頭。「我試著在新工作上引進亞馬遜裡一些和文化有關的東西，例如六頁文件。」他說，「亞馬遜在某些事情上眞的很明智。但我不想念永遠做不完的苦工。」

「爲何這麼問？妳是不是在想最終還是要離開？」瑪妮問。

約翰哼了一聲：「她是一直在想，但也從來不想走人。」

我不理他。「我不知道。我一直在用現在這個位置找下一個老闆，但是不太讓人振奮。每個完成培訓專案的人看似都有某種臨床憂鬱症。當然，當中有九成是男性，這說明了亞馬遜投資在哪些人身上。」「有毒的男子氣概」在矽谷形成一股網路微趨勢，常有科技雜誌報導有付費模特兒參加的派對，以及惡霸主管要員工一起泡熱水澡。但一如以往，亞馬遜的男子氣概比較偏向禁慾主義與責任，而不是毒品和酒池肉林，比方說，幾個月辛辛苦苦的工作，卻在會議上被人粗魯地撕成碎片，但你還要說：「感謝你的回饋意見。」比方說，度假度到一半，連問都沒問，就被叫去開業務週報檢討會。比方說，當情況走偏了，「還算順利」是一種謹慎的中性說法。我想，矽谷聘用的是會互相擊掌、擁有特權的王子，而亞馬遜比較適合從小被人教導相信「工作和樂趣兩不相干」的男人。

✦

到目前爲止，這架水上飛機裡的乘客沒有任何一個會出線成爲我未來的老闆，但無論如何，接下來這週讓我滿心期待。二〇一五年，亞馬遜第一次組成了多元小組，這個團隊的第一項任務，就是要量化目前的狀況到底有多糟（或是多不糟）。幾個星期以來，人力資源部謠言滿天飛，說性別方面的數據「很有趣」。我和布萊恩剛好要找一些資料，用於教導這群學員超過共同領域專業範疇的課程。「我相信，亞馬遜一般的高階主管對於性別這件事幾乎**一無所知**。」我對布萊恩說，他笑了笑，然後開始著手協商，設法取得數據，以及在課堂上使用的授權許可。

幾週之後，他丟了一頁摘要在我桌上。「我們一直在等的東西來了。」他說。

「喔，**老天**，」我在二十秒後說道；我終於成爲一個能夠迅速聚焦於關鍵指標的人。

「是啊，不怎麼好。」布萊恩說。在基層這個層級，亞馬遜的性別比例大致相等，但到了經理級，女性比重減爲三分之一，等到我這個層級剩下四分之一，在我之上的層級也是一樣：層級愈高，女性愈少。我們一直以來也覺得**似乎**就是如此，但看到量化的數字還是很刺眼。

「**發生**什麼事？」我瞪著數據說，「是因爲女性離職，還是公司在拔擢人才成爲管理階層時跳過女性？女性離職時，是去了其他公司，還是完全退出職場？開給外面來的女性與男性的薪資各是多少？各組織資深副總的薪資分配狀況又是如何？」

「這些都是我沒有答案的好問題，」布萊恩說，「這些就是他們容許我們看的所有東西。好消息是，我們可以使用，但要小心。」

✦

現在，我們全員無傷在目的地降落，時間剛好。我們這個星期的家，是在胡德運河畔一座有著純白牆面、形狀不規則的度假村，配有戶外休閒專用的阿第倫達克椅，四處都可以玩玉米洞遊戲或打羽毛球。「將這種遊戲稱爲『玉米洞』，聽起來總是讓人覺得大錯特錯。」[2]我們經過時，在我附近的一個男人這麼說，這可能是我有生以來對別人所說的話最感認同的一次。我們的主要教室基本上是一座用玻璃圍起來的涼亭，對我們最新一期的兄弟（再加上一位姊妹，她是從慕尼黑來的財務總監）來說，是一個饒富興味、女性氣息很重的地方。我和布萊恩都同意，應該由他帶領介紹這些資料，免得這些男人從一名女子口中聽見相關資訊而感到驚慌。（我不在乎他們驚不驚慌，但這不是我決定的。）布萊恩分發資料摘要時，我坐在前方加高的凳子上，努力讓自己看起來像一頭溫馴的綿羊。

「本次演練的目標，是討論如果你希望眼前的數據看起來比較合乎性別平等，你可以動用哪些組織面的措施。」布萊恩說，「我們並沒有要求各位今天就解決這個問題，也不會爭辯這究竟是不是個問題。只要討論如果你**確實**想要解決的話，要使用哪些措施。」

每個人都沉默地盯著眼前的講義至少十五秒，最後，一位網路服務總監開口了。「流程通道（pipeline）。」他說，雙手一攤，擺出一副「不然咧」的手勢：「讓女性盡早開始寫程式。」好耶耶耶，我贏了；我跟布萊恩打賭，「流程通道」這個答案一定馬上跳出來。我在亞馬遜所目擊的性別議題討論，百分之百都涉及男人認爲我們需要教女性胚胎寫程式，如此一來，就能在十七年後聘用這些女孩。這是一個不適用「快速行動」的領域。

「我非常同意。如果我們教導女孩將科技視爲可行的職涯之路，她們理所當然就會跟著走。」前排一個男人說。

「我認爲我們實際上已經在做了，」另一個人說，「我們促成了『女孩會寫程式』之類的方案，不管叫什麼，隨便啦。」

「會寫程式的女孩。」網路服務部的人說。

「對，會寫程式的女孩。我們已經在打通這個流程通道了。」

「我不反對流程通道很重要。」有個男人說；我還在查克手下工作時，跟他有一點熟。「但是，各位，在經理級這一層又怎麼了呢？光是讓女性進入流程通道，並不會解決她們在層級愈來愈高時，消失得無影無蹤的問題。」

「工作與生活間的平衡。」一個亞馬遜男人聳聳肩說。來了。

「這部分多說一點。」布萊恩說。

「女性有小孩，」他說，「工作與生活間的平衡對媽媽來說很重要。」我和這群人中唯一的女性對上眼，我的目光是中性的，但我好奇「女性有小孩」這種神奇的簡化言論會不會讓她跟我一樣，都醉了。

「好，」布萊恩說，「但工作與生活間的平衡是一個模糊的概念。要有哪些具體的行動和資源，使這樣的平衡往有利於育有小孩的女性的方向推進？」

「日托。」一個靠近後面的男人說。

「絕對不會有的。」另一個人說。

去他媽的，現在時機正好，最適合跳出來。「請記住，聚焦在你認為有效的作法，而不是你預測亞馬遜未來會或不會做的事。」我跟他們說優質的日托奇貨可居，我有認識的女性懷孕三個月就去排隊登記。「而且費用也非常高昂。因此，如果亞馬遜可以處理供給與成本的問題，這聽起來確實是很有力的辦法。」

「可能吧。」說公司永遠不會有日托的男人說道，「但這和亞馬遜的文化相衝突。」

「這部分多說一點。」布萊恩說。

「我們跟谷歌不一樣，沒有免費按摩之類的。傑夫的態度是：『我們支付你高薪，**你自己**決定如何花錢。』爲一小群員工提供日托，不符合這項原則。更爲亞馬遜的風格是：『這是你的薪酬配套，如果你想要將一部分花在日托上，請便。』」

網路服務部的傢伙仍在思考工作與生活之間的平衡。「問題是，亞馬遜並不會協助**任何人**達成工作與生活間的平衡，」他說，一陣低語的認同聲傳來，「只是這對女性造成不同的影響，因爲女性要帶小孩。那麼……我們能做什麼，爲大家營造更健全的工作與生活平衡？這才是問題。」

「這其實**不是**問題。」我敲著文件說，「問題是，你要運用哪些手段讓亞馬遜更能達成性別平權。」

「但成本是什麼？」他問。

「什麼？」我完全不想掩飾我的怒氣，「這次的演練無關乎達成性別更平權的局面值不值得，重點在於要怎麼做。」

「恕我直言，當一個目標應該受到質疑時，卻照單全收，非常不亞馬遜。」一個之前沒發言過的人開口。

「這項演練有具體目標，」我一邊說，眼神一邊看向布萊恩，然後移開，以免他覺得我是要將話語權交給他。「重點是如何使用組織面的手段來帶動變革，而不是應不應該變革。」我非常接近被斥爲迂腐之人的境地；迂腐之人只會希望他們遵守規則。「但既然談到這裡，我們可以多談談爲何這個目標應受質疑。」我補充道。

「我是指，我很確定在這裡的每一個人都希望有更多女性能在亞馬遜擔負領導角色。」每個人都大力點頭，彷彿這些男人最渴望的就是這件事。「但這代表我們要變成一個對家庭友善的企業，才能促成嗎？這表示我們的動作要慢下來嗎？要設定沒那麼積極的目標嗎？」

布萊恩回到教室中間，我從椅子上站起來，使用他教我的技巧：走進群眾之中，使注意力集中在我身上。「我只想挑戰你們當中或許有些人設定的假設，」我說，「有哪些數據沒有出現在講義上？」我等了五秒、十秒、十五秒。「裡面沒有提到多少員工是爲人父母。你們在沒有數據之下做假設，可能會導向錯誤的解決方案。」**我是一個母親嗎**？我想問。**你們看到的每一個女人，都要把她們的人生投注在滿足他人的需求上嗎**？

就在這一刻，我終於真正明白我永遠也跳脫不了我的性別。當然，好幾年來，某種程度上我已經明白了，但從未如此鮮明。我從來沒能戰勝一個想法：女性的出現意味著一個比較慢、比較溫柔、比較軟弱的亞馬遜。我無能爲力，無法讓這些男人變得比較聰明、比較不盲目，因爲他們是標準，我是偏差。或者說，我是異類、是沒有孩子的母親、是異常。一陣能量衝過我的身體，但無處安放。

「這是個持平的論點。」一位來自愛爾蘭科克市的物流中心總經理說，「女性選擇退出管理職角色的理由可能有千百種。」

「這份數據哪裡提到選擇退出？」我問，「我會說那是另一個未知。」

「確實。」他說，「我的重點是，並非每個人都想要在座各位做的那種工作。說實話，很多女性決定把她們的人生用來做別的事，也許代表了她們比較聰明。」當然，這引來一陣笑聲。那些充滿智慧的女子，刻意把所有的錢、權力與機會讓給不如她們的人。我再度和那個女子對上眼，揚起一邊的眉毛問她有沒有話想說，她緊張的笑容透露出她想坐在那裡，等待一切過去。

「今天是一群強悍的人做了很棒的演練。」當天下午課程結束時，布萊恩說，「要做彙報嗎？」

但我前腳已經踏出門外，假裝沒聽到。

✦

隔週回到西雅圖，我們主辦了一場活動，由副總裁們和傑夫．貝佐斯進行一場「爐邊談話」，據我所知，這就是一場在一般研討室舉行的會議，保證傑夫會好好待你，所以不用害怕。但副總之間還是有一股緊張氣氛，在我們等傑夫過來時，我從大家的交談中得知當中很多人（都是男性）從未見過他，更別說跟他開會了。畢竟，亞馬遜現在的員工人數可是達到二十五萬之譜，而且謠傳傑夫開始將時間放在幾項特定業務上，再加上外太空那件事。他和銷售專員開會談普落格的日子，恐怕一去不復返了。

我上一次見到傑夫是三或四年前的事了，當他帶著微笑、說著「嘿，各位」並走進會議室時，我覺得他**變壯**了，就連他**頭部**的肌肉看起來都更發達。我也練舉重，但我肯定無法達到傑夫這種程度。

接下來我注意到的是，就連現在，我還是只能將他視為一個人。我試著化身為某位新任的副總裁，或是我臉書上某個認為他應該因為非特定罪行入獄的友人，從他們的眼光來看他。我知道他很富有，他的身價是我難以理解的。我知道他的公司靠著恐懼和超乎常人的期待運作。我知道就是他策畫出傷害很多人的實務操作，而即便他富可敵國，也幾乎沒有用這些錢來緩解傷害。我在這裡待太久了，無法像外面的人一樣，將他當成控制地球的惡徒，或是卡通裡無惡不作的壞蛋。他只是經營這家公司的人，我很支持他做的一些決定，但我不支持的部分也多到誇張。

他甚至連說話的樣子都和往常一樣，很隨意，但同時又口出佳言錦句。我很確定這些小故事他講過幾百次了，但聽起來仍像是他匆忙間說出的想法。當我從不同的角度更全面地傾聽他，我知道我能出現在這裡純粹是偶然，我沒有發言的機會。「決策正確的人＊是經常改變心意的人，」他在某個時候笑著說出這句話，我在筆記本上草草寫下，彷彿當成之後要好好思考一番的公案。

接近尾聲時，有一個人問他認爲亞馬遜未來要面對的最大威脅是什麼，他說了最近幾個月早已在員工之間瘋傳的一個詞：「社會凝聚力」。他說，如果人只會互相配合，而不是爭相追求事實，將會損害亞馬遜找到正確答案的能力。聽到這番話，我眞希望他能親眼看一看上週關於本公司性別失衡的討論。我不相信傑夫會認爲亞馬遜男性占絕大多數是一個問題；如果他這麼想，我們就會大刀闊斧採取行動來解決。然而，居然沒有任何一個男人願意出來獨排衆議，這個事實可能會讓他甚爲震驚。或許只要挑戰他們的群體思考原則，他就能稍微搖醒這些人。我心裡感受到這個機會沒了，因爲如果他不做，還有誰能做？

在此同時，我也開始湧出一種新的感覺。那是一種飄飄然之感，這有點奇怪，因爲我並沒有得到什麼夢寐以求的東西，但這股感覺卻貨眞價實，它要告訴我的是：**如果妳在這裡永遠無法跳脫性別的桎梏，那就不要費心去試了。如果妳搞砸了，可能也代表妳自由了。**

✦

我們接下來這個月的時間都在斯諾夸爾米瀑布，待在一間坐落在瀑布上、以影集《雙峰》裡的場景而聞名的旅館。「黛安，這個派眞是**太美味**了。」我和布萊恩在等著登記入住時，我這樣說。

「那是什麼？再說一次。」布萊恩問我。他彎下腰靠近我，彷彿他剛剛一定聽錯了。

「庫柏探員？他的錄音機？」還不懂？「《雙峰》影集啦。」我說。

「喔！」布萊恩說，「我一直都想看這部劇。」

「原木正在聽。」排在我們後面的人說。

「遠目正在聽？」布萊恩說。

「原木啦。」那傢伙說，「同樣出自《雙峰》。」

「布萊恩，沒關係。」我一邊說，一邊拍拍他的手臂，「播這齣劇的時候，你的心思都放在別的事情上。」

我分到的房間距離瀑布很近，水氣都飄到陽臺上了。我一整天都在地下室的宴會廳裡談管理理論，傍晚時我會慢跑到瀑布底部，讓自己在霧氣中涼快一下，心裡想著：**她被裹在塑膠布裡**。[3]步道入口有個標示，提醒遊客若爬上去相當於爬二十六層的樓梯。每天晚上我都說服自己這次會輕鬆一點，但之後依然步履維艱地上坡，大腿就像燃燒的木頭，肺則是完全洩了氣。**她被裹在塑**

---

* 亞馬遜領導準則之決策正確（Are Right, A Lot）：「領導者要決策正確，他們要有良好的判斷力和敏銳的直覺。他們要尋求多元觀點並努力反駁他們的信念。」喔，我非常希望早十年知道，原來改變心意是決策正確中合情合理的一部分。

膠布裡。蘿拉・帕爾瑪的死充滿祕密，而祕密會浮現出來，都是別人說出來的。

我們在斯諾夸爾米的第一週，正好是我戒酒滿兩年。當天早上，我端著咖啡坐在窗邊，筆電上開著空白的臉書撰文頁面，我在想，我是不是在自毀？我的臉書上有幾百個亞馬遜的同事。如果我揭露戒酒成功，毀了我能幹、受控、可靠的名聲，那會怎麼樣？擔心這些事讓我覺得有點蠢，說起來，誰會比不喝酒的人更穩定呢？難道不是大家都希望自家有個不喝酒的女子嗎？但他們訓練我們要仔細尋找潛在的缺點，而不是去看明顯的優勢。大家或許會覺得我有可能故態復萌，憂心讓我擔任具挑戰性的職務會有後患。

我完全不確定說出這件事對我來說會不會有好的結果，但我也不認爲將這麼一大部分的眞實自我鎖在家裡會有什麼好事。此外，我希望我的努力能得到一些讚揚，讓別人知道這看起來或許是幾個小小的掙扎，但實際上卻是一次大轉變。

妳永遠都能在**某個地方**工作，我對自己喊話。

「今天標誌著我距離上一次喝酒已經兩年了。」我打完字，按下「發布」鍵；一整天，沒課時我看著「讚」、「大心」和「加油」的符號出現，多到幾乎讓我覺得非常興奮，裡面有很多來自亞馬遜人的回應，有些人我一天到晚打照面，有些則好幾年不見了。薄暮中，我走到瀑布下方，對自己說請記住這一天，做自己事實上並不會導向世界末日。

授課季結束後，我有很多事要做，管理我們的高階主管教練人才庫，撰寫案例研究，分析亞馬遜歷史上的重大決策，以供明年課程使用，並嘗試設計出一套公式，以預測哪些員工最能從這項專案中獲益。（最後一項跟我完全無關，但做這件事很有趣。）布萊恩給我的口頭績效評鑑熠熠生輝，讓我覺得我在亞馬遜出版事業時染上的最後一點焦慮不安都消失了。當我開始爲了下一個職務去面試時，這會幫助我營造出美好的形象，或者說，至少如果他將這些內容都輸入系統裡的話就會，而他總是明天才有空這麼做。

過了幾個月，我就明白不會有這種事了；我在亞馬遜得過的最佳績效評鑑永遠也不會變成書面紀錄，不管是我或任何人，都看不到了。但我還是要在接下來七個月內找到新職，然而，潛在的專案與經理人領域，我卻一點也提不起勁來。歷史上的案例很有趣，寫來啟發人心，那些成爲我資料來源的高階主管對這件事也很熱心，於是我開始幻想我擔任亞馬遜首席史學家這個職務，建構一整個資料庫供員工和外部研究人員使用。但我眞的想要替自己新創**另一個**職務嗎？這顯然不會將我帶回升遷之路，而我又覺得我欠自己一次，我還想試試看。此外，這麼做的話，很有可能代表我要長期在布萊恩手下任職，雖然他一向待我很好，但我能從他身上學的也已到盡頭了。

有一天，蘿娜出乎意料地要約我喝咖啡。我收到邀請時便呆住了，猜想著她究竟想要我做什麼。以我在亞馬遜出版事業最後幾個月她冷若冰霜的態度來看，尤其讓人疑惑。我很警覺，不想又回到過去擔心不知道她喜不喜歡我、不知道她認爲我聰不聰明的局面。但之後我發現，我已經沒那麼**在意**她對我的想法了。我現在已經不在她手下任職，也很懷疑我將來會不會再次爲她工作，而我現在得找工作，也是基於我假設不能找她幫忙。如果她尊重我，那很好，是我應得的，但對我的未來沒什麼影響。

此外，我也很好奇。「好啊。」我對自己喃喃地說，然後按下了「接受」。

結果，她是要推薦我接下一個**職務**，這份眞的很有趣的工作還是一項祕密行動。＊「我要完全坦白地說，負責此事的副總裁先來找我，」她說，「但那跟我之前做的幾項工作太相似了。於是我對她說，她應該跟妳談談，妳可能很適合。」

一開始，我不安地等著她透露更多訊息，但接著我明白了，她這麼做並不是出於憐憫之心。她也許並不如我所想，就這樣完全不管我。當時她自己的工作或生活可能有更多我不知道的事，但當我自己身處絕境時，我看不到這些因素。

我很想問清楚，但蘿娜還是蘿娜，她不是一個開誠布公的人。所以我謝謝她，很高興她想到我，我之後會聯絡那位副總裁。當我問起她近來如何，我們用寵物、假期以及各自讀過的書來塡補剩下的時間。

之後，在人行道上，我們很快地互擁。蘿娜說：「順便一提，《紐約時報》的記者聯絡我，她正在寫一篇關於亞馬遜文化的報導。我想我會拒絕受訪，但我能不能把妳的名字給她？就算我不想談，我也想做點事來幫她忙。」

「好啊，」我說，「我可能也不會談，但我很樂意能聽她說。」員工不得在未經公司許可之下與媒體談話，就算我沒被抓到，這仍是不忠之舉。問題是，我**想**當一個忠心耿耿的亞馬遜人嗎？我的忠心得到什麼回報？我又因此付出了哪些代價？

幾個星期之後，大腹便便的喬迪．坎托爾在同一家咖啡廳和我碰面。「我想要先說清楚，我不只是用一個員工的身分和妳談話，更是以一個**女性**員工的立場出發。」她開始錄音前，我先說，「請將之視爲我從異域做出的證言。」

＊ 結果是亞馬遜實體書店的負責人，現在那也不是祕密了。

Part 5
走吧，走吧

2015年至2018年

31 女性就業史大事紀

二〇一三年：我即將離開亞馬遜出版事業前，亞瑟被一位前亞馬遜員工以性侵害罪名告上刑事法庭。我和莎莉一起透過電話讀相關報導，我在辦公桌前，而她在駛往機場的計程車上。我們兩個都嚇呆了，但一位知情的同事跟我說，多年來，這根本是業界公開的祕密。「每個人都知道。」他說。我問「每個人」包不包括亞馬遜的高層。他回答：「我不能把話說死，但很難想像他們**不**知道，事情早就在傳了。」亞馬遜居然明明知情、卻又聘用一個性騷擾者擔任有權掌管幾十名女性的職位，想到這一點又讓我嚇呆了。*

不幸中的一點點慰藉是，即便亞瑟製造了兩年的混亂，再加上管理不當，大家也拿他無可奈何，但這樁醜聞解決了問題：他離開了亞馬遜。如果沒有爆出這件事，據我所知，他還會待下去。

二〇一六年：亞馬遜開始建造三座穹頂大巨蛋，傑夫應該知道，整家公司馬上就會將這些建築物稱爲「傑夫的蛋」。傑夫的蛋的原本用意，是要營造出一個可供罕見原生植物成長的潮溼環境，再加上同樣潮溼的「休閒聚會空間」，再加上一間販售五美元甜甜圈的當地麵包店。與此同時，在正常的世界裡，支撐我的門板桌的支撐架，把一件我深愛的Missoni鉛筆裙鉤得破破爛爛。我在亞馬遜任職來到了第十年，我的員工識別證也可以披上一條紅色彩帶了，但前提是我要親自去一趟識別證辦公室領取，但我實在懶得這麼做。

二〇一六年：我收到園區內各處我聽都沒聽過的團隊請我去當抬棺者，我問招聘部門發生什麼事，他們告訴我，新規定要求每個面試流程都必須要有一名女性，但許多團隊裡根本沒有任何女性可供徵召。當我聽聞此事，眞想絕望地瘋狂大笑，然而我沒有，只是說我可以加入，但前提是我要能明確地告知應徵者，我不是他們希望應徵的部門裡的人。另外，最近我買了一百枝印有「粉碎父權」字樣的鉛筆，在我以「必要女性」的身分出席的每一間會議室**裡都至少留下一枝。

二〇一六年：我去看了《海邊的曼徹斯特》，這是亞馬遜電影工作室發行的電影。當我們公司的名字出現在片頭字幕上，幾個觀眾鼓譟，我在位置上坐得低低的，唯恐他們直覺感應到我在亞馬遜工作，用葡萄乾巧克力球丟我。我覺得這樣的反應是很重要的指標，代表了當地人對亞馬遜的感覺：發出噓聲的人之所以付錢進場，應該是因爲他們**想要**看這部電影，但他們還是很生氣我們居然是發行這部影片的人。

* 一天嚇呆兩次！

** 還有在各個接駁車上、公共空間，以及幾間男廁所裡（我不能揭露我用的方法）。

二〇一七年：在一場我擔任抬桿者的面試中，輪到應徵者問**我**問題時，他的問題是：「亞馬遜在二十年內會做什麼？」他有點王八蛋，浮誇又含糊，我認爲他的問題很笨，但還是試著回答。「我不知道，」我說，「但我可以告訴你，我二〇〇六年剛到這裡時，哪些東西尚不存在：Kindle、網路服務、亞馬遜電影工作室、亞馬遜出版事業、Alexa和亞馬遜生鮮超市，這些只是其中比較大的項目。」當我細數自己見證過這麼多的變革，使我湧起了敬畏的心情。說起來，這可能眞的是一個好問題。「所以，不管是什麼，我猜，那都是你我從來沒有想過的東西。」

這傢伙發出了遊戲節目裡的音效聲。「答錯了，」他說，「答案是醫院。」

二〇一七年：「#MeToo」運動爆發，這對亞馬遜電影工作室的主管來說很不幸，因爲他在二〇一五年時，信誓旦旦擔保了自己的老二。被他騷擾的製作人跑去找記者投訴，事情登上了全國性媒體的版面，忽然之間，亞馬遜的私下調查不再那麼私下了，電影工作室的主管也下臺一鞠躬。嘿，這只花了十八個月。

二〇一七年：在我家附近的一間咖啡店裡，我偷聽到一家新創公司的創辦人對一位年輕女員工發表勵志演說。「我知道我們很拮据，」他說，「我付不起妳在亞馬遜可以得到的免費按摩、髮型設計、一日三餐和人體工學椅。」我的端莊穩重勝出了，但多年後我仍在想，他從哪裡來的想法，認爲亞馬遜人有**任何**他說的這些東西；我當時到底該不該對他透露一點訊息，讓他覺得自己沒有比較差。

二〇一八年：我在亞馬遜內部網站上調出一套叫做「老屁股」（Old Fart）的工具，那是某個人多年前用JavaScript寫的一套漂亮程式，可以查看你的亞馬遜年資落在哪一個百分比。我輸入我的員工編號，發現我在亞馬遜的年資比大多數人都還要久，只輸給百分之二的員工。我不知道對此應該要有什麼感覺，是驕傲、難堪、自覺重要，還是失落？與工具名稱形成對比的是，我並**沒有**感覺到「老」這件事。我很清醒，我在寫作，我還滿喜歡自己的。我感覺到的是疲憊。我還太年輕，不該覺得這麼疲憊。

32 赤身露體的傢伙想要一瓶可樂

「想像一下，妳必須以書面方式向千百萬顧客解釋一件連妳自己都不太懂的東西，」可能是我未來主管的賈許說，他抓著咖啡桌的兩邊，透露出一股歡欣的焦急。「這對**全世界**來說都是新東西，妳在網路上甚至查不到。這是最高機密，因此，**假設**有任何專家要來採訪，妳都不能跟他們說。」他笑得合不攏嘴。「妳要怎麼做這件事？」

我必須笑。「嗯，運用非凡的技能，希望可以做到？」

「我知道，我知道，我的說法抽象到不可思議，」他說，「相信我，我也希望我可以跟妳多說一點。」

最近我為了找新主管，和一些浮誇的亞馬遜男人面談，賈許是第一個不像正在死亡行軍[1]的人。有個傢伙用手指在桌上亂彈了一小時。另一個說：「業務成長機會永無止境。」他的弦外之音充滿恐懼，我甚至想握住他的手，告訴他一切都會沒事。我的主管候選人每一位都是亞馬遜裡相對新的人，以我們去年聘用了近八萬人來看，這也合情合理。我知道，無須多問，這些男人都處於動搖的狀態，他們相信自己撐不到第一次發股票，對於讓孩子**因此**轉學而深感內疚。我對他們感同身受，但我也不接受任何顯然已經瘋掉的人當我的主管。我讓這些男人知道，他們能提供的不太適合我，然後我就走掉了。

賈許讓我覺得不一樣。對，他是有一點誇張，但他看起來是真心熱愛他的工作。

「完全沒問題。」我說，「卡莉絲塔已經提醒過我了。」

卡莉絲塔現在是賈許的主管，她退休整整十個月之後又回鍋來領導這個方案。事實上，最先來找我的人是她。「我不能跟妳說我們在做什麼，」她在我們相約吃午餐時說道，「但我可以告訴妳，退休生活**很有趣**，因此，假如不是真的很讓人興奮的工作，我不會回來，而這個職務根本是爲妳量身打造的。」她的眼睛裡閃著光芒，那是我第一次在她手下工作時不常看到的東西；她就像過去一樣堅定不移又樂觀風趣，但更放鬆了。或者，她其實跟以前一模一樣，而我已經跳脫了我的恐懼。我理解到，就算這一次沒有直接成功合作，我也願意再次和她共事。

「即使妳不接這份工作，妳和賈許也應該認識一下。」她補充道，現在我看得出理由何在。我跟賈許年紀相仿，都是聰穎的藝術型人，卻不知怎麼地走上了古怪的科技業職涯。他是亞馬遜裡少數幾個我可以想像大學時代就混在一起會如何的人。

「我有個比喻，但願能幫助妳理解這個案子有多瘋狂：想一想亨利．福特發明內燃機時的光景。」賈許說。我點點頭，一副對亨利．福特知之甚詳的樣子，並在筆記本草草記下「內燃機」，這樣我之後才會記得要上網查。「這項發明顛覆了**幾世紀**以來的人類行爲模式，這很神奇，但也很可怕，對吧？我是說，內燃機有可能爆炸！」

我想會，現在他講出來了。「沒錯！」我說。

「嗯，我們目前正在做的事，就是從根本上改變人們一直以來的生活方式，這可能會引發深層的焦慮，除非有一個像妳這樣的人，用正確無誤的方式解釋給全世界聽。」

在我們三十分鐘的對話中，這並不是「大眾消費者恐懼」概念第一次出現。「這不包括，嗯，用兔子做實驗吧，有嗎？或者真的會爆炸嗎？」我問，「你不像那種人，但我覺得我必須問。」

「不，不，不，沒有那種東西，絕對沒有兔子。」賈許說。

「也不會有人在裝滿冰的浴缸中醒來？」

「不會偷器官，」他說，「沒有微晶片，沒有導演大衛・柯能堡的恐怖電影裡那些東西。這是一種很酷、很好、很良善的東西，一旦亞馬遜最出色的作家好好解釋，人們就會知道這沒什麼好怕的，他們會愛死。」

如果我接下這份工作，**我**有什麼要害怕的嗎？可能吧。但我的身體快活地嗡嗡叫，自從經歷過亞馬遜出版事業的燦爛時光之後，就再也沒有過了。這個案子聽起來很瘋狂，或許也很可怕，但從**好的**方面來說，這也許能將我深愛的、只在亞馬遜獨有的狂喜帶回來。我剛來到亞馬遜時，以為自己會在媒體行銷部待一輩子，但十年後，我賣DVD、建置軟體、用傑夫・貝佐斯的語氣寫文章、面試超過八百個人、經營全世界最大的翻譯出版社、裁決某一本愛情小說封面露出的乳頭部分是否太多、讓成年男性忘記事實上他們並不在玻璃工廠工作。以一個長期焦慮的人來說，我似乎是爲了跳進未知而活。「**我是**亞馬遜最出色的作家，」我說，「如果你需要一個人帶領顧客走過巨變，你便需要我。」

我本來不打算這麼說，但我也認爲這是實話。我抬頭看賈許有沒有嚇到，卻看到他的笑容比之前更燦爛。

✦

「妳覺得是書店嗎？」約翰後來問我。現在傳言滿天飛，說亞馬遜要在我們家附近的購物中心開一家實體書店。

我搖搖頭。「書店不會嚇到人，只會激怒人。」我們輪流檢視其他可能性。郵購藥品？銀行？醫療保險？這些都會變成新聞，那是當然的，但很難說會重寫我們所知的人類生活方式。

「亞馬遜製造的汽車？」約翰猜。

「爲什麼亞馬遜會想要造**車**？」

「誰知道你們這些人爲什麼做某些事？你們爲什麼做**手機**？造車可能是很蠢的事，但會上新聞。」

「如果是**飛行**車的話，可能吧，」我說，「不然的話，少來了，不太可能是亨利．福特發明內燃機那種等級。」和賈許開完會之後，我瀏覽了維基百科的福特頁面，現在我可是權威呢。

「妳得**先**接下這份工作，他們才會告訴妳是什麼。」

我點頭。「你認爲這很瘋狂嗎？」

「對，但我也覺得這很酷。」

我也是。事實上，我認爲很酷加很瘋狂的組合，可能就是讓我留在亞馬遜的因素，這是此時此刻亞馬遜可以給我、而我在其他地方也不易找到的東西。

✦

六週後，賈許在大樓的大廳跟我碰面，我剛剛在這裡簽了幾張文件，保證不管這裡發生什麼事，絕對不洩漏半個字。我們刷了識別證，從一扇旋轉門離開大廳，走進一條冷颼颼的走廊，再刷識別證穿越走廊盡頭的幾扇門，然後通過一座用夾板搭建的模型閘門，進入一個看起來像是假超市的地方。我眼前直接出現的，是堆滿穀片、義大利麵和花生醬的貨架，右手邊則是堆滿塑膠水果的籃子。賈許正緊盯著我。我說：「哇，我們要開始做**食物**了？」

「眞正的好食物！」賈許說，「就在這裡，全部從無到有。」

「嗯，現在我懂你說大衆的不信任是什麼意思了。」我說，但賈許顯得很困惑。「這些食材是從哪裡長出來的？農夫有拿到公平的報酬嗎？我們正在扼殺本地的餐廳嗎？傑夫．貝佐斯要替那些被他害得丟掉飯碗的服務員和廚師付房租嗎？有人在乎母親在家煮飯、全家人坐在一起吃飯的美好舊日時光嗎？亞馬遜會追蹤我們吃了什麼，然後提報給保險公司，好讓他們提高我們的保費嗎？」

「喔。」賈許說。

「抱歉，我在這裡工作太久了。」我提醒他。我們走到比較遠的牆面，那裡堆滿了一箱箱培樂多黏土做的義大利麵、肉塊和鷹嘴豆泥。我覺得有點受不了，**人的色彩太濃厚了**。畢竟，我二○○六年來到這裡時，亞馬遜甚至不希望再由眞人來寫文案，現在，差不多過了十年，我們卻煮飯給人吃。

「關於這個地方，妳**還**注意到什麼？」賈許問。

他跟著我走遍整間店。有些人跪在其中一個冷凍貨架前，另一群人則在討論天花板，除了電燈之外，裡面看起來還有很多**東西**。我從中間的走道拿起一盒穀片，然後放回去。「貨架會自動補貨嗎？」我問。

「不會，大家還是用老方法做事。」他說。

我回到冷凍貨架區，貨架用塑膠隔板排得井然有序。「爲什麼盒子裡裝著這些黏土食物？」我問，「對一家示範店鋪來說，這些似乎是相當費力的工作。」

「是的。」賈許說，「妳覺得我們爲什麼要這麼麻煩？」

「是因爲需要有重量嗎？」我問。

「妳愈來愈接近答案了。」

「是嗎？我怎麼不覺得。」

就在此時，卡莉絲塔像一陣風從後面的房間飄了出來。「咦，妳來了啊！」她一邊說，一邊給我一個大擁抱，後來她的手機響了。「該死，我得接這通電話。我們等等再聊。」她說著，並從冰箱裡拿了一瓶健怡可樂，接著從假的閘門出去。

我看著她離開。「等等，如果這是一家真正的店鋪，那她要在哪裡付錢？」

「她走的時候就付錢了。」他說，「沒有收銀臺。妳拿妳想要的東西，然後走人。」

「但怎麼做？」

「這家店知道妳拿了什麼。」他說。

「這家店知道」，這個詞馬上在我心裡變成了專有名詞，就像「新語」、「老大哥」一樣。[2]

「這太**不可思議**了，我們要被**宰掉**了。」我說話時帶著止不住的歡樂，「喔，哇，謝謝你提供了真正瘋狂的東西讓我探索。」

✦

「赤身露體的傢伙想要一瓶可樂」（Naked Guy Wants a Coke）是亞馬遜無人商店（Amazon Go）的基本使用範例。赤身露體的人沒有信用卡夾、沒有裝了零錢的口袋，只有手機和身體。

赤身露體的人需要用手機掃描才能通過閘門，但進來之後，如果他想要的話，甚至可以丟掉手機，反正之後都不會再用到了。他可以把我們的店鋪當成自家冰箱，自取可樂，當他離開時，店鋪就會用他在亞馬遜帳戶裡綁定的信用卡扣帳，並給他收據。因爲「這家店知道」。

基於這項專案的機密性，我們的總部設在輕軌鐵路下方的普通出租大樓，距離園區有好幾條街。工程師、科學家、設計師和主廚在這裡工作了好幾年，但我是第一個、也是唯一一個作家，更是少數幾個做過的工作涵蓋無人商店經驗中每一個面向的人之一。就像賈許說的，這是一個輪軸，那些以我爲中心的許多輻輳，彼此之間罕有互動。我必須設計出一套系統，在螢幕上、菜單上、貼紙上、標誌上和輔導課程上，都用同一個聲音完整說出來。

當我向資深管理階層提報初始概念時，我發現我很走運，剛好滿足三個罕見的條件：

一、我的工作和我的才華配得剛剛好。

二、我的才華是這項業務成功的關鍵。

三、上位者**知道**我的才華是這項業務成功的關鍵。

能夠爲重視文字重要性的領導者效命，暢快到不像眞的。在一場高階主管審查會中，我建議在出口處放一個寫著「**眞的，你可以走出去！**」的標誌，好讓顧客安心，免得他們**覺得**自己像在順手牽羊；並不是。許多人都害怕的工程部副總裁卡錫克也在場。我們之間多年來一直維持著「嘿，你好嗎」的愉快君子之交，但我之前從不需要和他**合作**，我很訝異他居然對於創意這一面有興趣，願意發言。「我以爲我們通常都會避用驚嘆號。」他說，指的是我的團隊在我**第一次**於卡莉絲塔手下工作時編寫的編輯指引。

「是的。」我說，「但在整家店裡用一兩個沒問題。而且，如果沒有驚嘆號，這個句子就變得死氣沉沉。即便我是亞馬遜的官方『驚嘆號殺手』，我認爲以這個情況來說，符號很重要。」我過去未曾向技術部門的主管解釋過文案用字遣詞的選擇，尤其是在他這個位階。當然，我沒有顧客偏好的數據可以給他看，因此我只是稍快帶過，希望他能接受。

他用不帶驚嘆號的語氣唸了這句話。「喔，眞的，有點陰森。我的另一個問題是，你們有沒有想過再加幾個字，變成：『眞的，你可以就這樣走出去！』」

「有想過。」我一邊說，一邊指向梅根，她和我並肩合作，負責的是視覺設計。「但加了之後並沒有增添太多力道，要說有什麼的話，我擔心聽起來有點不耐煩的意味。」這些都是實話，但如果對方大力反擊，我願意把「就這樣」一詞加上去。

但沒必要。卡錫克想了一下，接著說：「我看出來了，謝謝。現在我沒有其他問題了。」我很高興他加入了我這一邊，但更讓我狂喜的是他非常在乎這件事，願意問我問題。

我在亞馬遜的長年資歷，以意外的方式證明其用處，像是決定如何表達食物的食用期限，這是大家花了幾個星期的共同努力，包括設計模型、審查與修改，最後才準備好提報給卡莉絲塔，請她簽核。「『建議食用期限』（best by）沒問題，」卡莉絲塔說話的方式讓我知道她並不特別喜歡這個，「清楚又精確。但妳爲什麼決定不用『賞味期』（enjoy by）呢？聽起來比較溫暖一點。」以一家必須知道每一件事的店鋪來說，室內設計必須簡單，正好達成簡約的程度。文字、手寫字和黑板插畫必須額外擔負功能，傳達快樂的人性面體驗。

「『賞味期』是我一開始的最愛，」我說，「妳還記得那封提到不惱人包裝的傑夫函嗎？那時傑夫說過，我們不該預設告訴顧客應該要有哪些感受。要求顧客享受食物，聽起來可能太像命令。我們不該告訴他們該怎麼做，只要讓他們知道何時最新鮮就好了。」

「我大概只隱約記得。」卡莉絲塔笑著說，「但是，好吧，我可以因爲這個理由讓步。」決定一個選項是一件小事，但就是這些小事緊緊抓穩了這時候的我，我製造出一張無形的文字網，但願能讓顧客覺得安全、受到照顧，而這甚至是他們從未停下來思考過的方式。

✦

要是我日復一日的職場生活沒有讓我想起銷售專員如何自嘲是「猴子」就好了。領導團隊和設計部門的同事或許理解我在做貨眞價實的工作，但多數產品經理把我當成召之即來的服務供應商，彷彿我是東拼西湊地寫出文案給千百萬顧客看，而他們在旁邊監督著我。我的辦公桌在走道上，一小時內我會聽到四次、六次、甚至十次這句很要命的話：「妳有三十秒嗎？」但他們要我幫忙的，通常都是我至少需要安安靜靜坐下來三十分鐘，才能做完的事。一開始我找的理由是，嗯，他們很年輕，也不習慣和作家合作；我的職責就是教育他們。我建議每天訂出一個諮詢時段，這時候我會**樂意**暢談一些特殊的需求，但他們大致上聽而不聞。我建議開個午餐會，討論首席文案撰寫人的角色是什麼，以及如何和我這個首席文案撰寫人合作；這些產品經理點頭說好，但馬上又回過頭來請我飛快寫出複雜的指引，而且沒有任何明確要求。我開始在截稿期限逼近時，躲進不受打擾的空間或星巴克，但我的會議時程排得很緊，不能離開這棟大樓太久，這麼做也不務實。因此我戴上耳罩式耳機，當成「請讓我專心工作」的信號，但成效同樣不彰。我曾經在一小時內破紀錄被打斷十五次，於是我衝向賈許的辦公室，告訴他必得做出取捨。

「一直有人隨意來吵我，」我說，「我覺得自己像是被丟在一旁亂七八糟的抽抽棒遊戲。」[3]賈許約莫在一年前從廣告業來到亞馬遜，他明確地告知我，除了我正常的職責之外，他需要我以身作則，爲他的其他部屬樹立起亞馬遜的角色典範；他手下的人大多數都來自正常的公司，對此地的步調備感辛苦。他告訴我，他們被其他團隊壓榨，因應之道是努力加快速度，但事實上，他們應該做的是設定合理、可行的預期，並努力達成。「我現在知道爲何其他人都表現出一副被打敗的樣子，」我說，「不知怎麼地，我們給別人一種『這裡是卽時服務臺』的印象。」

「對，因爲梅根和其他人對於任何古怪的要求皆來者不拒，容許了這種印象成形。」賈許犀利地說。如果我不小心一點，他會使話題完全脫軌，轉而述說其他直屬部屬的行事作風根本不像個亞馬遜人。知道自己得主管歡心是好事，但我不想向主管打同事的小報告。還有，難堪的事實是，應承每一個古怪的要求**是**亞馬遜的風格。這或許頗具毀滅性，也很難長久，但若不是每天做了千百件自毀的事，也就不會有今天我們所知的亞馬遜。

「我不想被吸進他們啟動的亂局裡。」我現在說的話把我們導回正軌，「我也知道**你**不希望我被吸進去。但所有人都無視我設的界線，我需要一個能提供實際防護的地方安心工作，不然我就完了。」

「當妳需要專心時，就過來這裡，可以嗎？」他指著他的會議桌提建議，「我很樂意有伴。」很貼心，但賈許有一半的時間會在辦公室裡開會。我深吸一口氣，做了一件就我所知從沒做過的事：要求一個讓我能眞正做事的工作環境。

「那一排還有空的辦公空間，」我說，「你何不挪一間給我？」

「我想那些是留給以後第八級的人用的。」他說。

「但現在是空的，先給我一間，等那些高階主管進來之後，再把我踢出去。」

「我來看看能做什麼。」他說，「但我必須找個人跟妳共用辦公室，第七級的人擁有私人辦公室看似不太妙。」

「賈許，我不是針對你，但亞馬遜武斷的辦公室政策不是我該解決的問題。當然，替我找個辦公室室友，沒問題。但我不會花任何一分鐘擔心該如何找到適當的環境，然後才去做亞馬遜顯然希望我完成的工作。」一天之內，我和設計團隊的主管就搬進辦公室，我發現，光是擺脫他們的視線，我的生產力就提高了三倍。我做了筆記，記下有時候針對你的需要提出要求，是會成真的。

✦

即便有了適合的工作場所，要趕上十三項方案各自的步調幾乎是不可能的任務。一小時之內，我的工作脈絡要從走道告示牌的資訊層級，轉換到替三明治促銷活動寫可愛的口號，再到撰寫墨西哥塔可餅的食譜，還要替應用程式寫導引文案——版面空間好小，連日本的三行俳句詩都塞不下。我們竭盡全力要讓顧客覺得在這家店裡購物很「正常」，但我們需要顧客學會幾個非直覺性的行為，而每一種都需要花好幾週測試與來回修改文案。這家店的各個要素緊密地互相牽連，一個小小的技術上或設計上的變動，都需要在五、六處更新用語。我無法仰賴產品經理隨時告知最新的規格變動，因此我要求親自出席他們的專案會議，某些時候，一週多達三十小時。即便做到如此，我在高階主管審查會議上，還是會看到針對我從來沒聽過的使用範例所寫的、我沒看過的文案。卡莉絲塔馬上就看出那些不是我寫的。「這是最終的文案了嗎？」她會巧妙地問。我會試著巧妙地應對，以免害到某個基層人員。「我想團隊或許可以到我的行事曆上約時間，好好談一談還需要什麼。」我說。＊

「等等，妳是指，妳沒辦法在我們人在這裡盯著妳看時就下筆寫完嗎？」我們的資深副總伊拉開玩笑說。我很感激他的支持，以及他爲基層員工豎立的溫文典範，但這只能稍稍安撫我。我想，以系統層級來說，我失敗了，而這套系統就是我自己。某種程度上，我認爲我**應該**能夠在一屋子衆目睽睽之下，憑空寫出漂亮的文字。現在，我又回到了漩渦當中，對於自己工作方式的理解與尊重開始消逝。現在，需要時間思考這件事，又讓我開始覺得是一種限制職涯發展的弱點。

對於被別人視爲理所當然，我感到愈來愈火大，爲了平衡這股憤怒，我開始在午休時間衝到對街的橘子理論健身房健身，這裡提供一種非常新穎的健身團體課概念，在教練的要求之下，你會在一小時內從跑步機飛下來跑到划船機，然後再去做重訓，教練會搭配著蹦蹦蹦的夜店音樂，對你喊著「極限是想像出來的！」以及「如果你已經拿出所有能耐，再給我一點點就好！」**為什麼這個人鼓勵我自毀**？我在思考這件事的時候，另一邊有幾個亞馬遜員工跳上跑步機，配速爲每小時八英里（約十二．八公里）。但這個下午，我只需要讓自己累到投降，以免我開下一場會議又因爲被偸襲，或是某個第五級的網路設計師要改掉一句話，還說傑夫本人已經同意了，理由是「他不喜歡」，導致我翻桌。還好去完橘子理論操累了，我才沒有把「我才他媽的懶得管你喜歡什

＊　會議一開完，Outlook的邀請就來了。

麼」說出口。

有時候，我認爲亞馬遜應該支付我去橘子理論健身房運動的費用。

✦

事情比較順利的時候，我會提醒自己，有一些開始被我稱爲「完完全全他媽的蠢蛋」的人，實際上只是真的很年輕，真的、真的很嫩。某天下午，我在辦公室寫審查回饋，團隊裡最天兵的產品經理剛好過來。「嘿！」他說，「我需要知道我們在描述加熱即食主菜的貨架標示牌上要印什麼。」

「當然囉！」我唱歌似地回。我非常怕看到他，因此我表現得更加友善，希望他沒發現。「目標期限是何時？」

「很遺憾，是今天。印製單位說檔案要在五點前準備好。」現在差十分鐘就四點了。天兵產品經理打開筆電，給我看一張列了大約二十道主菜的Excel清單。「我想，最簡單的快速作業方法，是妳告訴我要寫什麼，然後我直接輸進檔案。但我也會讓妳安安靜靜獨自作業！」他補上最後一句，很可能是因爲我的臉色。

妳讀大學時，他才剛出生，我這樣告訴自己，**溫柔一點**。「很遺憾，我四點要開會，不能遲到。」我說，「不管怎麼樣，我都無法在五點前寫出來，這份工作需要半天。」

「喔，**哇**。」產品經理說，「我不知道需要這麼久。」我們之間有過多次不同版本的類似對話，我的理論是，他每天晚上睡覺時都恢復原廠設定。

「很遺憾，就是如此。」我說。

「完全理解。」他說，「事實上，這是爲了傑夫巡視要用的，我認爲，如果上面有妳的精妙描述，我們的主菜看起來會更棒。」燦爛的笑容，彷彿任何女孩都無法抗拒誘惑，一定會想讓傑夫·貝佐斯看看她在威逼之下擠出來的劣質文案。

「我絕對不會將我無法全力捍衛的文案放在傑夫面前。」我對他說，「說實話，你也不會想這麼做。對傑夫來說，沒有準備過頭這種事。」

他聽了這番話後，看起來很害怕，這不是我的本意，但我也不後悔。「事實上，這會是我第一次跟他開會。」他說，「想到他人**就站在那裡**，感覺有點奇怪。」

「是超級奇怪，」我跟他說，「但會沒事的。」

我的會議於六點結束，我傳訊息給約翰，說我回家前要先去跑步。我從這棟大樓跑到第一大道，然後一路跑到拓荒者廣場再折返，經過派克魚市場、西雅圖藝術博物館、四季酒店和聯合福音使團[4]，那裡的人已經開始排晚上的床位。我怒氣沖沖，但我不知道是因爲天兵產品經理，還是因爲我自己沒辦法在混亂中得心應手。我想像著他在我的績效評鑑上會寫什麼：可能是我「缺乏幹勁」，或是我不夠「機敏」。他是很糟糕的產品經理，但我看不到任何證據證明他知道自己很糟，也沒看到任何人努力協助他改善。「我知道有問題，但我在他身上看到很大的潛力，」當任何人跑去跟他的主管說他造成的大混亂，這位主管就會回答前面這句標準答案，但什麼都不會改變。天兵產品經理可能眞心認爲完全都是我的錯，他在同儕回饋中也會這麼說，有些人可能也會相信他。

我會把這些事放在心上，是因爲這是我第五次或第六次「回到升遷道路上」。至少賈許是這麼說的。我覺得卡莉絲塔也快要明講了，但她除了是我的朋友之外，也是我主管的主管，我不想模糊這條界線。這次要處理的一項挑戰是（事到如今，我已明白像我這樣的職涯發展路線，總有些奇特古怪的結構性問題，或是歷史上的空白有待解決），我是整個亞馬遜唯一的第七級首席文案撰寫人，要升上第八級的指引甚至不存在。因此，在這週稍早我們的一對一會談時，賈許給了我一份非特定職務的第八級資格文件，要我試著針對我的職務客製化。「你讀過嗎？」我掃了第一頁一眼之後問他。

「老實說，沒有。」他說，「爲何這麼問？」

「文件裡一開始就說，升到第八級的門檻是『接近超人的才能與毅力』。」我將文件推回給他，「**接近超人**？是認眞的嗎？」

「眞是瘋了。」賈許嘀咕，「我們不應該發送這樣的訊息。」

「我希望是我這個人得到拔擢，而不是我創造出來的勞動力。」我說。

「妳會的。」他說。我想相信他，但到現在我已經看過太多了。我上一個職務的總監和副總，每週都竭盡全力完成不可能的挑戰，但還是被打擊得一敗塗地，我聽說，有很多人在他們的第一堂領導教練輔導課程中被逼出男兒淚。有一個朋友因爲幾個月以來天天無休而搞得筋疲力竭，他的眼睛得了帶狀皰疹，*差一點瞎掉。有些職缺開了六個月都沒人補，因爲來面試的應徵者只有到很棒的地步，但不完美。我可能是亞馬遜層級最高、最出色的作家，但這不表示亞馬遜認爲我夠好。

事實是，我不想再試著變成一個**接近超人**的人了。再也不要。我在戒酒之前，以爲戒酒是你努力痛責自己就能做到的事，但並非如此。爲了保持清醒，我必須容許自己甘於做一個盡力而爲的人。至於盡力而爲是否能符合他媽的高標準，這一點都不重要；用**亞馬遜**的標準來看，我永遠都會差一點點。我和瑪妮一起接受領導培訓時，有一天她對大家說：「我們會在這裡，是因爲我們是亞馬遜裡最出色的人，對吧？但我們的績效標準每年都在拉高，亞馬遜的用人門檻也不斷提高，因此，至少從理論上來說，我們誰都沒辦法永遠保持下去。這裡的每一個人都會退步，從頂尖人才變成勉強過得去。」（之後大家一片鬱悶，沉默不語。）

---

* 這下你又得擔心別的事了。

可以理解的是，幾年內，我會成爲被刷下來的百分之十，因爲我眞的很好、但又沒好到**不可思議**。請不要誤會，我也**想要**好到不可思議，我想要成爲超人。我的雄心壯志仍和過去一樣，渴望做一些重要、瘋狂、困難的事。只是，我也想要保持清醒，這表示不能喝酒。如果戒酒意味著工作表現會讓亞馬遜有點失望，那就這樣吧。

現在是尖峰時間，天氣微涼，下著毛毛雨，每幾個路口我就得停下來等紅綠燈，但沒關係，我喜歡停下來，甚至勝過跑步；我現在開心地聽著的播放清單，其中有一些是歌手Prince最下流的歌曲，這些歌和我的愛歌重疊的部分還眞不少，但我選擇不去深究原因。我跑到拓荒者廣場時，這裡斑駁的維多利亞式磚造人行道以及隱約的水岸氣息，帶我回到我來亞馬遜面試那天見到的迷濛、愜意城市。有機會在這些磚石、常綠植物和溫柔的雨滴裡過日子，是我答應這份工作的理由。我非常想要這樣的感覺回來。

我在第一大道和哥倫比亞街的路口停下來，一個我常見到的傢伙正舉著一支指示牌。他有時候不理我，有時候會問我問題：**現在幾點**？**妳有沒有看過紫色的天空**？**妳為何跑這麼快**？他從來不像我在跑步路線上碰到的其他人那樣令人發毛，這足以讓我將他視爲不期而遇的朋友。（而且，他也是唯一說過我跑得很快的人。）

今晚，我戴上了耳機，我先看見他對我比手勢，然後才聽到他講話。「妳聽什麼？」他問。我告訴他，Prince的歌。「願他安息。」他說。

「我知道，是啊。」我回他。

「什麼歌？」他想知道，幾乎就在同時，「一夜情的二十三種姿勢」這句歌詞鑽進我耳裡。我不會對這個男人說「滾開」（Gett Off）5。

「是『蔓越莓貝雷帽』（Raspberry Beret）！」我改為這麼說。

「我愛那頂貝雷帽。」他說。

「對，那很棒。」我說。

回辦公室的路上，我在想，最糟糕的情況下會發生什麼事呢？我為什麼要營造出一個對我們兩人來說都很安全的中間地帶，而不是直截了當對那個男人說出歌名呢？我和男人的往來交流，常涉及這種那種謊言，有時候我甚至沒注意到自己在說謊。要改變這一點，或許已經太遲了。

33 不是我所知道的亞馬遜

我看到來電顯示的名字，於是鑽進一間空房間講電話。「嘿，喬迪。」我說。

「嘿。」喬迪．坎托爾說，「我只是想要先告訴妳，我們明天會刊登報導，在此感謝妳的協助。順帶一提，我在報導中不會提到妳。」

我並不特別擔心在《紐約時報》的報導中被點名。我們碰面時，喬迪已經挖得很深，我其實沒有太多新資訊可相告；我多半是證實她已經研究過的事實和事件，並提供更多建議採訪名單。但我的胸口被一股放鬆感淹沒，這說明了我的身體很恐懼，但我的理性心智卻一無所知。

「這樣我的生活會簡單一點，謝謝。」我說，她笑了。當然，我很想要問她關於這份報導的事，但我想她還有很多電話要打。我可以等十八個小時，然後像大家一樣感到意外。我只須記得表現出很意外的樣子就好。

✦

《紐約時報》：亞馬遜的殘酷叢林法則（Inside Amazon: Wrestling Big Ideas in a Bruising

Workplace）。呼，天啊。隔天早上我離開辦公大樓，在下個街角找了一張公園長椅，安安靜靜讀這一大篇幅的頭條報導。第一句擷取式的引述跳了出來：「幾乎每一個我共事過的人，我都見過他們在辦公桌前哭泣。」她眞的寫了；她寫了一篇關於亞馬遜人的**感受**的報導。我讀過幾十篇關於顧客、出版商以及其他零售商對亞馬遜有何想法的新聞，二〇一一年新聞揭露可能熱死人的亞馬遜倉儲工作環境，之後也一直有人陸續報導從事這類工作的亞馬遜勞工的處境，但這是我看到第一篇提起我們成千上萬的辦公室白領員工。

我們之前碰面時，喬迪說她想要寫一篇「平衡式」的文章探究亞馬遜文化的好與壞。我假設的是，即便是平衡報導，也會讓我們公司看起來很壞，但沒想到比我預料中更糟，最嚴重的傳聞則聚焦在女性身上。一位女性員工流產之後沒多久就被降調為試用期員工；另一位女性員工的績效被主管評為倒數百分之十，因為她的同事在她抗癌期間完成的工作比她多；還有一位女性斷然表示，有小孩是致命的職涯發展錯誤。亞馬遜認為人體生理限制是很麻煩的問題，比我認知中的更誇張。

梅根從甜甜圈店回來時經過我身旁，「妳看了嗎？」她說。

「正在看。」我用我最好的「語帶活力但也非常擔憂」的聲音說話。

「妳認為可信嗎？我剛來不久，無法評論。」梅根來自廣告代理界，過去她曾經一週內從紐約飛到中國兩次去安撫客戶。她對於超時工作或在最後一刻扮演英雄的行徑並不陌生，她也願意重新調整自己以融入亞馬遜的風格，但混亂正在造成影響。「中午過後就會穩定下來，對吧？」有時候她會這樣問我，而我只能說「理想上是如此。」

「是，十分可信。」現在我說了。事實上，我**確實**很難想像，那位流產女性的主管要怎麼向她說她會被降職爲試用期員工，這名主管和人力資源部在做出最終決定之前又是怎麼談的。我很難在我腦袋裡想像**真實的畫面**，但我相信是眞的，一部分原因是我讀到這裡時的第一個想法就是：**嗯，她在流產之後請了多久假**？**我們現在談的是三個星期，還是三個月**？我直接將我自己代入她主管的角色，這位主管自己可能也面臨險境，得選擇犧牲哪一個。

「我就怕妳這樣說。」梅根說。

✦

各個電子郵件別名群組炸鍋了。嗯，女性群組「women@」比較客氣，算是小火慢燉，評論意見包括「說出了一些實在的觀點」、「必須承認有時候我也點頭表示同意」，以及「激發思考」等等。不久前，女性群組在聊電梯裡宣傳專爲女性工程師召開的研討會的海報被毀了，所有海報上的「女性」字樣都被畫了叉，一位男性資深副總（他可不是普通的資深男副總，而是公司裡最不講情面的霸道資深男副總）最後跳了出來，說他會調查。自此之後，在那個電子郵件別名群組裡的女性發言時，都一副自己被監視的樣子。

然而，男性色彩非常濃厚的亞馬遜聊天室「amazon-chatter@」就沒這層顧慮。大多數時候，內容都是自由主義哲學、維持酮值的祕訣，以及抱怨吃完八美元的墨西哥餐車午餐之後過五小時居然又餓了（但這絕大部分是因爲人體就是如此運作）的大雜燴。然而，今天所有的話題都圍繞著《紐約時報》，對話大致上是兄弟對兄弟，內容可以細分如下：

百分之五十：我自己從來沒親眼見過這種事，所以不可能是真的；我從來不明白我的現實並不是唯一的現實，但不也這麼長大了。

百分之二十五：聽好了，這個地方不是誰都適合。有小孩、得癌症或有情緒並不是錯誤，只是代表你可能應該去別的地方工作。

百分之二十五：這些傳聞好可怕，就算只是獨立事件，亞馬遜也要確保以後不會再發生。

我對於最後的百分之二十五懷抱一種病態的感激之情；其實我痛恨自己，也痛恨他們。中學時，某個小圈圈裡有個男生沒有罵我是狗；開會時，有個男人看到我忙著應付不停打斷我的人，開口說：「我想克莉絲蒂還沒講完，讓她好好說清楚她的重點。」我對他們也有同樣的心情。

後來有一個叫尼克的人上了線，他告訴我們，他剛剛在領英上貼了一篇反駁文；我就像一個不在乎會不會被自己的皮質醇淹死的老笨蛋，點開來看。

《紐約時報》的報導讓尼克氣死了，他希望全世界知道，身爲一個在亞馬遜工作**十八個月**的人，他知道自己在說什麼。尼克只會根據自己的選擇在週末工作！尼克發現，用門板來當辦公桌，比某些無趣店面買來的附抽屜且有封邊的桌子，更讓人耳目一新。如果《紐約時報》有來問一下尼克，跟他聊聊他的團隊每天在打的殊死戰，他們就知道亞馬遜的士氣**沒問題**。

尼克尤其怪罪報導指控亞馬遜有性別歧視。畢竟，尼克基本上是和階級高於他的女性合作，而且她們都贏得他的敬重！在性別歧視的體系中，怎麼會有這些女性？更廣泛一點來說，認爲亞馬遜會有性別歧視，**從邏輯上來說是不可能的**，因爲亞馬遜是根據數據做決策，數據是科學，**科學不會偏袒特定性別**。在公司的整整十八個月，尼克本人從來沒看過任何一個直言不諱的女性受到歧視。就算**真的**有，人力資源部也會馬上出來阻止，好嗎？

且讓我們把話說明白：如果亞馬遜**確實**有性別歧視，尼克會帶頭討伐，因爲他是一個有女兒的父親（對）。但亞馬遜沒有，因爲不會有，因爲有科學。

亞馬遜聊天室連聲讚嘆尼克，說他反擊了那些假記者以及他們提到的撒謊、發牢騷的人。「感謝你不畏強權說出眞相。」有人這麼對他說。我看著喝采聲接連出現好幾分鐘，接著我嘆了一口氣，並在討論串寫下我的意見：「尼克，我明白你對《紐約時報》的報導有強烈的感受，希望分享你自己的觀點，但你身爲男人，並不適合說明在這裡工作的女性面對什麼樣的待遇，你並沒有相關的經驗足以代表發言。如果你有意更加了解我這位亞馬遜女員工這十年來的經驗，我很樂意跟你喝杯咖啡聊聊。」（我非常、非常不想跟尼克喝咖啡，但我覺得最好用和氣融洽的語調收尾。）

有些女性私下發電子郵件給我，感謝我發聲。但在討論串裡呢？無聲無息。

✦

幾天後，我在我家附近的公園裡跑完步後做點伸展，我的手機響了，看到傑夫發了一封給全公司的信，談《紐約時報》的文章，在我記憶中這是第一次。傑夫說該文描述的並不是他所知道的亞馬遜，任何人在這麼糟糕的環境下工作，留下來簡直是瘋了。我靠在一棵樹上，看著兩隻邊境牧羊犬追逐彈力球，思考著傑夫．貝佐斯認爲我瘋了的這件事。

他的話讓我想起，這個社會可是非常鼓勵女性斷然離開被騷擾或被邊緣化的職場：**他們不值得妳效命！沒了妳，他們會後悔莫及！**是啊。找新工作時，妳得暫時擱下收入、保險和事業發展動能。妳可能要繞過大半個國家。將小孩從原本的學校帶走。做妳需要做的，把那樣的職場變成一個可能會改善的地方，但不要期待當妳離開時他們會想念妳。如果他們在乎女性離職，就會努力使職場變得不那麼令人想逃離。我知道當我最終走人時，這裡會像是我從未來過的樣子，或許這就是讓我困在亞馬遜多年的理由。但當我還在這裡時，至少可以懷著受到肯定的希望。

我往下瞄了一眼手機，注意到傑夫附上連結，是性別理論專家尼克舉的反例，並鼓勵所有員工去讀，說這是「其他的觀點」。

當傑夫．貝佐斯對全體員工提建議時，便會被視為背書，我能做的，只有努力不要從我倚靠著的樹上折下樹枝塞進嘴裡咬住，免得自己大叫出聲。尤其是，我又一次漫無目的地點開連結（我仍是個笨蛋），第一次注意到尼克在文章裡配上一張照片，畫面中有兩位女性員工在西雅圖的同志遊行中揮舞著彩虹旗。我在想，她們知不知道自己被他當成多元化的象徵？

我回家，親了狗兒好幾次，得到超多次的回親，然後發現約翰在客廳裡用筆電工作。我在手機裡翻出傑夫的電子郵件，給他看：「你知道尼克之亞馬遜和性別事件吧？」我說。（尼克在我們家已經大名鼎鼎。）「全世界最富有的男人剛剛大肆宣揚了。」

約翰掃了一眼電子郵件，我的身體前彎到腿部，伸展腿筋，反正我也不知道還有什麼事可做。「他到底他媽的在想什麼？」約翰讀完時說，「這番話完全消除了這或許是系統性問題的可能性。」

「這是盲目。」我一邊說，一邊脫掉慢跑鞋。萊納斯慢慢走過來，隨意叼起我的一隻髒襪子，然後帶著襪子走出客廳。「喔，不客氣喔。」我對著牠離去的屁股說。

「盲目？」約翰說，「妳將標準訂得太低了。」

「可能吧，但這並不代表那不是真的。他不知道他看不到的事情，他身邊的人都是男人，他們也看不到，因此，沒有人叫他把他那顆高貴的頭從屁股裡挖出來看清事實。」

「我向妳保證他們當中一定有人看到了，但就是不在乎，」約翰說，「不管如何，**亞馬遜**會叫傑夫先怎麼做？調查，對吧？拿到數據，不要憑著他的**感覺**對千百萬群眾大呼小叫。說眞的，妳不能再用『姑且先相信他是好人』的態度對待這人。」

我用嘴巴呼氣。「給我一點時間，」我說，「我會做到的。」

34——是RAAB或RABE還是RAPE

我們的一號店（Store 1）開幕前幾個月，我拿到預算，請來一位自由業食譜作家和我們的即食調理包團隊合作，我上網查閱「如何寫食譜」並期待會有最佳結果的時代終於結束了。手邊有了一個眞正合格的專業人士，讓每個人的生活有整整兩三個星期變得更輕鬆。但之後，我開始收到她的簡訊，比方說「我在測試廚房，準備開始早上十點的工作，但門鎖住了，沒人理我，」或是「傑士柏凌晨一點發電子郵件給我，叫我改成今天過來而不是明天，但我不能不先通知就丟著其他客人不管。」今天她在約定的時間出現（在尖峰時間前往市中心南邊的測試廚房並非易事），卻被告知整個食譜開發衝刺行動被延後兩週。

這位食譜作家之前也是亞馬遜員工，她知道如何因應變化。然而，她現在是自由作家，不領固定薪水，也不在我管轄之下任我差遣，我們不能一有必要就叫她出馬。當她答應了我們，就代表必須回絕其他工作，而我們不斷地整她。「我很抱歉，我來查一下到底發生什麼事。」我回訊息給她。傑士柏是即食調理包團隊的主管，現在就坐在我辦公室外、他的辦公桌前。他距離我很近，喊一下名字就可以了，但我覺得這樣做很混蛋，於是我走過去。「嘿，潔美剛剛從測試廚房那邊的停車場傳訊息給我，行程安排到底怎麼了？」我問。

「喔，要命。」他說，「我們忘了告知妳嗎？」

「我想一定是。」我說。**又來了**，我默默地補上一句。

「如果她可以查一下行事曆，看看是否有最後一刻的更新，那會很好。」

「行事曆沒改。」我說，並給他看我的筆電。

「我**非常**抱歉，」傑士柏說，「我眞的以爲我已經跟兩位說過了。我們的速度很快，有時候會錯過這些小細節。」

「我知道你們速度很快，」我說，「我現在開始擔心，如果我們一再失去她的信任，我們很快也會失去她，西雅圖可沒有成千上百位優秀的食譜作家可供我們選擇。」

「我絕對會確保以後不會再有這種事，」他說，「這些小問題都只是創新的成本。」

這人不管什麼事最後都推給「創新的成本」。我同意創新一定要付出代價，有時候這表示當你在琢磨系統、精益求精時，銷售團隊的工作要倍增；或者，當你試著用統計數據預測未來時，搞亂了愛書的編輯。卽便時機正好，創新也很混亂，而且所費不貲，但這沒問題，有問題的是把這當成藉口，持續破壞既有的時間與空間基本規則。傑士柏一抬頭就會看到我的辦公室，他怎麼能一天看到我四十次，卻不記得至少說一聲時間表有重大變化？我要支援另外十二項方案，但還是很努力化解卽食調理包團隊因爲重排時程、重新拍攝、版本錯誤、無預警置換食材所引發的混亂，這在一週內會耗掉我三分之一的時間。

但這是傑士柏在亞馬遜的第一份工作，更別說這是他第一次監督整個業務。他看來似乎被丟進海裡，要靠自己手腳並用求生，就像十一年前的我。他說出亞馬遜領導準則時，顯示出他不懂這些，但他很想用。而且，他顯然非常拚命。我上班和下班時，他都在辦公桌前；他會處理電子郵件到深夜，甚至連週末都沒休息。雖說他真的搞死我了，但我也認爲他真的很辛苦。

因此，我只說了：「謝謝，我會跟她說。」

✦

幾週後，傑士柏來敲我辦公室的門，問我有沒有一分鐘討論一下「香煎鮭魚配甘藍菜苗」（Seared Salmon with Broccoli Rabe）這道菜，然後我的惻隱之心就開始消散了。他說：「我注意到妳拼寫成『rabe』，但比較常見的拼法是『rape』。」

「對，這個字有四種拼法，可以任人自由判斷，另外兩種是『raab』和『rapini』。」我一邊說，一邊草草寫在白板上。「亞馬遜出版事業沒有針對這個詞列出偏好的拼法，但大型食譜網站用『rabe』，於是我決定用這種拼法。」我使用「決定」而非「建議」，並非偶然。我說：「在這種情況下，我通常的作法是檢視一些最頂尖的線上食譜網站，看看有沒有共識。在我查閱過的六個網站裡，有四個使用『rabe』，兩個使用『raab』。」到現在，我已經習慣了隨便哪個男人跑來告訴我應該改這個字或那個詞，理由是他們「不喜歡」，而我已經受夠耐心解釋我並不是隨便從哪裡就得出這個店鋪該用的詞彙，我也沒有時間順著某個傢伙的感受去解釋每一件小事。

「妳確定嗎？」傑士柏問，「因爲我眞的覺得我比較常看到的拼法是『rape』。」

「我很確定，」我說，「美食大全（Epicurious）、請享用（Bon Appétit）、美食我愛（Food52）這幾個網站都用『rabe』。說實話，共識的力量之大，連我都很意外。」這是謊話，我一點都不意外這些網站挑了一個不涉及性犯罪的拼法。我正試著給他一條優雅的退路，讓他不要死守在這個不值得堅持的問題上。

但他不想要我給的優雅。「嗯，我看得出來妳做了功課，」他說，「我只是擔心**顧客**會搞混，秉持顧客至上（Customer Obsession）和當仁不讓（Ownership）這兩條領導準則，我必須發聲。」

喔，天啊，他就是像這樣拋出他不懂的領導準則嗎？我猜是。

「當然！」我說，「但你也知道，我們的顧客也會用這些網站，因此，我想我們大可相信他們很熟悉這些詞彙。還有，坦白說，如果可以的話，我**真的**很想將『rape』這個詞完全趕出我們的貨架。」

「嗯，但這裡的『rape』並非指『強暴』。」

「對，我知道這種蔬菜和性犯罪是兩回事。」我說。

「『rape』作爲甘藍菜苗的名字時，兩個音節都要唸，唸成『Rah-pay』。」

「對，我知道，」我又說道，以此代替站起來在走廊上快速跑來跑去並大吼大叫，「但這四個字母用這種順序排列，會在一般的顧客心裡引發聯想，我們只要選用比較普遍的拼法就可以避免。」

「如果我們在字母『e』加個重音標記呢？」

我不得不啞然失笑。「傑士柏，這個字不是這樣拼的。我們不能隨便在什麼單字上丟個重音標記來規避，這會讓我們顯得愚蠢，有礙顧客對我們的信任。」

「我有一個想法。」他一邊說，一邊雙手合十，「我們可以**測試**。我們可以在公司裡調查一百個人，看他們比較熟悉哪種拼法。」好棒棒，老兄。你永遠都不會拒絕在亞馬遜裡**蒐集數據**的機會，但我才不上鉤。

「我不會把我的時間花在做調查，測試一個簡單且非常合情合理的編輯選項。」我說，「當然，如果你有強烈的意見，歡迎上報。」

我是認眞的。如果他去找他的主管（我認識此人已有十年，他很有常識），並主張我們應該在幾百個卽食調理包上面印上「rape」字樣，我等著。然而，我知道他不會上報，但他會**橫向提報**，下星期就會在會議上和走廊上對話時提到這件事，問別人怎麼想。「我只是要遵循『追根究柢』的準則。」他說過好幾次了，他認爲這表示要抓著細節不放。我希望他可以轉移這份心力，去關心我高薪聘請且愈來愈不高興的自由作家何時該過來的細節，但隨便他吧。我每一次都用溫和的態度，重複解釋我們跟著全世界最大的幾個美食網站選擇拼法，而每個人都不想知道細節的部分，傑士柏除外。最後，他終於不再跟我爭論要怎麼拼這些小甘藍菜的名字。

我假設他在三年內就會升到比我更高的位置。

✦

「**什麼**？」甘藍菜苗事件過了幾個月後，梅根從她的螢幕後面大喊，「妳讀過傑士柏的年度計畫文件了嗎？看一下第五頁。」

我照做。「這什麼鬼東西。」我一邊說，一邊用輪子把椅子滑到另一側，越過我們夥伴的辦公桌看著她。

「我**昨天**跟他開會，還沒有這份文件。」她說。文件寫著，明年傑士柏的團隊要生產的直覺式即食調理包會比今年多一倍，這沒問題，有問題的是，每多一種調理包，我們的團隊都需要花一週的時間進行文案、設計和攝影，他心知肚明我們明年的員工人數不變，但他在我們沒有額外人員的條件下，給我們多加了二十六個星期的工作量。

行銷經理賽門出現在我們的門口。他只說了「**怎麼樣**？」這幾個字，就關起門來，坐進我們的訪客椅（亦即地板上）。「他知道我沒有人手支應，我**昨天**和他喝咖啡，他一個字也沒透露。」

「梅根，妳來當會議召集人好嗎？」我問，「我認為他最怕妳。」

「已經在做了。」她說，果然，我的螢幕上出現開會通知。

「我們要不要來打個小賭，看看他期待我們如何在不增加資源之下，使產量變成兩倍？」賽門問，「我賭他會說『要有創意』。」

「我賭『找到效率』。」我說。

「我猜他有可能是要從他的預算中撥一些出來，協助我們找資源？」梅根說。

「我愛妳，」賽門對她說，「妳好可愛。」

「就像毛絨絨的小鴨鴨。」我同意。

✦

梅根將會議排在設計工作室，至少讓他們來我們的地盤。幾天後，當我們來到會議室時，傑士柏和首席廚師格朗特，以及格朗特那隻非常穩定的臘腸犬胡椒一起在那裡等。「嘿，各位！」傑士柏說話，咧嘴笑得很開心，這種無傷的笑容讓我警鈴大作，告訴自己今天最好小心一點。

「嘿，各位。」格朗特小聲地跟著覆述，眼睛看著地板，彷彿早就已經知道是怎麼一回事。

「好了！」我們一坐定（包括胡椒，牠趴在我的腿上，盯著中間的地方看），傑士柏就說，「這是即食調理包的熱血時刻！」

「絕對是！」梅根說。

「必然是！」我補上。

既然我們已經確認了目前我們正處於令人興奮不已的時機點，梅根就切入正題。「話雖如此，在我們確認明年能夠支援產量加倍之前，還有**很多**事情需要先討論。」我點頭，格朗特點頭，胡椒舔著我的牛仔褲。

「絕對有些事需要研究，」傑士柏說，「但我很興奮可以和你們合作，一起爲亞馬遜無人商店把握這個絕佳的成長契機！」

「眞的！」我說，「只是設計和文案部門沒有資源支援這個產量。以我們今年展現的效率來看，如果人員的人數不變，我想我們可以提高百分之十、**或者**百分之二十的工作量，但最多就這樣。」這番話就能讓「找到效率」這個選項退場了。

「我絕對理解妳所說的。」傑士柏說，「但讓我問一句：妳有沒有想過重新分配時間，想辦法減少支援其他專案的時間？」

「我們支援的所有專案於明年對我們的需求都不會減少，」我說，「我們根據我們認定每個專案的最終估算來分配時間，包括你的。」

「我們本來也以爲之前得出的是最終估算，」他說，「但後來我們看到創新的機會，我們就是不能拒之於門外。」喔，好喔，至少距離我上一次聽他說創新這個詞已經過好幾天了。「還有，我知道妳在所有夥伴裡最愛的就是即食調理包團隊了。」胡椒把頭轉向另一邊，顯得一副很尷尬的樣子。

梅根俯身靠在膝蓋上。「傑士柏，你讀過我們的年度規畫文件，也參加過審查會議，我們花了好幾週的時間，考量在我們實際上眞的不會有更多人力的條件限制之下，做出非常理性、非常困難的決定，訂出我們明年可以提供的支援，所以我得問一問，爲什麼你到現在才提出這樣的要求？」

「我們一直在認眞思考如何爲了顧客將業務做大，並從事創新，」他說，「我相信我們可以和你們合作，找到額外的效率。」

「提高效率也不會使我們的產能加倍。」梅根說，「我們沒辦法像變魔術一樣變出頻寬。**我們必須**替這項工作做計畫和配置人力。」顯然寧願別出現在此地的格朗特點了點頭。

「但創新不是這樣運作的。」傑士柏說，也許是他聲音裡像安撫馬兒一般的寬慰語調，讓我在亞馬遜工作這麼多年來第一次大聲說話。

「嘿，聽好了。」我說，雖然還不到大吼，但也算是厲聲了，「別跟梅根說她不知道創新該怎麼運作。她很清楚創新該怎麼做，而創新並不代表用不足的資源做兩倍的工作，期待本來應該是你的夥伴的那些人自己吞掉所有成本，懂嗎？」

傑士柏與格朗特的臉色一陣青一陣白，梅根看起來有一點開心，但更多的是沮喪，胡椒伸展牠的前腿。我在想，我剛剛到底幹了什麼，又要爲此付出多大的代價。

✦

沒多久就有答案了。隔天我和賈許開常態的一對一會議，他在離開前說：「喔，順帶一提，現在到處有人在傳，說傑士柏與格朗特昨天開會時被妳的說話方式嚇到了。」他講話時，已經轉回去對著他的桌機螢幕。

我嘆了一口氣，坐了回去。「傳言從哪裡傳出來的？」

「就這附近吧。」他這麼說，而我也知道他會這麼說。賈許的習慣，是不明指負面回饋的出處，因此，你不會知道可以跟誰像大人一樣好好說話，反之，你只能到處來來去去，想著到底是哪二十個人有可能討厭你。

「那天不是我狀況最好的時候，」我說，「我捍衛了我說出口的話，但我期望我說話時能再冷靜一點。」這既是實話，也不是實話。我當然不會因為對傑士柏發脾氣而感到自豪，但我對於胡說八道的容忍度已經到了上限，我不知道還能用什麼辦法讓他聽我說。畢竟，我們開完會時，大家都理解，要麼是他的估算、要麼就是我們的員工人數得改變。

「我聽說格朗特尤其覺得情緒十分不安。」賈許說。

「情緒不安？」我說，「我無意冒犯格朗特，但如果這樣就足以讓他覺得**不安**，那他在這家公司完蛋了。」

「嘿，我懂。」賈許說，「我跟妳同一國。」

「情緒不安。」我重複咀嚼這句話，想到米契、查克和蘿娜。

「我只是要跟妳說別人都在傳些什麼，因爲妳這個職務的範圍很廣泛、也很重要，如果妳是那種讓別人害怕合作的對象，對這個案子來說會很危險。」

「哇，好的。」我說，「我在世界上最惡名昭彰的粗魯企業待了**十一年**，才大聲講話這麼一次，但現在我成了大家害怕的合作對象代表。」

「沒什麼大不了的。」賈許說。

「你確定嗎？」我說，「因爲如果沒什麼大不了的，我個人不會用到恐懼和危險這種說法。賈許，這些詞對我來說是有意義的。」

「只要**知道**就好了。」他說話時，我已經揮手道別準備離開，跑著去開下一場我已經遲到的會議。我在開會時不斷分心，想起所有說我沒有骨氣的績效評鑑，說我應該更自在地表示不認同。在這整整一個小時裡，我對於聲音中的每個轉折、我嘴脣的每一個動作格外敏感。就算只是伸手拿咖啡杯，我都努力要表現出溫暖又不經意的樣子。我用好奇與鼓勵的表情看著每個發言的人，自己也盡量不講話。如果我不能在沒有骨氣和太過強硬之間這條拉緊的鋼索上穩紮穩打，就會跌落深淵、萬劫不復。掉下來或許也好，至少我的腳指頭就不會一直在鋼索上抽筋。掉下來或許沒有我想像中那麼血腥。我還沒辦法完全讓自己冒險去找出答案，但我正在考慮這件事。

35——專業協助，修訂二版

由於我學習亞馬遜的知識，晚上我會去找一些關於女性在商業世界的文章、條列式短文和TED演講，希望有些祕訣、技巧或隨便什麼，能幫助我表現得更好。我就是這樣才學到，若要表現溫暖的姿態，坐在椅子上時要往前傾身，坐得足夠靠近，但又不能露出乳溝。我坐著的時候，兩邊的肩胛要抵住椅背，雙腳要著地。我站著的時候，雙手要貼住大腿，雙臂不可交抱。眼神接觸至少要持續兩秒，但不可超過五秒。看男人時，要看他的前額和雙眼（這稱為商業三角），但不可以看鼻子或嘴巴（這叫做社交三角）。傾聽時要殷殷熱切，但不可以頷首或把頭歪一邊。講話時自然就好，但結尾音調不要上揚。說話要果斷，但不要插話。如果有男人插話，我要堅持先講完我的想法，但態度要迷人，對方才不會覺得他自己犯了錯。不要自願寫會議紀錄，因為那會讓我看起來像祕書。但也要自願寫會議紀錄，因為那是唯一能確認我的貢獻有被列入的方法。要談判爭取更高的薪資，但不要讓金錢變成我的動機。要擁護職場上的女性，但不要著眼於我這個單一的職場女性，永遠都要為了自己的成就居功，但也要讓我的成績不證自明。由願接下新任務以**樂於助人**，但不要急切。穿著打扮要擁抱我的女性魅力，但不要凸顯我的胸部、肩膀、腰身、臀部、雙腿、嘴脣和頭髮。要微笑，但不可太過，少一點，再少一點，對，就是這樣，現在，請維持住。

任何坐姿都好，只要能讓你不去想自己的身體就好。進入一間房間時，若桌子旁和牆邊都放有椅子，要選桌邊的位置。照你原本的說話方式說話。你天生的說話聲音讓你拿到這份工作，由此之後，也沒有出什麼戲劇性的大亂子。放好你脖子上的頭，愛怎麼擺就怎麼擺，如果是斜的，那就斜的。你站得很好，你走得很好。要考慮一下三寸高跟鞋的力量，必須是很穩、讓你可以邁開大步的那種，但你隨時都可以不穿。不要因爲你賺到錢或者你想要更多錢而道歉。不要因爲做了決定而道歉。不要因爲你借力使力做出成績而道歉。不要因爲無法馬上有答案而道歉，要說你會找到答案，然後去做。不要因爲提問而道歉，但盡量不要重複問同樣的問題。將你學到的東西寫下來，之後消化並整合，讓這些東西引導你提出下一個比較高階的問題。當你**真的**需要道歉時，要誠心誠意，只需要道歉一次，就繼續往前。不要聘用你不願意在其手下工作的人。不要聘用完全不比你聰明的人，至少要有一個重要面向勝過你。如果你在會議前會緊張，就在索引卡上寫兩個你要提的重點，讓你可以在桌子下偷偷拿出來看。將最多的時間花在你最好的員工身上，如果你拖著不去處理表現最差的員工，你得知道最出色的那些人會看在眼裡，他們等著你做點什麼。要開除別人時，請記住這件事對於對方來說，一定比對你來說糟糕**無限多倍**。一定要想辦法讓其他女性多多參與，但得當心發展出不受控的自願心態。你沒有義務爲了協助女性向前邁進而出席每一個委員會。挑一個，並推薦男性參與其他的。不要覺得過意不去。反正若沒有男性加入，所有推動女性前進的方案也會變成封閉迴路，絕對無法觸及眞正的權力層級。不要太擔心自己有冒牌者症候群（人人都有這個症頭，就連男人也一樣），更重要的是克服它，並採取行動。學著如何聊運動，或者如何不聊運動。對於漫威世界表示意見，或者不表示意見。**千萬別說任何人蠢**。還有，幫幫忙，穿你自己愛穿的衣服。

你無法跳脫，你永遠都會是偏差者、外來者、客座員工、不穩定的移植器官。別人或許會容忍你，甚至愛戴你與尊重你，但你永遠成不了**自己人**，問題不在於你的外表、你的談吐或你的行爲。問題在於身爲女人就是沒有正確性可言。在他們眼中，你永遠都會有點過於女性化、或者不夠女性化，而試圖走在緊繃的鋼索上會要了你的命。你的一線希望是：如果你跳脫不了性別，倒不如高興怎麼活就怎麼活。這或許是眞正搞砸之後才能換來的自由，但我建議你接受。

36 ─── 犢牛棚

感覺上，我踩在兩個正被慢慢拉開的滑雪板上。在亞馬遜內部，是常見的瘋狂愚行；在亞馬遜之外，我在寫一篇關於女性和喝酒的文章，我覺得這篇文章已經夠好了，可以送出發表。被退稿大約十次之後，我決定自行在網路平臺Medium上發表。我想，肯定至少會有幾百個人讀吧。

一週後，我上蘇格蘭電臺談這篇文章，以及它引起的全球迴響。此文被翻譯成多種語言並重新發表，登上《板岩》雜誌、《華盛頓郵報》、《時代》雜誌和《紐約郵報》，最後這家一點都不喜歡我。編輯與文學經紀人想要和我談談，幾家雜誌社希望我替他們寫作。我收到各大洲轉來的信件（南極洲除外），大部分都很讓人愉快，但因為這是一篇女性主義的文章，因此也有一些強暴與死亡威脅。一位咖啡廳服務員掃描我的信用卡時，問我是不是**那位**克莉絲蒂・寇特爾。上班時，大家樂呵呵地相處；在家裡，約翰的態度變來變去，一下子驕傲之情油然而生，一下子說：「我認識一些人，他們在哈薩克認識一些人，可以對付這些發出強暴威脅的傢伙，在十分鐘之內就把他們的數位人生清得乾乾淨淨，這妳知道吧？只要妳一聲令下，馬上清空。」

約翰出遠門那天，我收到了我夢寐以求的出版社的書籍合約，這是紐約一家令人肅然起敬的俱樂部式出版社，他們的清單上都是傳奇人物、重大醜聞事件和天才人物。＊我講完電話後回家，對萊納斯和艾拉說明這樁交易的條件，然後在書櫃上東翻西找，尋找這家出版社的魚形標誌。我翻出了十本書，作者包括瓊．蒂蒂安、莉迪亞．戴維斯、傑佛瑞．尤金尼德斯，以及麥可．康寧漢。我拍下照片傳給約翰，並說了一句：「還有我。」他十分鐘後打電話給我，哭了出來。「這是妳一直都想要的東西。」他說。

「我知道。」我說。我不能哭。我只是在想，如果我沒戒酒，就不會有這種事，因爲酗酒的我寫不出東西。我覺得很害怕，擔心時間會作弄我，我不知道，比方說弄出一個蟲洞之類的，將我丟進一個我戒不了酒的維度，把一切都收回去。「距離我認爲我搞砸成爲作家的最後機會，已經過了二十年。」我對他說。掛了電話之後，我躺在地板上，讓狗兒在我身上玩瘋了。

✦

＊我應該說明一下，這個過程太過曲折迂迴，講起來根本不像眞的。給我那本書籍合約的是莎莉，她在亞馬遜待了十五年之後，就到這家我夢寐以求的出版社任職。也是莎莉說服我，說我那篇文章埋下了一本書的種子。事實上，莎莉也是那本書的編輯。

唯一的麻煩問題是，現在我眞的得寫一本書了，而且，我不認爲我拿到的第一份書約預付款就足夠讓我離職。光是因爲這件事就放掉我的整個事業，看來很瘋狂。我做了詳細的完稿時程表，開始把週末時間與某幾天的晚上都用來寫書，那陣子可說是文思泉湧。我總是一天到晚都在腦海裡構思我的書，等到可以坐下來，就有很多東西能動筆寫。寫好的內容逐漸累積，但隨著截稿期限逼近，我開始覺得很不順，感覺上，我跟我的書就像是很寬鬆的監護安排，我們綁在一起，但實際上並非同步生活。

有一天，在員工餐廳外面，我遇見以前在零售部門時認識的朋友，她跟我說她剛剛留職停薪回來。「我都忘了我們有這個東西。」我說。

「妳都沒請過？」她說，「**十年**了耶？」我跟她說，我以爲這些假是給生小孩、要抗癌或喪偶的人請的，這些都能算是不用每天出現在亞馬遜的理由。

「不，」她說，「不需要理由。我每天就是睡覺、跟小孩瞎混，現在我覺得煥然一新。美女，休個假吧。」

✦

我休個假了。嗯，我花了好幾個星期才做到，因爲我是這裡唯一的文案撰寫人，不能把我的工作丟給別人。但隨著店鋪開張，多數品牌層級的重大決策，像是招牌口號和特色名稱，現在都已經定下來了。我將我腦袋裡的所有東西都放進一個網路百科裡，讓設計師和行銷人員在做一些日常小事時可以參照。我最後一天上班日是唐納．川普發表就職演說那天，當晚，我和卡莉絲塔以及其他老派亞馬遜女性飛到華府，參加女性大遊行；在那裡，某天下午我有一個錯覺，認爲就算現在一場大災難正在白宮上演，美國也會沒事。星期天，我回到家，有三個月時間什麼都不做，只顧著寫完書和好好當個人。

一開始**很怪**。將近二十年來，我不會超過兩週以上沒有全職工作，我很習慣支票帳戶每個月會蹦出一些錢來。只要我休息的時間不超過三個月，至少福利都還會在，我的股票選擇權亦然，但到了第三個月零一天，所有還沒發的股票都會不見，這相當於減薪三分之二，我要好幾年才補得回來。雖然約翰很快就提醒我，是我在亞馬遜的穩定薪水讓他的新創公司能撐過草創的頭幾年，現在他要回報我的恩情，但我覺得自己像是水蛭，吸著他的薪水。

同樣奇怪的是，這份怪異感很快就過了。一兩週之內，我就習慣了這樣的作息：睡到九點，寫書到下午三、四點，在非尖峰時間處理一些雜務。「全食超市在下午三點是**空的**。」我很驚訝地對約翰說。我和約翰在家中不同樓層工作，因此我們不會干擾對方，萊納斯和艾拉則在數學上來說剛好是我倆中點的地方打盹。我原本很怕有這麼多時間可以寫作，會損害我的腦，讓我寫不出東西，但沒事。我猜，自我二十幾歲以來，我已經在某個時候學會了要有毅力。

最棒也最奇怪的是這個：我一點都不擔心亞馬遜。我度假時，通常會有一些時間花在擔心少了我、事情會不會亂七八糟，或者，更糟的是，沒有我反而更好。現在這些都消失了。我不想念亞馬遜，也沒有因爲離開而鬆了一口氣，我只是完全都不去想了。等復職的時間到了，我也不會興奮或滿心驚恐。我的書還要一年才會出版，因此，這段期間我得回去和那些人共事（我可喜愛他們的陪伴了），用時間和心力換錢。

我不期待回去時有人放煙火迎接我，這是好事，因爲除了卡莉絲塔，我沒有收到太多歡迎我回歸的電子郵件。每個人仍瘋狂地跑來跑去，我也匯回到主流裡。如今，第一家亞馬遜無人商店已經開張，我希望能做一些新的大案子，一些可以讓我動動腦筋、想破頭、磨練腦袋瓜子的案子，讓我變得更聰明的案子。但公司沒有要開發新的特色，而是聚焦在開更多店鋪，這表示，我這個職務中困難的部分已經大功告成，剩下的就只是爭論甘藍菜苗的拼寫方式這個層次。

我很快就覺得無聊，到處尋覓有沒有別的工作。新收購的全食超市業務屬於我們這個單位，我從下午三、四點開開心心逛超市的經驗中注意到一點：亞馬遜和全食超市的品牌聲音並未琴瑟和鳴。電梯間有一張歌頌在地農民的五彩繽紛海報，下一張則是亞馬遜智慧音箱Echo的照片，上面的招牌口號像是機器人的手筆。我問賈許，我能不能在公司內部做一些顧問諮商來幫他們忙。「理論上我很喜歡這個構想，」他說，「但整個整合團隊似乎只有三個人，他們忙著讓架上維持有食物的狀態，因此他們要過很久才會想到文案。」

他將年度績效評鑑拿給我，這也是我們開這場會的理由，我拿過來閱讀。我的同儕說的都是一般性的好話：我很聰明、能看見大局、我很會寫，凡此種種。在我的亞馬遜生涯中，這是唯二沒人說我沒有骨氣的其中一次。

但也只有這一次，有骨氣似乎是負面的。一個匿名的同儕說，我很嚇人。另一個說：「她有時候容易動怒。」雖然我知道此人是誰，而且他不知道我當時**想**做的是舉起會議桌從四樓的窗戶丟下去，但此話算公平。「她無法欣然容忍笨蛋。」第三個人這麼說，這清楚地表明了這是我需要努力改進的一點。

「呼。」我說。賈許從他的筆電抬起頭來。「我應該要更欣然容忍笨蛋嗎？」

「喔，不要管那個。我認爲那個人根本不知道這句話眞正的意義爲何。」他說道，而這眞叫人生氣。賈許有權決定要給我看哪些同儕回饋，他應該要拿掉他認爲不相關或不公平的部分。他現在這麼做，這些回饋就會永遠留在我的紀錄裡，未來要聘請人的經理會看到。

在這一年裡，當我不易怒或不讓人害怕時，表現得很出色，因此賈許以我的升遷前景作爲本次討論核心。這一次，癥結點變成如果要以創意人才之姿攀上資深高階主管層級，我需要證明我在**整個**亞馬遜都有影響力。

「當然，以這個職務來說，這一點是不可能的，因爲這個專案之前是最高機密。」賈許說，「但現在不是了，我們可以替妳想辦法，讓妳在全公司教學與發揮影響力，我想這可能會將妳推到妳想要去的地方。」令我很訝異的是，我之前也遇過同樣的障礙。

亞馬遜現在的員工超過六十萬人，從賣書、拍攝電視節目到製造無人機，什麼都做。我沒辦法不假思索就想出一個方法接觸到全部的人，甚至連一個讓人信服的理由都想不到，因此我把焦點拉到比較近的地方。「全食超市和實體書店現在都屬於這個部門，」我說，「如果創立一個綜合型職務，涵蓋所有實體業務的文案和品牌聲音，這樣如何？我很樂意做這樣的工作。」光是想到這個構想，就讓我的胃一陣翻騰，代表未來會有多到滿溢的樂事在等著我。

「嗯，這需要組織變革。」賈許說，「但別擔心，我會睜大眼睛替妳找機會。妳先待在這裡，要有耐性。」我以前在全媒體指引公司的主管不知道該如何開拓我的事業發展路線時，也是這麼跟我說的。**我會睜大眼睛看，所以妳要相信我，要有耐心。要有耐心。有耐心並安安靜靜**。

一個月後的某天黃昏，我將我的書籍的最後、最後、最後一版送到莎莉手上。現在將會有很多人接手，替這本書寫文案、設計封面和決定如何行銷。我的主要任務就是搓著雙手、等著再度有人需要我。按下「傳送」鍵之後，我不確定接下來要做什麼事，無關乎有意義或沒意義，真的就只是手足無措。萊納斯和艾拉趴在我的腳邊，像是溢出的鬆餅麵糊。「你們覺得我們應該做什麼？」我問他們。無狗回答。「好吧，那我們去找爸爸。」

約翰在休閒室裡看足球賽。我說：「我想我寫完了，我把書交出去了。」

「**棒**，」他說，「眞是我的好女孩。妳覺得如何？」

「我覺得很悲傷，居然沒有早一點開始寫。」我說，「除了寫作之外，我也花了很多時間做別的事。」

「嘿，每一件事都要等到時機成熟。」他說，「妳在準備好的時候去做了。」

我嘆了口氣。「你不用安慰我，」我對他說，「**現實**是，我在亞馬遜工作的時間，以及讓自己喝到醉死的時間，夠我寫兩三本書了。我不知道在我死之前還有多少時間寫幾本書。」

「這是妳想要做的事嗎？」他說，「用妳的餘生來寫書？」

「我的意思是，我覺得我是因爲寫書而生的。」我說。

✦

我也不太懂，我是否眞能選擇如何度過餘生。「我在想要不要休息一年、不上班。」接下來的季度查核時，我對我們家的財務顧問尙恩說，「我要宣傳我的書，並試著寫下一本。我得從亞馬遜離職，但我還有可能回鍋嗎？」

「爲什麼是一年？」尙恩問，「爲什麼不是妳想休多久就休多久？」

「嗯，我們還是得靠點**什麼**過日子，」我一邊說，一邊把櫃檯接待人員給我的瓶裝水標籤撕掉。他和約翰互看一眼。

「她認爲我們會被關進眞的債務人監獄。[6]」約翰說。

「尙恩，」我說，「多年來，你一直說我能做的絕佳財務布局就是繼續在亞馬遜工作。」

「嗯，對，我說過。」尙恩說，「妳又待了五年，領到表現傑出的配股。雖然妳不可能永遠都不再需要工作，但也不用繼續賺亞馬遜的錢。妳已經替自己取得了很多選項。」

「但我眞的很愛亞馬遜的錢。」我這句話是小小聲講的，並往下看了一眼我新買的Prada粉紅楔型鞋。莎莉說，離開亞馬遜之後的生活會變得比較便宜，因爲你不再需要爲了活下去而一直獎勵自己。但我存疑，而且我也喜歡好鞋子。

尙恩笑了。「大家都愛亞馬遜的錢。」他說，「但亞馬遜的錢也是讓妳離開亞馬遜的門票。」

「也許再兩年吧。」我說，「再兩年，時間應該夠長，我也應該可以升職了，對吧？」十幾年來，我距離升職已經過了兩年兩年又兩年了，但是，嘿，「那是四個發配股票的週期。」至少這是很確定的。未來或許很虛幻，但現金貨眞價實。

「我沒問題，」約翰說，「但妳說這些話時有什麼感覺？」

「生氣。」我說，然後硬生生地閉嘴，意指我什麼都不想說了。

✦

那個星期稍後，我和梅根都在辦公室時，團隊的行政人員過來了。「我有事要說，」她說，

「我們的空間不夠了，因此，所有總監層級以下的人都得搬到非常擁擠的座位區。」

非常擁擠的座位區代表沒有小隔間、沒有分隔、完全沒有界線，只有一堆門板桌擠在一起。這表示，你會聽到四面八方的電話交談聲和人聲，而且，因爲生病的人從來不會在家休息，因此感冒和腸胃炎傳了一輪又一輪。那裡是電影《鐵達尼號》裡最下面那一層，是滿載的廉航，是極致的愚省。

「但這間本來就是多出來的辦公室，」梅根說，「我們並沒有替這層樓增添空間不足的問題。」

「我們要將辦公室空下來，留給之後進來的第八級人員，」行政人員說，「很抱歉。我知道這種事很扯，但這是必須要做的決定。」

我和梅根從辦公桌後面交換了一個眼神，然後我想到了一個主意。「嘿，」我寫電子郵件給賈許，「我剛剛聽說要搬到非常擁擠的座位區，我擔心這會有損我的生產力。如果將某一間大型會議室變成指定的公共靜修空間，讓需要專心的人使用，就像是閱讀室一樣，你覺得如何？」我必須強壓下一些羞愧才能做到這件事，我擔心我聽起來像是要求有一屋子的白色蘭花和藍色巧克力球。

他很快就回覆了：「嗨！我很喜歡這個主意，但我看不出來我們能騰出任何會議室，眞是遺憾。☹總是可以去星巴克……」

這不是我第一次覺得亞馬遜在故意挑戰我，看看我敢不敢要這份工作，但我已經不再相信就算我敢又能得到什麼獎賞了。亞馬遜要盡可能將最多人擠進狹小的空間裡，在吵雜的環境下將工作做好，而獎賞是在吵雜環境之下得到更多工作。我眞的不確定我待在他媽的犢牛棚裡做出來的成績，眞的**可以**搆得上傑夫的標準。但除此之外，我也認爲我不必再嘗試了。

✦

梅根在一星期之後便發出了離職通知；她要轉往臉書經營她自己的設計實驗室。她離職之後，我就成爲兩年多以來還跟著賈許的唯一直屬部屬。這在亞馬遜很正常；不正常的，是賈許在他們離職之後，明目張膽對我大肆批評這些人。他會說，這個人把他的團隊搞得精疲力竭，那個人從來沒有學會如何有彈性地做事，第三個人最愛等待英雄在最後一刻現身來救命，害我們其他人得收拾一堆爛攤子。我同意他說的某些話，但這並不表示我想要聽他唾棄這些良善、和藹、有才華的人，他們可是爲了這裡付出一切，尤其是，我必須假設如果我離開，他也會用同樣的態度談論我。

現在，我還是受到很多稱讚，因爲我用亞馬遜的方法做事，跟**某些人**不一樣。某個團隊的一位資淺員工連續一週每天整整上班十八小時，結果在主管面前的走廊上昏厥，沒多久主管也離職了。「領導者不懂得拒絕不務實的期待，就會發生這種事。」賈許在梅根走後、我們第一次的一對一會談時這麼說，「**妳**會說，『說實話，我們今天做不出來，星期四才能交。』但梅根就是不知道如何說不。」

我受夠了，尤其是這一句胡說八道。我知道賈許一直敦促梅根和其他亞馬遜第七級主管要獨立自主行事，但他仍是他們的主管。如果他們快要淹死了（同時把整個團隊的人一起拉下去），爲何他無所作爲？這些人無法拒絕上頭交辦的要求，爲什麼**他**也不拒絕？

「對，我知道如何拒絕，並劃出界線。」我說，「其他團隊也因爲這樣而痛恨我。他們愛**梅根**，因爲她一次又一次扭曲物理定律，完成他們定義不明、最後一分鐘才提出的狗屎要求。他們在工作上的表現很糟，但因爲有了梅根，他們不用付出代價。有人在走廊上昏倒，不是**他們的**問題。」

賈許瞪著我。「老天啊，」他說，「我不喜歡把這個地方想得這麼惡毒。」

「他們不是惡毒的人，」我說，「他們只是在做體制要求他們做的事。如果體制希望員工神智清楚、身心健康，大家就會用不一樣的方法做事。」我聳聳肩。之後，我發現我將自己拉高到布萊恩所說的五千英尺高度的觀點，從那裡往下看，亞馬遜的模式很清楚，中性不帶情緒，就像一個螞蟻窩。

「嗯，梅根在這裡完成了很多出色的工作，但她終究不是亞馬遜人。」

我想跟他說，我已經不太確定什麼才稱得上是亞馬遜人。如果劃出界線是亞馬遜的風格，而我又是這個團隊裡唯一能做到的人，那麼，不管領導準則怎麼說，**我**都會成爲那個與企業文化格格不入的人。我想要說，我們每一個人，包括他、我、像卡莉絲塔那樣的女超人、領導專案裡幾十個麻木無情的男人，甚至是像米契這類粗魯的超級大頭人物，都在服侍那**一個人**。這就像香檳塔，傑夫的要求傳遞給亞馬遜裡的各個米契和伊拉，他們再傳給每個卡莉絲塔和朗恩，接著傳到各個賈許和莎莉手上，接下來是我，然後從我傳給可可、文斯和喬治，然後再傳給他們手下的人，就這樣一路傳到金字塔底部，因爲沒有人願意在「夠了」的時候開口說「夠了」。建構起這整家公司的基礎，就是人們害怕被發現自己只是一個普通人。

現在已經一點五十九分了，所以我闔上筆電並站起來，「順帶一提，我很樂意參與挑選梅根接班人的面試流程。」

「事實上，我在這件事上有點眉目。」賈許說，「妳認識廣告部的葛拉罕嗎？」

「喔，認識，我們去年還見過一次。」我說，「是個好人。」我跟梅根考慮過要請葛拉罕的團隊提供一些內部行銷協助。他的樣品活動推銷簡報的視覺效果很棒，但文案到處都是錯字。

「嗯，我聘他來取代梅根。他有一點很棒，他有**全方位**的管理設計經驗，包括文案，因此我也要妳向他彙報。他很棒，我認爲妳會喜歡他。」

我坐了下來。「等一下，你要降我的級？」

「我們絕對應該再詳談一下，但我只是先讓妳知道，我五點的時候還要去開另一個會。」賈許說。

「這對我衝擊很大，老實說，我已經非常震驚，你居然等到我們一對一會談的最後一刻才告訴我這件事。」驚訝之下，我的喉嚨底部又有另一股情緒騷動，我嚇了一跳，才發現是噁心。

「什麼？不是。」賈許一邊說，看起來也很詫異，「這個改變對妳來說微乎其微，妳仍會不時看到我。這只是比較有效率的組織架構，梅根離職的時機正好。」

我的腦海裡跑出各種拒絕的念頭，我使盡全力像急診室那樣做檢傷分類。有鑑於梅根的職務和我密切相關，尋覓她的繼任人選時，居然沒有找我去面試，這讓我很震驚，我也擔心說出這些會讓我聽起來既無禮又任性。我說：「有新的主管永遠都是大變化，葛拉罕現在比亞馬遜的任何人都更能左右我的職涯發展路線。」我感覺有一點想吐，「還有，他是第七級，對吧？」賈許點點頭。「那我的升遷又要再延兩年了，而且是最起碼。」

「我不明白。」賈許說，「爲什麼他的級別會影響到妳的升遷時程？」

「因爲葛拉罕不能讓我升到高於他的級別。」

「他不是那種自大的人。」賈許說，「時間一到，他一定會升妳，就算比他自己先升也無所謂。」

我不敢相信我居然要解釋這種事。這不是亞馬遜式作風，而是世界上所有公司都這麼做。這就像你得跟別人解釋什麼叫做辦公室一樣。「我不是那個意思。我是說，他基本上**無法**把我升到連他自己都還上不去的級別。他得自己先升職，**然後**才能考慮升我。」

「妳**確定**嗎？」他問，「組織架構上的一個小細節居然會成爲妳升遷的阻礙，我覺得沒有道理。」

「我肯定得不得了。」我說，「公司裡任何人力資源人員都可以確認這件事。」我心想，**銀河系**

裡任何一家公司的人力資源人員也可以確認。「你理解我爲何認爲這項改變對我的未來不妙了嗎？」

賈許慢慢地點頭。「我懂了，」他說，「我眞的懂了。聽我說，先等我去人力資源部那邊正式確認一下，之後我們再來談。」

我下樓來到車庫，坐在車子上，等著開始哭。但聚集在我喉嚨裡的憤怒一如以往，凝結成一種冰冷憂鬱的東西，感覺比較像是徹底的失望，而且我的失望甚至不是對於賈許的決策本身，比較多的反而是這背後的「沒有多想」。我歷經太多次的亞馬遜組織重整，甚至之前也被降過級，我自己也曾經帶領手下的人撐過組織重整。你沒辦法讓遭遇不樂見的變化的人開心，但你一定可以花個五分鐘好好想一想會有什麼衝擊，然後再做好準備去談。還有，你也不能在對方正要離開時，才拋出這種大消息。

這些話是我心裡那個失意經理人的想法，那個人覺得被遺忘了。我很信任賈許，所以才什麼都沒問，就接下這個工作。三年來，我幾乎每天都跟他講話，談設計、寫作和辦公室政治，也會聊聊大學、家庭和焦慮（我的與他的），以及我們共同的信仰：《末世餘生》是有史以來最精緻的電視節目。還有我的**職涯發展路線**。我早就已經拋下我這個人對亞馬遜這個資本主義體制而言很重要的任何錯覺，但只要我對身邊的人來說很重要，我就可以忍受。如果我對賈許來說不重要，我就迷失了。

我善於解決問題的心智很快便甦醒過來，它說，**妳得找個新職**。嗯，是的，這我做得到，但我**要嗎**？我很難想像自己要再度經歷尋覓、快速配對、爲了面試做足功課、喝道別咖啡、搬進新的隔間、接受像消防水柱一樣噴出來的新資訊；除了辭職，再無其他選項。我在亞馬遜這幾年曾有六、七次重燃胸中的那一團火，現在很難再點起來了。我再也不確定是否值得這麼做。我想，有更好的地方能讓我劃下火柴。

我或許已經超越亞馬遜了，我心裡想著，默默地笑了。我再也不要壓縮自己去適應什麼了。

我對此大聲笑了出來，然後看了一下時間，回到樓上去面試幾個剛從商學院畢業、要找第一份工作的孩子。

隔天下午，我經過賈許的辦公室時，他出聲叫我。「嘿，」他說，「人力資源部確認葛拉罕不能把妳升到比他自己更高的級別，我想要爲了我誤解這件事道歉。現在看來很明顯，我不知道那天我的腦袋怎麼了。」

「我接受道歉。」我說，「如此一來，你會考慮保留目前的彙報架構，讓我的升遷路線不至於被拉偏嗎？」我很確定答案是不會，但我想要他親口說出來。

「事情是這樣的，」賈許說，「我想妳一定會喜歡葛拉罕，他是很棒的人，妳可以從他身上學到很多，他也可以從妳身上學到同樣多的東西。這樣的安排會很順利，我毫不懷疑你們兩個很快就會升職。」

「呼，」我說，「好的。嗯，謝謝你告訴我最新消息。」

「等等，請等一下，」賈許說，「**我們**沒事吧？我想確認妳跟我之間沒事。」

「我沒事。」說完，我就走了。

✦

我跟約翰不常在市中心用餐，但西雅圖最老牌的壽司餐廳Shiro's當天居然還訂得到位置，約翰快速把握機會。下班後，我跟他在吧檯碰面，年長的男士在這裡切生魚片並將它們排好，速度之快能讓我片刻間就沒了手指。

「我可以一整天都看著他們做事。」約翰說，我們也真的凝神看了幾分鐘，直到其中一位廚師把一些肥美的鮪魚推過檯面。

「我在想我要離開亞馬遜了。」我說，他揚起眉毛，點了點頭。我們昨晚談過賈許和他搞砸的組織重整溝通，而我需要先跟我已經超越亞馬遜的想法相處久一點，才能和別人分享。「我需要更多成長空間。」

「他媽的太棒了。」約翰說。

「你確定嗎？」

「他媽的趕快離開那裡，親愛的。」

我吐出一口氣。「我愛你。」

「我也愛妳，而且我爲了妳離開那裡而感到驕傲。」

「很好。」我一邊說，一邊用我獨有的、慘不忍睹的特殊方法拿筷子，夾起一些鮪魚送進嘴裡。「我要離開亞馬遜。」我又說了一次。然後我們用餐。

37 離職面談

我主演過很多部離開亞馬遜的電影。早年，這些影片涉及的是我的退休派對，基於某種理由，場景總是發生在某艘船上。我五十六歲，但看起來**或許**像四十八歲，升職兩次之後，我的身價有幾千萬美元。我在大型研討會中發表專題演講，有些是以女性爲主題的研討會，但我也在一般的研討會上演講，因爲連男性也想知道我的想法。我說該說的。「閉上嘴，不要再提流程通道。和那些在裡面一同努力掙扎的女性攜手並肩。升她們的職。支付高於她們所要求的薪水，因爲她們報的價可能比不上她們的價值。」如果這些話惹惱某個男人，我不在乎，因爲我再也不需要從這個男人身上得到什麼了。我隨興地開出大額支票給慈善機構，因爲我永遠也不會想念捐給墮胎基金的五萬美元，或者用於安置因爲癮頭而辛苦掙扎的街友的七萬五千美元。我捐的其中一筆錢，把全美國積壓未處理的強暴採證證據全數處理完畢。我的派對上有佳釀，我會喝，因爲在這部電影裡，我還有一個轉換自如的飲酒開關。約翰在我身邊，那是當然的，他看起來就是最彬彬有禮的西北戶外男兒。我們要去阿姆斯特丹三個月，帶著我們未來的狗兒一起，牠們搭的是貴得不得了、壓迫性很低的航班，像我們這樣富有的人都是用這種方法帶狗去歐洲。之後我們回到西雅圖，我會加入某些董事會，甚至自己開一家新創公司，因爲即便是從亞馬遜退休的超級有錢人，通常在一年內至少就會有一份新工作。

後來幾年，這部電影的重點變成消耗戰。我最後成爲跟對老闆、找對職務的那個對的人，在對的時機升遷，一兩個月內，我就獲得高度的認同與肯定。接著，我開始驗證已來到這個層級的朋友們告訴過我的每一件事：雖然我現在分到的股票至少是過往的兩倍，但是壓力值快速**飆升**，薪水也不如想像中高。所以我四處兜兜轉轉，長期客客氣氣，得到幾次利益，之後帶著最新到手的總監職銜，到另一家公司當資深副總。這部電影裡的慶祝活動，只有在Canlis餐廳的包廂和朋友們一起吃晚餐。瑪妮和安迪也來了（在這部電影裡，他們搬回西雅圖，因爲西雅圖神祕地變成一個陽光燦爛的地方），瑪妮負責致詞：「妳是如此固執，一直要等到迫使亞馬遜承認妳有多棒，妳才肯離開。」

然後是一部短片選集，名爲「**斷然離去**」。米契說我愚蠢時，我斷然離去；蘿娜要我等幾個月才知道我能不能保有工作時，我斷然離去；朗恩要我改變世界時，又來一次；再一次，是有人告訴我要欣然容忍笨蛋。另外還有幾次英雄式的斷然離去：比較小的事件有幾百次，比方說我的門板桌害我的裙子裂開、亞馬遜不讓我在團隊趕工時叫的幾片披薩報公帳，或是某個男人對於某個根本不需要靠反對激發思辨的議題說：「來扮演魔鬼代言人吧。」在這些電影裡，斷然離去本身就是我需要的慶祝。

當然，這件事眞正發生時的場景並不像電影，也不是一部正片，勉強算是動態圖片（GIF）：一張空的桌子、一座不停流動的沙漏，然後一片寂靜。

✦

對於葛拉罕來說，要成爲我的主管是極爲重要之事，因此我等了五天，等到我們第一次的一對一會談，才宣布我要離職。這是標準作業程序，也是小事。但我也不想聽賈許一再要求我保證**我們**沒事。我借到唯一一間可進行一對一會談的會議室擠在樓梯間下方，地方很難找，因此葛拉罕遲到了，也有點煩躁。「除了樓層空間配置之外，讓我受不了的，還有我必須學的業務相關資訊，分量實在太多了。」他說，「我覺得自己很蠢。」

「我清楚記得這種感覺。」我說，「我可以告訴你一個詞彙口訣：『環境三明治』（ambient sandwich）指的是以室溫上架的三明治。」

「其實我有在心裡做筆記，要查一下那個詞，」他一邊說，一邊從他的亮色西裝背心口袋裡掏出一枝筆，他下身配的是牛仔褲。他說：「說起來，妳我幾乎不認識彼此，但妳的名聲傳千里，我必須說我很意外妳要向我彙報。我以爲妳已經是總監了。」

「我想說，我**試過**，當然了，但天不時地不利人不和。」我說，「你也知道這種事啦。」

「我是指，爲什麼不是妳負責所有實體零售業務的文案呢？我不懂。」

「是啊，我至少試過開個話頭來討論這件事，」我說，「但時機就是不對。」

「嗯，新的彙報架構對於妳的成長來說，顯然是一個瓶頸，這一點讓我覺得很糟。」他說，「但我們還是可以努力擴大妳的業務範疇，對吧？」

他用非常誠摯的語氣說了所有該說的話，使我痛恨自己接下來要對他做的事。我說：「眞心誠意謝謝你，但你不用忙了，我要離開亞馬遜了。」我將桌上的一份文件推到對面給他。「我寫了這份工作說明書給我的繼任者，當然，我還在這裡的時候，會盡我所能幫助你招聘和篩選。」

他瞪著我一分鐘。「該死。」他說，「我希望不是因爲我的緣故。」

「喔，不是，」我說，「至少，不是**特別**因爲你，眞的。只是因爲時間到了。」

葛拉罕點點頭。「我懂。」他說。

✦

關於離職，其實沒什麼事要做，我的所有東西都還是用一個托特包就能裝完，而上一次我準備要休長假之前，就已經將我腦袋裡的所有東西變成文件放在網路百科上。我也不太需要跟同事們解釋什麼。知道我即將出版一本書的人嘲弄我，說我是爲了變有名而離職，我笑了，事實上，正是我在亞馬遜生涯中養出的堅實與規律，才讓我勉強控制住我對寫書的懼怕，但就當作是他們想的這麼簡單好了。其他人則沒問理由。說到底，每天都有人離開。我走了，賈許會到處說我這裡那裡不夠好，然後會有新來的人填補不足，這裡將會像是我這個人從來不存在一樣。

最後兩週我想了很多，想著離開和退出有什麼不同。我渴望感受到退出所畫下的句點，就像一句話講完了那樣，但我感受到比較多的，反而是我以後不會再來這裡做事了，我會在離這裡四英里的地方，在可預見的未來，不**在**亞馬遜，但仍**是**亞馬遜。許多已離開的朋友警告我，說他們不時還會做惡夢和皮質醇大爆發，時間長達一年。下午三、四點時，我的腎上腺素會激增，我不知道該導向何處。一個朋友跟我說，去看內分泌科。另一個則替我介紹一位創傷治療師，她向我保證，此人不會嘲弄「在亞馬遜工作是一種創傷」這個概念；**他治療很多我們這種人**。

我也思考著離職面談要說什麼。我知道並不是每個人都會受邀進行面對面的離職面談，很多員工只拿到一張待填的表格。但我的表現可是在他媽的第九十八個百分位，我待過五個不同的部門，還參與過招聘幾百個人的工作。此外，我是領導階層裡的女性，亞馬遜一直說公司努力在扶植這群人。理所當然我會有一次實體的離職面談，對吧？

沒有。我拿到一個表格的連結，上面指示我離職兩天內要繳交。我知道我可以大發脾氣，要求一次面對面的會談，但我也知道我不會。

我把最後兩小時花在填這張表上。我寫了幾百字，寫出我的狂喜與損傷，寫到我從未覺得無聊，但也從未覺得安心。我寫到很多時候我都是會議中唯一的女性，寫到亞馬遜用各種方法將我變得更聰明，也用各種方法傷害我。我向公司表達感謝，容許我憑意願改造自己，做出在傳統世界中不可能行得通的瘋狂職涯動向。我說我期待餘生能夠更加認識並愛著我在這裡遇見的某些人。我說對於我要如何升遷這件事，在我離開時並不比我剛到那天更清楚。我說亞馬遜是讓我染上酒癮的原因，但我也是因爲在這裡才戒得了酒。

最後一題爲是非題：「你會推薦其他人來亞馬遜任職嗎？」我盯著選項好幾分鐘，才勾了「否」。

差十分鐘就要五點時，我想我已經說夠了，於是按下傳送鍵。頁面當掉了，沙漏不斷旋轉。我心想，**亞馬遜到最後都是亞馬遜**，但或許我已經開始甩掉我身上的亞馬遜味，因爲就算內部網路失效，害這些文件和筆記都不見了，我也不想把離職面談存進我的硬碟裡。

最後，在恐慌導致的思慮不周之下，我按了「回上一頁」的按鍵。「必須重新傳送本表格才能重新整理。」我按下「重新整理」，但沒有動靜。我按下「取消」，頁面又當掉了，變成一片空白，我要跟亞馬遜說的一切都不見了。

只剩等待。表格隨附的電子郵件說，我必須在離職兩天內送出，這表示，連結應該在星期日的五點前有效。我的屁股很痛，沒辦法坐下來全部重打一次，但至少之後我會表達我要說的話。

現在四點五十八分，我將表格連結傳到我的家用電郵地址，把我的私人筆電從袋子裡拿出來，點選連結，以確認連結有效。「您不可存取本伺服器。」我用手機也得到同樣的訊息。現在已經五點三分，我的工作筆電的網路存取權也失效了。

我再度讀著隨表格而來的電子郵件，明白了最有可能的理由就是：不管建置這張表格與撰寫電子郵件的人是誰，對於「之內」這個詞的理解與衆不同。接著我大笑出聲。嗯，那**妳**要怎麼辦？我大笑出聲，把工作筆電留在桌上，衝進洗手間換上慢跑服，將我那個裝滿雜七雜八物品的托特包丟進車裡，安安靜靜溜出大樓，慢慢地跑，右轉拐上貝爾街。長椅上有個男人從手機上抬起頭。「這是妳想像中的結局嗎？」他問。

「我一直以爲會有一場遊艇派對。」我經過時說。

在貝爾街和第三大道交叉路口，我的父母正在等計程車。「妳現在要怎麼維生？」我媽問。

「靠血漿。」我說，並抱了她，「媽，我知道妳非常喜歡工作，我但願妳年輕時能有更多工作機會。」

我爸則搖搖頭。「我猜猜：男人是混蛋。」

我也抱了他。「我愛你。我但願我們以前不用假裝我的世界會跟你的一樣。」

✦

我在第一大道上看到一個警察騎在馬背上。「亞馬遜把妳變成酒鬼了嗎？」他問。

「沒有，」我說，「只是讓我劃出界線。」

「那妳在邊界上找到什麼？」馬兒問。

「我被抹去的所有特質。」我說，我張開的手掌上有一塊方糖。

✦

有個帶著識別證與筆記夾的女人在法式餐廳Le Piche前擋住了我的路。「這些問題不在表格上，妳懂的。」

「對，但現在表格也屬於我了。」我說著，並把我的識別證輕輕掛在她的脖子上。

我到了通往九十九號州道的橋上，那個酒鬼想知道我聽的是Prince的哪一首歌。「是『掌控陰道』（Pussy Control）！」我說，然後我們互相擊掌。「我之前一直很怕跟你講。」我說。

「我知道，」他說，「我知道。」

✦

對街，美術館外的「敲槨頭的男人」雕塑往下盯著我端詳。「妳會一直覺得自己是個失敗者嗎？」他問，這句話讓跑著的我在路上停了下來。

「但願不會。」我說，爲了迎上他的目光，我差點向後倒，「但如果會，至少我知道該怎麼辦。」

我又開始跑，傑夫・貝佐斯在我旁邊。「妳不是答應永遠都不會讓我失望？」他問。

「我是答應過，」我說，「但我希望你知道，明年我不會嘲笑你的調情簡訊醜聞。[7]」

「我的**什麼**？」

「我會覺得這樣的你聽起來好有**人味**。」我們到了街角時，我說，「我也會猜想，如果你一直都這麼有人味，那亞馬遜會給人什麼感覺？」

「調情簡訊？」他還說著話，但我已經向後跑，遠離他了。

「我保證我不會看那張老二照片。」我說著，並轉身揮手。

✦

忽然之間我覺得好累，不想再跑了。我停下來，在一家愛爾蘭織品店外面彎下腰。

「妳成功了嗎？」一位店員問，她今天要打烊了，正在收拾路邊的招牌。

「只有在一些很微小的時刻。」我對她說，「但這種微小時刻很多。」

綠燈了，我過馬路，在路中間遇見一位美麗的年長女子，看起來很像我。「妳要如何利用這些微小時刻？」她微笑問道，淚水湧入我眼裡。

「我猜，我會將這些微小時刻變成閃亮的晶球。」我說，她點頭。

「做得好。」她說。

致謝

感謝我的編輯兼朋友Daphne Durham，她陪我在這條路上走了好長一段。你能相信嗎？我們居然成功到達彼岸。感謝了不起的Sarah Burnes，她在連我自己都還不確定前，就相信這本書寫得出來。感謝MCD / Farrar, Straus and Giroux的Sean McDonald、Sarita Varma、Claire Tobin、Devon Mazzone、Alex Merto、Hannah Goodwin和Brianna Fairman，謝謝各位付出這麼多心力關照我的作品。

一場全球性的疫情，穿插政治動盪與幾場嚴重的個人危機，並非我理想中有益於創意工作的環境，但事前誰又知道會如何呢？要不是有Miranda Beverly-Whittemore、Claire Dederer和Tova Mirvis，我可能還一直卡在中間，進展永遠都只有半本書。Joanna Rakoff也在早期就給了我寶貴的回饋意見。感謝各位的友誼、專業與加油助威。我也非常感謝礦物學校駐所（Mineral School residency），我在這裡修訂了本書好幾個部分；也感謝虛擬共享工作空間Caveday，這裡施展了神祕、幾乎可說是超自然的魔法，大大提升我的生產力。

在我的成長過程中，總是自然而然認爲工作可以、也應該不只是支付帳單的工具而已，更必須是能讓我展現熱情與找到新熱情的地方。這一點，我要歸功於我的父親Neal Coulter，他以身作則，告訴我如何將智性上的好奇心變成長久且出色的事業。我的母親Ann Copeland Coulter同樣辛辛苦苦在家工作，讓我爸的事業可以長久發展。她也是很棒的讀者，我眞希望她還在，可以讀到這本書。

亞馬遜員工是一群出色、有創意、勇敢且堅定的人。我從你們身上學到好多，你們也讓我笑得好開心。我愛的人太多了，難以一一列名，還有，我也想保護各位的隱私。但我要感謝各位，是你們讓糟糕的日子變得可以忍受，讓美好的日子變得令人振奮。

但願我能記得那位在新墨西哥州洛斯阿拉莫斯經營禮品店、並在我十四歲時給了我第一份工作的女士。我還留著當年我用員工價購買的手繪首飾木盒，每當我看到這個盒子，就想起手動刷卡裝置令人滿足的**叮咚聲**。感謝妳冒了險，接納了十幾歲時我古怪的自我。

Linus，你是一隻好個性的狗狗，我非常想念你。謝謝Prince和Bowie在那裡照顧牠，我欠兩位恩情。Ella，你是隻好狗狗，你的韌性和歡欣每天都激勵我。

John，我的摯愛：我可以感謝你冒了三十年的險，但事實是，**你**就是我人生中的冒險。其他的就是軼事了。

注釋

Part 1 縱身一躍

1 譯注：beta-blocker是一種藥品，用途是治療心律不整、防止心臟病發作。

2 譯注：原指宣稱自己不支持納粹、但對其行動保持沉默或不做有意義抗爭的德國人。

3 譯注：華盛頓總統誕辰紀念日，爲美國國定假日。

4 譯注：Island of Misfit Toys，典出兒童讀物，是一座由奇怪、不討喜的玩具構成的島嶼，但這些玩具都自覺特別，引申爲奇特的小圈子。

5 譯注：open the kimono，字面意義爲「掀開和服」，指日本武士會將衣服掀開以示沒有攜帶武器。引申義爲亮出底牌。

6 譯注：Ian Fleming是《〇〇七》系列小說的作者。

7 譯注：fifty-two pickup是一種快節奏的撲克牌遊戲，一人把整副牌任意撒出，其他人快速搶牌，按照花色與大小排序。

8 譯注：Death Star暗指亞馬遜。

9 譯注：通常指吸食毒品的用具。

10 譯注：Matt Lauer於二〇一七年因性騷擾指控被解雇。

11 譯注：Space Needle是西雅圖的著名地標。

12 譯注：音同「crap」，意爲垃圾、胡扯。

13 譯注：指「Citizens of Humanity」、「7 For All Mankind」和「Earl Jean」，皆爲牛仔褲品牌。

14 譯注：scrum原指英式橄欖球的爭球動作，軟體界借用此詞，指快速開發、交付和維持錯綜複雜產品的流程架構。

15 譯注：Big Hairy Audacious Goals又譯爲「膽大包天的目標」，由詹姆．柯林斯在其暢銷商業書《基業長青》裡所提出。

16 譯注：Tim Ferriss是暢銷商管書《一週工作四小時》的作者兼創投家。

17 譯注：devil's advocate指的是刻意提出與主流不同的意見，發言者本人不見得認同意見本身，用意是提出異議以刺激群體思考。

18 譯注：電影《搖滾萬萬歲》裡有個吉他手展示了一個音量旋鈕，最大音量的標記爲十一，之後「一路轉到十一」（all the way to eleven）成爲流行用語，引申義爲「發揮到極致」。

19 譯注：皮質醇是一種和壓力有關的賀爾蒙，壓力大時，皮質醇就會升高。

Part 2 不知所措

1 譯注：goth應指後龐克音樂子類型歌德搖滾樂的愛好者。

2 譯注：brand voice是向消費者傳達品牌形象的語氣風格。

3 譯注：email alias是指一個電子郵件帳號可以對應不同的地址，可用於匿名與防止追蹤。

4 譯注：航空公司用週六是否在外住宿來區分旅遊客與商務客，他們認爲旅遊客較有可能於星期六過夜，因此，若是週六在目的地住宿，可以獲得購買較低廉機票的資格。

5 譯注：亞馬遜英國總部設在斯勞，後來遷至倫敦，斯勞是犯罪率很高的地區。

6 譯注：迷走神經可讓身體放鬆，擔負重要的調節功能。

7 譯注：作者用以比喻稀有、不存在的人事物。

8 譯注：dysmorphia是一種精神疾病，患者會極爲憂慮自己身體的某個部位有缺陷，通常是外表。

9 譯注：slush pile是指作者或經紀人主動發送給出版社、但未獲出版的稿件。

10 譯注：「振奮起來」之意。

11 譯注：桃樂絲是《綠野仙蹤》的主角，此話改編自該書名言：「我有種預感，我們已經不在堪薩斯州了。」

Part 3 沉溺

1 譯注：Not Invented Here Syndrome意指社會、組織或企業單純因爲非由自己所創造而不願意接受某種產品、成果或知識，無關乎其他技術面的理由。

2 譯注：指孕育胎兒、人類生命的載體。

3 譯注：legitimate rape爲該議員自創詞，用以指稱他所認定的法律上定義之強暴。

4 譯注：紐約曼哈頓中、西城的某個區。

5 譯注：此地屬於紐澤西，而非紐約。

6 譯注：好萊塢影星，戲外專研文學與寫作，於二〇一八年爆發性醜聞。

7 譯注：Sears and Roebuck是昔日零售業霸主，以郵購零售起家，爲美國歷史最悠久的百貨之一。

8 譯注：Mason-Dixon Line是馬里蘭州與賓州的州界線，也是美國傳統上的南北界線。

9 譯注：原爲密西根大學生爲橄欖球校隊加油時的口號，後來變成該校學生特有的密語。

10 譯注：這是東尼．庫許納寫的劇本，分兩部分，總長七小時。

11 譯注：巴托比是小說中的人物，擔任錄事員，凡事推託。

12 譯注：serif的特色是字體尾端會有微微裝飾，顯出古典氣息。

13 譯注：Tiny Tim是狄更斯小說《小氣財神》裡的角色，患有重病，需要枴杖助行。

Part 4 乾涸

1 譯注：Devil's Triangle即百慕達三角洲。

2 譯注：cornhole這個遊戲是把沙包丟進洞裡。

3 譯注：影集中的女主角屍體被發現時裹在塑膠布裡。

Part 5 走吧，走吧

1 譯注：death march，死亡行軍是驅逐戰俘或其他俘虜出境時的強迫行軍，通常涉及嚴苛的體力勞動或虐待，隊伍裡的人可能死在路上，或死在另一座俘虜營裡。

2 譯注：Newspeak和Big Brother皆爲經典反烏托邦小說《一九八四》的內容，「新語」是大洋國裡使用的新式人工語言，「老大哥」則是大洋國的獨裁者。

3 譯注：Pick-Up Sticks，這種遊戲是將一堆有顏色的小棒子隨意撒在桌面上，再由玩家逐一小心撿拾。

4 譯注：Union Gospel Mission是一家慈善機構，爲街友提供基本需求服務。

5 譯注：前述歌詞的歌名。

6 譯注：debtor's prison意指美國以前會將無力償債的人關入監獄，已於十九世紀中廢止。

7 譯注：媒體於二〇一九年揭露貝佐斯與外遇對象間的露骨調情簡訊。

作者與譯者簡介

▼作者簡介

克莉絲蒂・寇特爾 Kristi Coulter

二〇〇六至二〇一八年任職於亞馬遜公司，曾任全球零售部、亞馬遜出版部等部門高層，是爲數不多的女性高階主管之一。亞馬遜員工平均工作年資僅一年左右，她待了十二年之久，年資位居全公司前二%，也因此見證了亞馬遜躍升爲世界巨頭企業的發展過程。

密西根大學藝術創作碩士。榮獲美國藝術推展基金會（National Foundation for Advancement in the Arts）獎助金。作品散見於《紐約雜誌》、《巴黎評論》、《美麗佳人》、《Elle》以及其他出版品。著有《這不會有好事》（*Nothing Good Can Come from This*），曾入圍華盛頓州圖書大獎（Washington State Book Award）決選名單。克莉絲蒂現居於西雅圖。

▼譯者簡介

吳書榆

國立臺灣大學經濟學學士、英國倫敦大學經濟學碩士。曾任職於公家機關、軟體業，擔任研究、企劃與行銷相關工作，目前為自由文字工作者。

人生顧問 533

我在 Amazon 上班，需要紅酒與心理師：贏了面子卻輸了靈魂的12年

作　者—克莉絲蒂・寇特爾（Kristi Coulter）
譯　者—吳書榆
副總編輯—陳家仁
編　輯—黃凱怡
編輯協力—曹凱婷
行銷企劃—洪晟庭
封面設計—Dinner Illustration
內頁設計—李宜芝

總編輯—胡金倫
董事長—趙政岷
出版者—時報文化出版企業股份有限公司
108019 台北市和平西路三段 240 號 4 樓
發行專線—(02)2306-6842
讀者服務專線—0800-231-705・(02)2304-7103
讀者服務傳真—(02)2304-6858
郵撥—19344724 時報文化出版公司
信箱—10899 臺北華江橋郵局第 99 信箱
時報悅讀網—http://www.readingtimes.com.tw
法律顧問—理律法律事務所 陳長文律師、李念祖律師
印刷—勁達印刷有限公司
初版一刷—二〇二四年七月十九日
初版二刷—二〇二四年九月十二日
定價—新台幣五二〇元
（缺頁或破損的書，請寄回更換）

時報文化出版公司成立於一九七五年，
並於一九九九年股票上櫃公開發行，於二〇〇八年脫離中時集團非屬旺中，
以「尊重智慧與創意的文化事業」為信念。

我在 Amazon 上班, 需要紅酒與心理師 : 贏了面子卻輸了靈魂的 12 年 / 克莉絲蒂 . 寇特爾 (Kristi Coulter) 作 ; 吳書榆譯 . -- 初版 . -- 臺北市 : 時報文化出版企業股份有限公司, 2024.07
416 面 ; 14.8 x 21 公分 . -- (人生顧問 ; 533)

譯自 : Exit interview : the life and death of my ambitious career.

ISBN 978-626-396-268-2(平裝)

1. 寇特爾 (Coulter, Kristi, 1970-) 2. 傳記 3. 職業婦女 4. 美國

785.28　　113006222

ISBN 978-626-396-268-2
Printed in Taiwan